Deutsche Muslime – muslimische Deutsche

Esra Özyürek

Deutsche Muslime – muslimische Deutsche

Begegnungen mit Konvertiten zum Islam

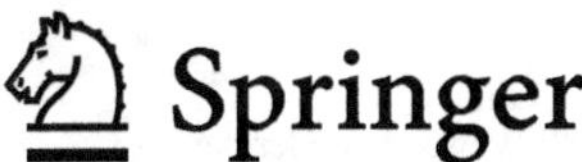 Springer

Esra Özyürek
London, UK

Die Originalausgabe in englischer Sprache erschien 2015 unter dem Titel *Being German, Becoming Muslim: Race, Religion, and Conversion in the New Europe* bei Princeton University Press.
© 2014 by Princeton University Press

Übersetzt von Felix Kurz

ISBN 978-3-658-18079-9   ISBN 978-3-658-18080-5   (eBook)
https://doi.org/10.1007/978-3-658-18080-5

Die Deutsche Nationalbibliothek verzeichnet diese Publikation in der Deutschen National-bibliografie; detaillierte bibliografische Daten sind im Internet über http://dnb.d-nb.de abrufbar.

Lektorat: Cori A. Mackrodt
Coverbild: © Princeton University Press

Gedruckt auf säurefreiem und chlorfrei gebleichtem Papier

Springer ist Teil von Springer Nature
Die eingetragene Gesellschaft ist Springer Fachmedien Wiesbaden GmbH
Die Anschrift der Gesellschaft ist: Abraham-Lincoln-Str. 46, 65189 Wiesbaden, Germany

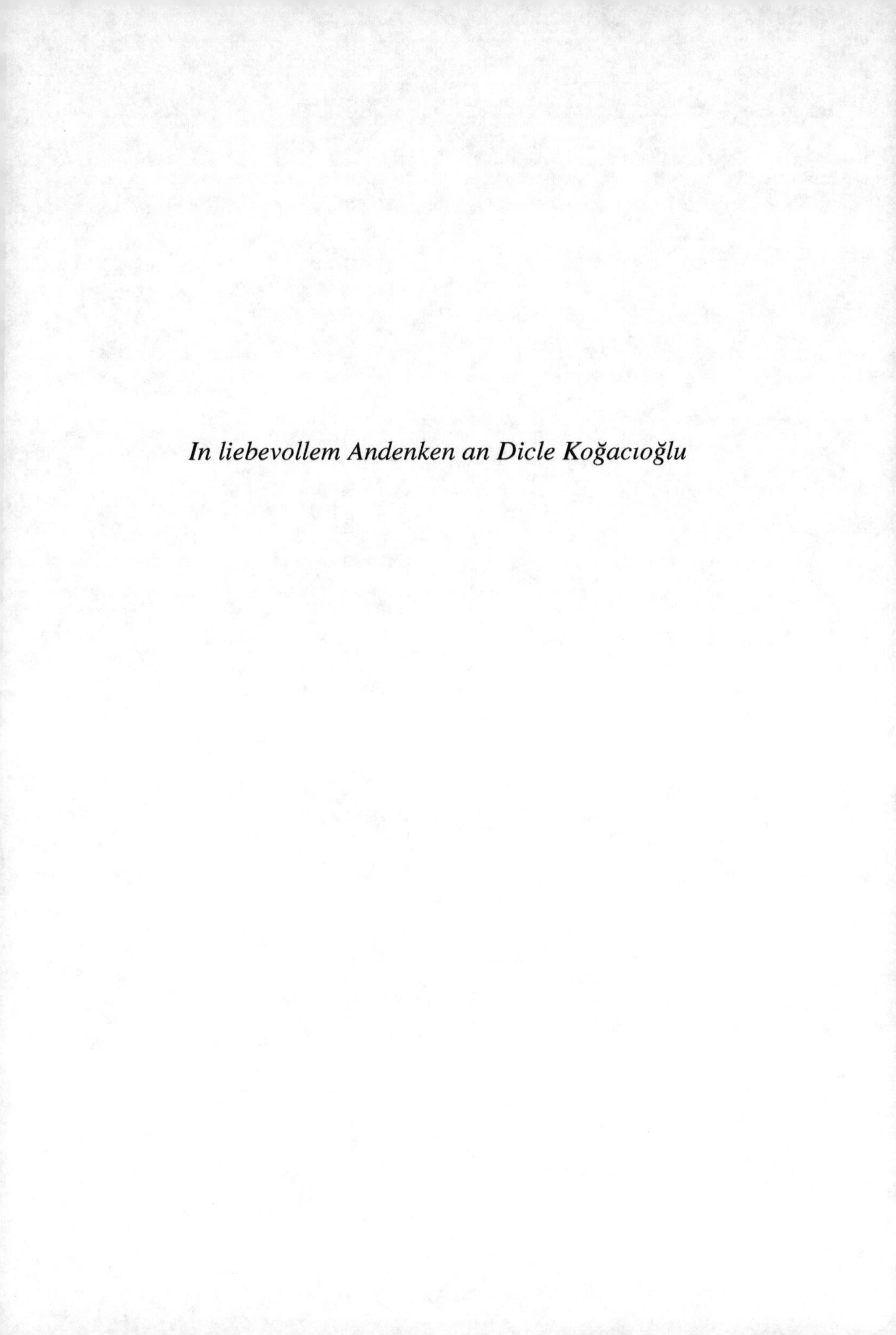

In liebevollem Andenken an Dicle Koğacıoğlu

Danksagung

Dieses Buch konnte ich nur dank der großzügigen Unterstützung vieler Menschen, Institutionen und Organisationen schreiben. Besonders zugutegekommen ist mir die Großzügigkeit einiger außergewöhnlich kluger und hilfsbereiter Frauen. Dass ich kurz nach meiner Ankunft in Berlin Katrin Simon kennenlernte, war ein großer Glücksfall. Sie nahm mich an die Hand, führte mich in alle wichtigen deutschsprachigen Moscheen und stellte mir einige sehr reflektierte deutsche Konvertiten zum Islam vor. Riem Spielhaus und Yasemin halfen mir dabei, die Dynamik der deutschen Gesellschaft und Universitäten zu verstehen, und zeigten mir, wie man politische Bilderstürmerei mit wissenschaftlicher Exzellenz verbinden kann. Nicht zuletzt regte mich Nina Mühe dazu an, dieses Buch zu schreiben, stellte meine Gedanken unablässig auf den Prüfstand und machte mir das Geschenk einer schwesterlichen Beziehung.

Durch dieses Projekt habe ich einige bemerkenswerte Wissenschaftler kennengelernt, die mein Denken stark beeinflussen. Matti Bunzl und Paul Silverstein sind für mich Vorbilder darin, Fragen zu stellen, die wesentliche Spannungen in der Idee und dem Projekt „Europa" offenlegen. Meine Arbeit folgt einem von ihnen gebahnten Weg. Damani Partridge, Fatima El-Tayeb, Schirin Amir-Moazami, Werner Schiffauer, Kader Konuk, Yasemin Yildiz, und Michael Rothberg bleiben mit Blick auf die Frage, was der Islam und Muslime in Deutschland sind, prägend für mich.

Die Forschung für dieses Buch wurde großzügig durch Fellowships und Zuschüsse der American Academy in Berlin, der Alexander von Humboldt Stiftung, der Fulbright Foundation, des Deutschen Akademischen Austauschdienstes und der University of California in San Diego gefördert. Meine akademischen Gastgeber in Berlin, Gudrun Krämer an der Freien Universität und Rolf Schieder und Gökçe Yurdakul an der Humboldt Universität, machten mir das Leben so leicht wie möglich. Meinen Kollegen an der University of California bin ich dankbar dafür, dass sie meine Freistellung für ausgiebige Forschungsreisen unterstützt haben. Ebenso danke ich Craig Calhoun, der mir eine längere Abwesenheit ermöglichte, bevor ich meine neue Stelle an der London School of Economics antrat, sodass ich mich ein Jahr lang der Fertigstellung des Buches widmen konnte.

Teile meiner Forschung habe ich bei vielen Anlässen in den Vereinigten Staaten, Europa und der Türkei vorgestellt. Ich danke allen Zuhörern sowie Marc Baer, Keith McNeal, Gökçe Yurdakul, Nina Mühe, Silvia Horsch, Joel Robbins, Lara Deeb, Rachel Harrell-Bilici, Ellen Moodie, David Gramling und Barbara Kosta für die Auseinandersetzung mit meinen Überlegungen und die Lektüre verschiedener Fassungen dieses Textes. Besonderer Dank gebührt Andrew Shryock, der in einem entscheidenden Moment intellektueller Orientierungslosigkeit intervenierte und mich dazu brachte, mich nicht durch ein anderes Projekt ablenken zu lassen, sondern das vorliegende Buch zu schreiben. Teile des zweiten Kapitels wurden in den Aufsatz „Converted German Muslims and Their Ambivalent Relations with Born Immigrant Muslims" (Özyürek 2010) aufgenommen, ein kurzer Abschnitt des Schlusses erschien in „Convert Alert: Turkish Christians and German Muslims as Threats to National Security in the New Europe" (Özyürek 2009).

Mein größter Dank gilt selbstverständlich den deutschen Muslimen, die mich in ihren Gemeinden aufnahmen, zu sich nach Hause einluden und mir Einblicke in ihr Leben gewährten. Meine Achtung vor der Stärke, mit der sie Herausforderungen begegnen, um ihrer spirituellen Berufung nachzugehen, wuchs mit jeder Phase meiner Forschung.

Mit Zwillingen im Kleinkindalter konnte ich dieses Buch nur schreiben, weil meine liebevollen Eltern, Sunter und Mustafa Özyürek, mich abermals unterstützten. Sie kamen für lange Aufenthalte nach Berlin, um mir meine Forschungen zu ermöglichen, und begleiteten mich einmal nach San Diego, damit ich mich auf das Schreiben konzentrieren konnte. Meine größte Hoffnung ist es, dass ich etwas von ihrer tadellosen, nie endenden Elternschaft gelernt habe und in der Lage sein werde, meinen Kindern etwas davon weiterzugeben.

In den letzten zehn Jahren meines Lebens hat mich Keith McNeal bei jedem Schritt unterstützt und mein Denken, Empfinden und Leben auf eine Weise erweitert, wie ich es mir nicht hätte träumen lassen. Die liebevolle Freundschaft und die klugen Erkenntnisse von Gökçe Yurdakul sind auf jeder Seite meines Lebens und dieses Buches gegenwärtig. Dicle Koğacıoğlu, eine meiner größten geistigen und seelischen Inspirationen, ist zu früh aus dieser Welt geschieden. Dass ich einmal ein Buch schreiben könnte, das sie nicht mehr würde lesen können, ist mir nie in den Sinn gekommen. Ich vermisse sie schmerzlich; dieses Buch ist ihrem Andenken gewidmet.

Über Geschichte und Gegenwart denke ich gemeinsam mit Marc David Baer nach, mit dem ich ein Leben über drei Kontinente hinweg teile. Wer dabei was von wem gelernt hat, lässt sich im Moment nicht sagen, aber ich weiß, dass die besten Gedanken in diesem Buch eher seine als meine sind. Die schönste Erfahrung, die wir teilen, ist es, Azize und Firuze in unserem Leben zu haben. Ich bin meinen beiden Engeln dankbar dafür, dass sie mir das Wichtigste beibringen: Wie man sich für das Leben im Angesicht seiner Zerbrechlichkeit wappnet.

Durch die Zusammenarbeit mit Felix Kurz habe ich begriffen, wie sehr ein übersetztes Werk das Werk des Übersetzers und nur teilweise das des Autors ist. Ich danke ihm für eine deutsche Fassung, die viel besser ist als das englischsprachige Original.

Inhaltsverzeichnis

Deutscher Islam, rassifizierte Muslime

„Ich wäre niemals Muslim geworden, hätte ich zuerst Muslime und dann den Islam kennengelernt." Während meiner dreieinhalbjährigen Forschungen unter deutschen Konvertiten zum Islam habe ich dies immer wieder gehört – eigenartigerweise auch von einem 50jährigen Mann, der in den 1980er Jahren konvertiert war, nachdem er iranische Revolutionäre kennengelernt hatte, von einem deutschen Imam, der eigentlich Araber und Türken für das Christentum gewinnen wollte und dann selbst zum Islam übertrat, und von einer 25jährigen Ostdeutschen, die durch ihren bosnisch-muslimischen Freund zum Islam gefunden hatte. Murad Hofmann, selbst ein zum Islam übergetretener Deutscher, berichtet, wie der bekannte deutsch-jüdische Konvertit Muhammad Asad gegen Ende seines langen Lebens ihm gegenüber Zweifel äußerte, ob er als junger Mann in der heutigen muslimischen Welt noch einmal – so wie 1926 – seinen Weg zum Islam finden würde: „Mit Bitterkeit teilte er die oft gehörte Ansicht, daß es heute im Orient Muslime gebe, aber wenig Islam, und im Okzident Islam, aber wenig Muslime." (1996, S. 167)[1]

Obwohl fast alle deutschen Konvertiten, die ich während meiner Forschung kennenlernte, den Islam durch enge Beziehungen zu gebürtigen Muslimen für sich entdeckten, sind viele von ihnen nach der Konversion auf Abstand zu Einwanderern desselben Glaubens gegangen. Sie lieben den Islam, und in den meisten Fällen hatten sie sich zunächst in einen Muslim verliebt, aber gebürtigen Muslimen aus

---

1 Ähnliche Einstellungen wurden unter schwedischen (Roald 2004, S. 264) und spanischen Konvertiten (Rogozen-Soltar 2012) festgestellt.

Deutschland oder anderen Ländern mit Liebe zu begegnen fällt ihnen nicht immer leicht.

Deutsche Konvertiten bekennen sich heute in einem Land zum Islam, in dem Muslime und besonders ihr Glaube als deplatziert betrachtet werden. Als der damalige Bundespräsident Christian Wulff am 3. Oktober 2010, dem Tag der deutschen Einheit, erklärte, dass „der Islam [...] inzwischen auch zu Deutschland" gehöre, galt dies als Skandal.[2] Das Wochenmagazin *Focus* (42/2010) zeigte Wulff auf dem Titelbild durch Bart und Kopfbedeckung „muslimisch" verfremdet. CDU-Politiker widersprachen dem Bundespräsidenten prompt: Dass der Islam „zu Deutschland gehört", sei vollkommen falsch. Wolfgang Bosbach erklärte, zwar sei „der Islam inzwischen Teil der Lebenswirklichkeit in Deutschland, aber zu uns gehört die christlich-jüdische Tradition".[3] Bundesinnenminister Thomas de Maizière ergänzte: „Wenn Sie jetzt fragen: Wird damit der Islam auf die gleiche Stufe gestellt wie das christlich-jüdische Religionsverständnis, Kulturverständnis, was wir haben, dann ist meine Antwort: auf absehbare Zeit nein."[4] Volker Kauder stellte klar: „Der Islam ist nicht Teil unserer Tradition und Identität in Deutschland und gehört somit nicht zu Deutschland."[5] Wenn Deutsche sich zum Islam bekennen, beschuldigen solche Politiker sie, Verräter, Feinde im Inneren und sogar potentielle Terroristen zu sein, die ihre eigenen Landsleute angreifen könnten (Özyürek 2009).[6]

In diesem politischen Klima, das ihrer Religion keinen Ort zugesteht und ihrer Konversion feindselig begegnet, versuchen deutsche Konvertiten dem Islam einen legitimen Raum zu eröffnen, indem sie ihn von Türken und Arabern abgrenzen. Manche erklären, der Islam könne als eine deutsche Religion gelebt werden; andere treten für einen gänzlich postnationalen Islam ein. Beide Gruppen argumentieren, dass Deutsche nicht nur Muslime, sondern sogar bessere Muslime sein können, und erklären den Übertritt zum Islam mitunter zu etwas, das dem Deutschsein besonders angemessen ist. Damit stellen sie biologische und kulturelle Rassismen

---

2   Die vollständige Rede findet sich unter http://www.bundespraesident.de/SharedDocs/ Reden/DE/Christian-Wulff/Reden/2010/10/20101003_Rede.html. Zugegriffen: 7. März 2017.

3   Zit. n. CSU-Politiker: Islam nicht Teil unserer Kultur, *Frankfurter Allgemeine Zeitung Online*, 5. Oktober 2010.

4   Zit. n. De Maizière: Islam hat einen anderen Stellenwert, *Frankfurter Allgemeine Zeitung Online*, 8. Oktober 2010.

5   Zit. n. Islam gehört für Kauder nicht zu Deutschland, *ZEIT Online*, 19. April 2012.

6   Vgl. auch Carolina Schmidt, Haben wir schon die Scharia?, *Der Spiegel*, 26. März 2007, S. 22–35.

sowie die Vorstellung einer homogenen deutschen und europäischen Kultur infrage und reproduzieren sie zugleich.

Das vorliegende Buch rückt solche Widersprüche und Herausforderungen im Leben von Konvertiten ins Zentrum und versucht zu verstehen, was das Bekenntnis zum Islam in einer Gesellschaft bedeutet, die Muslime zunehmend an den Rand drängt und rassifiziert. Es untersucht, wie deutsche Konvertiten – deren Zahl heute in die Zehntausende geht – den Islam an die deutsche Identität anpassen und einen legitimen Ort in der Umma, der weltumspannenden Gemeinschaft der Muslime, für sich reklamieren.[7] Anders formuliert: Es geht den weitreichenden sozialen Folgen nach, die die scheinbar rein individuellen, unpolitischen Handlungen von Konvertiten für die deutsche Gesellschaft und die islamischen Gemeinden haben. Es fragt, wie deutsche Konvertiten heute angesichts einer verbreiteten Marginalisierung von Muslimen mit ihrer Hochachtung des Islam umgehen. Wie und warum kann man den Islam derart schätzen und sich zugleich so schwer damit tun, Muslimen mit Migrationshintergrund oder ihren islamischen Praktiken Wertschätzung entgegenzubringen? Was bedeutet es, ein „weißer" Muslim zu sein, wenn der Islam zunehmend rassifiziert wird? Wie beziehen sich deutsche Muslime nach erfolgter Konversion auf eingewanderte? Wie prägen ehemals christliche oder konfessionslose Konvertiten Debatten über das Verhältnis von „Rasse", Religion und Zugehörigkeit in Deutschland?

Anhand der Erfahrungen von Europäern, die sich für eine im landläufigen Verständnis nicht zu Europa gehörende Religion entschieden haben, versucht das Buch zugleich jenes vielschichtige Ensemble aus Vorurteilen und ausgrenzenden Praktiken zu begreifen, das als Islamophobie bekannt ist. Die Reaktionen sowohl

---

7   Da Konversionen nicht erfasst werden, ist ihre genaue Zahl unbekannt. Schätzungen für Deutschland reichen von 20 000 bis 100 000 Konvertiten (Blaschke 2004). Der Leiter des Islam-Archivs in Deutschland ging 2007 in einem Gespräch von 18 000 aus (vgl. Muslim Converts in Germany: Angst Ridden Germans Look for Answers and Find Them in the Quran, *Spiegel Online*, 18. Januar 2008) 2005 traten ihm zufolge rund 4 000 Deutsche zum Islam über – viermal so viele wie im Vorjahr. Auch das Islam-Archiv hat jedoch keine Möglichkeit, zuverlässige Zahlen zu ermitteln. Ähnlich stark schwanken die Schätzungen für vergleichbare europäische Länder wie Großbritannien (Zebiri 2008) und Frankreich (vgl. Maïa De la Baume, More in France Are Turning to Islam, Challenging a Nation's Idea of Itself, *New York Times*, 5. Februar 2013). Eine Zahl im unteren fünfstelligen Bereich dürfte für jedes dieser Länder am ehesten zutreffen. Der hier erörterte Trend zur Konversion ist in ganz Europa festzustellen. Forscher berichten von einer Zunahme in Frankreich (Allievi 1996), Großbritannien (Köse 1996; Zebiri 2008), Schweden (Roald 2004; Sultan 1999), Dänemark (Jensen 2006), den Niederlanden (van Nieuwkerk 2004; Badran 2006), Spanien (Rogozen-Soltar 2012) und Deutschland (Hofmann 1997; Wohlrab-Sahr 1999).

der Mehrheitsgesellschaft als auch gebürtiger Muslime auf Konvertiten sowie deren Umgang mit letzteren zeigen eine Verschränkung von biologischem und kulturellem Rassismus an. Die islamische Identität wird den Körpern migrantischer Muslime eingeschrieben, aber der Islam kann auch von Europäern angenommen werden. Kann man die Kritik von Konvertiten an gebürtigen Muslimen und ihren Traditionen als Islamophobie bezeichnen? Wie lässt sich der Abscheu deuten, den sie selbst in der Mehrheitsgesellschaft hervorrufen? Anders gesagt: Wie verhalten sich Glaube und individuelle Entscheidung zu der rassistisch und religiös bestimmten Ausgrenzung von Muslimen in Europa?

Diese Fragen erörtere ich im Kontext sozialer und politischer Entwicklungen, die die deutsche Gesellschaft insgesamt prägen, wobei mein besonderes Augenmerk den politischen Auswirkungen von Konversionen gilt. Eine der folgenreichsten Entwicklungen in der Geschichte der Bundesrepublik bestand in der Ankunft von Millionen muslimischen Arbeitern, die das vom Krieg zerstörte Land wieder aufbauen sollten. Sie hat Deutschland verändert und tut dies bis heute. Die muslimischen Arbeiter und ihre Familien waren für die weitgehend homogene deutsche Gesellschaft nach dem Holocaust eine unerwartete Herausforderung und zwangen sie erneut, einen Umgang mit Differenz zu finden. Ein Resultat war die Konstruktion „rassischer" Dichotomien zwischen Türken und Deutschen sowie zwischen Muslimen einerseits, Christen, Europäern oder säkularen Subjekten andererseits; ein anderes, vielleicht zwangsläufiges bestand in kultureller Vermischung und der Überschreitung der durch eben diese Dichotomien gezogenen Grenzen. Nach der Reform des Staatsangehörigkeitsrechts im Jahr 2000 haben mehrere Hunderttausend muslimische Einwanderer und ihre Nachkommen die deutsche Staatsbürgerschaft angenommen, während eine kleine, aber wachsende Zahl ehemals christlicher oder konfessionsloser Deutscher zum Islam übergetreten ist. Solche Grenzüberschreitungen verändern die betreffenden Kategorien erheblich, da sie infrage stellen, wie wir Deutsche und Muslime überhaupt definieren.

Die Mehrheitsgesellschaft marginalisiert Konvertiten zum Islam und zieht ihre Zugehörigkeit zu Deutschland und Europa in der Überzeugung in Zweifel, dass man nicht Deutscher oder Europäer und zugleich Muslim sein kann.[8] Sie gelten als Verräter an der europäischen Kultur, als innere Feinde, die es zu überwachen gilt, und als potenzielle Terroristen (Özyürek 2009). In diesem Kontext, in dem der Islam für alles steht, was nicht europäisch ist, grenzen sich Konvertiten von

---

8 Ähnlichen Verdächtigungen sollen auch dänische (Jensen 2006), niederländische (van Nieuwerk 2006) und britische Konvertiten (Zebiri 2008) ausgesetzt sein. Moosavi (2012) bemerkt, dass weiße britische Konvertiten als Verräter angeklagt werden, schwarze dagegen nicht.

ihren Glaubensgenossen mit Migrationshintergrund ab und treten für einen vermeintlich postnationalen, enttraditionalisierten Islam ein, der nicht mit dem Makel migrantischer Muslime und ihrer nationalen Traditionen behaftet ist, sondern über diese hinausgeht (vgl. Kapitel 2). Sowohl deutsche Konvertiten wie auch in Europa geborene „ethnische" Muslime vertreten den Gedanken, von solchen belastenden Sedimenten befreit trete ein reiner Islam hervor, der mit deutschen Werten und Lebensweisen vollständig harmoniere (vgl. Kapitel 1). Die islamische Glaubensausübung in Deutschland wird mitunter sogar als ein Anknüpfen an alte, jedoch in Vergessenheit geratene Werte der deutschen Aufklärung verstanden, die dem Anderen mit Neugier und Toleranz begegnet sei. Ehemaligen DDR-Bürgern wiederum bot der Übertritt zum Islam nach dem Fall der Mauer eine Möglichkeit, ihrer ostdeutschen Identität zu entkommen (vgl. Kapitel 3). Gebürtige Muslime, die in Deutschland aufgewachsen sind, übernehmen solche Diskurse mehr und mehr und befürworten ebenfalls eine Entkulturalisierung des Islam, die Muslimen eine Integration in die deutsche Gesellschaft ohne Aufgabe ihres Glaubens ermöglichen soll (vgl. Kapitel 4). Ein neuerer und noch populärerer Trend unter Konvertiten besteht unterdessen darin, Fragen nationaler Tradition und Identität durch ein vermeintliches Zurück zu den ältesten Wurzeln des Islam vollständig zu umgehen und sich dadurch nicht nur von der Mehrheitsgesellschaft, sondern auch von anderen Muslimen zu isolieren (Kapitel 5).

Wie religiöse Konvertiten das Verhältnis ihres neuen Glaubens zur einheimischen Kultur sehen, ist je nach Land ganz unterschiedlich. In Papua-Neuguinea (Robbins 2007) und Ghana (Meyer 1998) verstehen Konvertiten zum evangelikalen Christentum ihren Übertritt als eine umfassende Veränderung, durch die sie nicht nur ihre bisherige Religion, sondern auch ihre alte Kultur hinter sich lassen, in Ländern wie der Türkei (Özyürek 2009) und Indien (Roberts 2012) meinen sie dagegen, nur einen anderen Glauben angenommen zu haben, der mit der einheimischen Kultur vollkommen vereinbar sei. Gleichzeitig streben religiöse Wiedererweckungsbewegungen oftmals eine „Purifizierung" ihres Glaubens durch die Zurückweisung kultureller Praktiken an, die ihm angeblich entgegenstehen. Muslime greifen dabei weltweit auf die Urtexte des Islam zurück, um dessen vermeintlich wahre, von kulturellen Ablagerungen befreite Gestalt wiederherzustellen (Göle 1997; Mahmood 2004; Hirschkind 2009). Lara Deeb bezeichnet dies in einer Untersuchung über schiitische Muslime im Libanon als „Authentifizierung des Islam", ein Prozess, der „auf Textstudium und historischer Forschung ebenso wie auf einem bestimmten Verständnis von Rationalität beruht" (2006, S. 20).[9]

---

9   Wie Deeb (2006) erläutert, berührt sich ihr Begriff der Authentifizierung des Islam mit dem der „Objektivierung", den Eickelman und Piscatori (1996, S. 39) zur Beschrei-

So klar der Unterschied von Kultur und Religion den religiösen Akteuren scheinen mag, so problematisch ist eine solche Sphärentrennung in Wirklichkeit. Wie Nathaniel Roberts uns erinnert, gibt es „keine unzweifelhafte Grundlage", um den Charakter der einen oder der anderen zu bestimmen (2012, S. 20). Deshalb ist es wichtig, scheinbar ähnliche Bemühungen, Kultur und Religion zu trennen oder zu verbinden, im jeweiligen sozialen Kontext und mit Blick auf ihre politischen Folgen zu verstehen. Für junge Türkinnen zum Beispiel kann die „Reinigung des Islam" einen Bruch mit der einengenden Weltanschauung ihrer Eltern und einen Zugewinn an gesellschaftlichen Freiheiten bedeuten (Göle 1997). Für schiitische Aktivisten bedeutet sie vielleicht Selbstverbesserung und die Übernahme moderner Formen der muslimischen Existenz (Deeb 2006). Für marokkanisch-niederländische Muslime kann sie eine Umgangsweise mit dem Dilemma sein, sich zwischen marokkanischer und niederländischer Zugehörigkeit entscheiden zu müssen, während die niederländischen Behörden in solchen Reinigungsbestrebungen möglicherweise ein Anzeichen von Radikalisierung sehen (Koning 2008).

Ein zentrales Argument des vorliegenden Buches lautet, dass der Ruf von deutschen oder anderen europäischen Konvertiten nach einem gereinigten Islam sich am ehesten im Kontext wachsender Xeno- und Islamophobie verstehen lässt, in dem Muslim zu sein als Gegensatz zum Europäisch- oder Deutschsein definiert wird. Konfrontiert mit einer unerwarteten Feindseligkeit der Mehrheitsgesellschaft, nehmen Konvertiten eine aktive Rolle dabei ein, den Ort des Islam in Deutschland durch eine Abtrennung von den stigmatisierten Traditionen migrantischer Muslime zu verteidigen. Dieser deutsch-muslimische Gedanke eines gereinigten Islam ist von der weltweiten islamischen Wiedererweckungsbewegung inspiriert, stützt sich aber zugleich auf die der Aufklärung entstammenden Ideale des vernünftigen Individuums und der natürlichen Religion.[10] Der Ruf nach einem von Kultur und Tradition befreiten Islam, der sich direkt an das rationale Individuum richtet, erscheint zwar universalistisch, ist im heutigen deutschen Kontext aber im Ergebnis streng partikularistisch, genauer: eurozentristisch. Er unterstellt, dass der „europäische" oder „deutsche" Geist – anders als der „orientalische" – wahrhaft rational sei, unbeschwert von kulturellen Ablagerungen, und daher in einer privilegierten Ausgangsposition, um die wahre Botschaft des Islam in ihrer wesentlichen Form zu würdigen und ohne Umwege zu erfassen.

---

bung ähnlicher Dynamiken islamischer Wiedererweckungsbestrebungen verwenden, die sich durch „ein gesteigertes Selbstbewusstsein" und durch „die Systematisierung und Explizitheit religiöser Tradition" auszeichnen.

10 Zum Fortwirken aufklärerischer Religionsauffassungen im heutigen Denken, vgl. Asad 1993.

Die Konversion zu rassifizierten Religionen

Der freiwillige Übertritt zu einem anderen Glauben ist eine der wenigen Handlungen, die Individuen ganz unabhängig von ihrer Intention die Macht gibt, gefestigte soziale, kulturelle und politische Grenzen aufzubrechen.[11] In ihrer Studie über Kolonialismus im südlichen Afrika bemerken Jean und John Comaroff (1991), wie die dortige Christianisierung sowohl den Kolonisatoren wie den Kolonisierten Macht verlieh, wenngleich unterschiedlicher Art. Europäern diente die Christianisierung zur Vertiefung ihrer Herrschaft und zur „Kolonisierung des Geistes" ihrer Untertanen. Gleichzeitig jedoch, so die Comaroffs, brachten manche besonders fromme Konvertiten die kolonialen Kategorien durcheinander, nach denen die weißen Kolonialherren die wahren Christen waren.[12]

Im Kontext Indiens weist Gauri Viswanathan auf das subversive Potenzial der Konversion hin, insbesondere wenn sie zu einer Religion mit niedrigerem Status erfolgt. Sie sieht darin eine kritische Stellungnahme und Opposition zur vorherrschenden Religion und Gesellschaft: „Indem sie das Konzept fester, unveränderlicher Identitäten auflöst, destabilisiert Konversion die Grenzen, die Selbst, Bürgerschaft, Nationalität und Gemeinschaften definieren, und erweist sie als durchlässig" (1998, S. 16). Da das vorliegende Buch die „Bedeutung von Religion für die Gemeinschaft, Politik und Moral" (Hefner 1993, S. 102) ernst nimmt, unterstreicht es die gesellschaftliche und politische Kraft religiöser Konversion. Gezeigt wird, dass diese auch dort politische Konsequenzen hat, wo sie nicht aus politischen Gründen erfolgt, weil Konvertiten „Grenzen überschreiten und sie

---

11 Die ersten Studien zum Thema rückten die Psychologie des Konvertiten ins Zentrum und verstanden den Konversionsprozess als eine plötzliche emotionale Veränderung (Hall 1904; James 1902). Um die Mitte des 20. Jahrhunderts befassten sich zwar mehr Soziologen mit dem Phänomen, der Blick auf die Psyche des Einzelnen blieb aber zentral. Konversion wurde dabei vor allem als ein Faktor von Problemen in der Spätadoleszenz und im frühen Erwachsenenalter studiert (Buckser und Glazier 2003). Heute fokussieren mehr Wissenschaftler, insbesondere Anthropologen, den sozialen, kulturellen und politischen Kontext, in dem die Konversion stattfindet, und wie sich beides wechselseitig prägt (Kravel-Tovi 2012).

12 In einer Untersuchung der Konversion zur Pfingstkirche sowie militanter Antikonversionsbewegungen in Indien argumentiert Roberts (2012), das unter Anthropologen vorherrschende Konversionsverständnis als Kolonisierung von Bewusstsein beruhe auf einem säkular-liberalen Modell und blende aus, dass auch die Produktion vermeintlich universellen, säkularen Wissens mit Machtbeziehungen verknüpft ist. Im deutschen Kontext ließe sich dieser Blick auf die Naturalisierung säkular-liberalen Wissens und Glaubens ohne weiteres von der Konversion auf die Diskussion über den Islam im Allgemeinen ausweiten.

dadurch verändern" (Pelkmans 2009, S. 12). Wenn Christen im heutigen Europa zum Islam übertreten, sind solche Grenzüberschreitungen politisch aufgeladen.[13] Vormals christliche oder konfessionslose deutsche Konvertiten verändern sowohl die Bedeutung des Deutschseins als auch die Gestalt islamischer Gemeinden im Land. Mehr noch, sie stellen die nach dem Kalten Krieg aufgekommene europäische Ideologie infrage, die sich durch den Ausschluss des Islam und der Muslime definiert (Asad 2017), und fördern dadurch Widersprüche im Mythos einer europäischen Kultur zutage, die sich gerade durch Toleranz gegenüber Vielfalt und Achtung vor der Entscheidungsfreiheit des Einzelnen auszeichnen soll.

Im Gegensatz zu früheren Generationen von Konvertiten, die sich arabische oder türkische Namen gaben und so den betreffenden Gemeinschaften anschlossen, behalten neuere Konvertiten stolz ihre deutschen Namen und ziehen es vor, andere konvertierte Deutsche zu heiraten; die Kinder, die sie auf die Welt bringen und erziehen, sind deutsche Muslime ohne jeglichen Migrationshintergrund. Zudem treten sie gegenüber migrantischen Muslimen mit der Forderung nach einem deutschsprachigen Gemeindeleben auf. Dabei gehen sie Bündnisse mit jungen türkisch- oder arabischstämmigen Muslimen der zweiten, dritten und vierten Einwanderergeneration ein, die sich in der Sprache oder den Moscheen ihrer Eltern nicht heimisch fühlen. Im Ergebnis tragen sie so zur Entstehung multiethnischer islamischer Gemeinden bei, in denen Deutsch gesprochen wird.

Eine kleinere Gruppe von Konvertiten nimmt eine noch stärker aktivistische Haltung ein. Sie steht der Mehrheitsgesellschaft, besonders ihrer ethnisch-religiösen Hierarchie, offen kritisch gegenüber. Vertreter dieser Gruppe wenden sich mit wissenschaftlichen Büchern und akademischen Vorträgen gegen die Intoleranz der deutschen Gesellschaft, die früher ihre jüdischen Bürger marginalisierte und schließlich ermordete und die heute Muslime aus der Nation ausschließt (vgl. Kapitel 1). Andere Konvertiten nutzen Hip-Hop-Musik, um die Ausgrenzung und Kriminalisierung von Muslimen zu kritisieren (vgl. Kapitel 4). Wieder andere wenden sich gegen die kapitalistische und materialistische Orientierung der deutschen Gesellschaft und treten für die Konversion zum Islam ein, um eine gerechte, auf gemeinschaftsorientierten Traditionen wie der *Zakāt* (Wohlfahrtssteuer) beruhende Ordnung herzustellen (vgl. Kapitel 2). Ein noch kleinerer Teil hat sich unterdessen dschihadistischen Gruppen in Afghanistan, Pakistan und Syrien angeschlossen oder Terrorzellen in Deutschland gegründet (vgl. Kapitel 5).

In der Entscheidung von Konvertiten, sich nicht mit der Mehrheitsgesellschaft, sondern mit einer Minderheitenposition zu identifizieren, sehe ich einen

---

13   Mit Blick auf Dänemark schreibt Tina Jensen (2006, S. ix), dass „die Konversion zum Islam eine politische Dimension hat, ob der Konvertit dies beabsichtigt oder nicht."

Akt des „*queering* von Ethnizität" mit Potenzial zu Veränderung. Dabei lehne ich mich an Fatima El-Tayeb (2011) an, die dieses Konzept entwickelt hat, um Charakter und Folgen unerwarteter Bündnisse unter rassifizierten Gemeinschaften in Europa zu beschreiben. Sie verwendet *queer* nicht als Adjektiv oder Substantiv, sondern als Verb ohne zwangsläufig sexuelle Bedeutung. In neueren Jugendkulturen in Europa erkennt El-Tayeb „eine Praxis der (De)Konstruktion von Identität, resultierend in neuen Gestalten eines diasporischen Bewusstseins, die sich weder auf ethnische Identifikationen stützen noch auf ein mythisches Heimatland beziehen". In der Praxis schwarzer Feministinnen oder auch von Hip-Hop-Künstlern weist ein solches *queering* das schöpferische Potenzial auf, eine Gemeinschaft aufzubauen, die „auf gemeinsamen Erfahrungen multipler und widersprüchlicher Positionierungen beruht". Mehr noch: Der „neue europäische Aktivismus von Minderheiten demonstriert eine queere Praxis, indem er auf dem instabilen, strategischen, sich verschiebenden und stets performativen Charakter von Identität besteht" (S. xxxvi).

Meine These besagt, dass die Konversion von Deutschen zum Islam mit ähnlichen Prozessen einer De- und Rekonstruktion von Identität einhergeht, die alternative, auf vielfältigen Positionierungen basierende Gemeinschaften hervorbringen und die ethnisch-religiösen Grenzen und Hierarchien in der Gesellschaft infrage stellen. Wenngleich ein viel älteres und umfassenderes Phänomen, ist sie heute ein zunehmend bedeutender Aspekt jener sich herausbildenden europäischen Jugendkultur, die marginalisierte urbane Gemeinschaften unterschiedlichster Art zusammenbringt. Deutsche mit weißer wie dunklerer Hautfarbe lösen sich von ihrer Identifikation als Christen und identifizieren sich mit der rassifizierten Gemeinschaft der Muslime. Damit schaffen sie Gemeinschaften, die auf ganz eigene Weise deutsch sind und so einen Diskurs, der ausnahmslos hier geborene und aufgewachsene Menschen den dichotomen Kategorien des einheimischen Christen und des eingewanderten Muslim zuordnet, als haltlos erweist.

In einem rassifizierten Kontext erzeugt der Übertritt zu einer Religion mit niedrigerem Status eine Situation, die an das Konzept des doppelten Bewusstseins erinnert, mit dem der afroamerikanische Intellektuelle W.E.B. Du Bois vor mehr als hundert Jahren die eigentümliche Bedeutung des Schwarzseins in Amerika beschrieb. In einer vielzitierten Passage, kurz nach dem Abschluss seines Studiums an der Berliner Universität geschrieben, befasst sich Du Bois mit einer „Zweiheit", die ihm für die afroamerikanische Erfahrung zentral schien: Der Schwarze sei

geboren mit einem Schleier und einer besonderen Gabe – dem zweiten Gesicht – in diese amerikanische Welt, eine Welt, die ihm kein wahres Selbstbewusstsein zugesteht, und in der er sich selbst nur durch die Offenbarung der anderen Welt erkennen kann.

> Es ist sonderbar, dieses doppelte Bewusstsein, dieses Gefühl, sich selbst immer nur durch die Augen anderer wahrzunehmen, der eigenen Seele den Maßstab einer Welt anzulegen, die nur Spott und Mitleid für einen übrig hat. Stets fühlt man seine Zweiheit, als Amerikaner, als Schwarzer. Zwei Seelen, zwei Gedanken, zwei unversöhnte Streben [...] Er hat nur einen Wunsch, beides zu sein: Schwarzer und Amerikaner, ohne von seinen Mitbürgern verflucht und angespuckt zu werden, und ohne dass ihm die Tür vor der Nase zugeschlagen wird. ([1903] 2008, S. 35f.)

Diese vor mehr als einem Jahrhundert in Berlin notierten Beobachtungen werden bis heute aufgegriffen. Der britische Wissenschaftler Nasar Meer (2011) bezieht das Konzept des doppelten Bewusstseins auf die spezifische Erfahrung, im heutigen Europa Muslim zu sein. Auch wenn der Vergleich Grenzen hat, ist der Begriff auch durchaus erhellend mit Blick auf die Erfahrungen deutscher Konvertiten in Berlin, der Stadt, in der Du Bois diese Gedanken formulierte. Die von mir beschriebenen deutschen Muslime sind nicht „geboren mit einem Schleier", wie Du Bois über sein Volk schreibt, sondern sie haben sich als Erwachsene dafür entschieden, einen zu tragen – im Fall von Frauen nicht nur im metaphorischen, sondern auch im wörtlichen Sinn. Dennoch verleiht ihnen diese Verschleierung in der europäischen Welt, in der sie leben, ein zweites Gesicht. Deutsche Konvertiten berichten häufig, wie die Gesellschaft ihnen das „merkwürdige Gefühl" vermittelt, miteinander unvereinbare Identitäten zu haben. In Reaktion darauf versuchen sie, deutsch zu sein und Muslim zu werden, ohne von ihren deutschen Landsleuten beschimpft und bespuckt oder aber von der Umma ausgeschlossen zu werden.

Die Analogie zwischen Afroamerikanern im frühen 20. und deutschen Konvertiten im frühen 21. Jahrhundert ist zugegebenermaßen nicht unproblematisch und offensichtlich. Deutsche Konvertiten werden nicht als Muslime geboren. Sie entstammen häufig der Mehrheitsgruppe und vor allem haben sie jederzeit die Möglichkeit, ihre Konversion zu verbergen oder sogar rückgängig zu machen, zusammen mit jeglichem Stigma, das mit ihr einhergeht – eine Option, die rassifizierten Gruppen versperrt ist.[14] Weil sie die Grenzen von „Rasse" und Religion überschreiten und nunmehr sowohl deutsch als auch muslimisch sind, erleben Konvertiten jedoch eine plötzlichen und unerwarteten sozialen Statusverlust. Vielleicht weil sie mit einem solchen doppelten Bewusstsein nicht großgeworden sind oder

---

14 Einer der bekanntesten Ex-Konvertiten ist Sven – vormals Muhammad Sven – Kalisch. Mit 15 Jahren zum Islam übergetreten, erhielt er als erster den 2004 eingerichteten Lehrstuhl für die Religion des Islam an der Universität Münster, um Islamlehrer für staatliche Schulen auszubilden. 2008 erklärte Kalisch, durch seine Studien sei er zu dem Ergebnis gekommen, dass Mohammed wahrscheinlich nie gelebt habe, 2010 gab er bekannt, nicht länger Muslim zu sein. Kalisch lehrt weiterhin an der Universität Münster, aber nicht mehr auf dem Lehrstuhl für die Religion des Islam.

weil ihre Konversion eine neue, frei gewählte Verbindung mit unteren Schichten bedeutet, versuchen viele Deutschmuslime diese Zweiheit – die Behauptung unvereinbarer Identitäten – zu überwinden: Sie erklären beharrlich, der Islam könne ein deutsches Antlitz haben, stimme mit deutschen Werten überein und lasse sich türkischen und arabischen Traditionen entwinden.

Die konfliktreichen Bewusstseinsgestalten und Identitäten, von denen Du Bois spricht, sind häufig nicht nur doppelte, sondern multiple.[15] Viele Konvertiten sind nicht einfach deutsch, sondern haben ohnehin schon marginalisierte Identitäten, sei es als Ostdeutsche oder als Einwanderer aus Osteuropa, Russland, Lateinamerika oder Afrika. Immer häufiger kommen sie auch aus der Arbeiterklasse. In den Kapiteln 3 und 5 zeige ich, wie manche dieser „Bindestrich-Deutschen" durch ihre Konversion das Gefühl überwinden können, Bürger zweiter Klasse – angeblich minderwertig – zu sein. Sobald sie zum Islam übergetreten sind, werden sie unzweifelhaft deutsch und zugleich muslimisch.

Weist Islamophobie eher Parallelen zum Antisemitismus oder zur Homophobie auf?

Dass der Islam und Muslime im heutigen Deutschland keine Gleichbehandlung erfahren, ist vielfach belegt. Obwohl er eine der am aktivsten praktizierten Religionen im Land ist, verwehren ihm Bundesländer ungeachtet zahlreicher Anträge die öffentliche Anerkennung (Fetzer und Soper 2005; Jonker 2002; Özyürek 2009; Yükleyen 2012). Protestanten, Katholiken, griechisch-orthodoxe Christen und Juden genießen den Status einer Körperschaft des öffentlichen Rechts, wodurch sie Kirchensteuern erheben und Religionsunterricht an staatlichen Schulen anbieten können. Der Islam hingegen wird vom Staat nicht gefördert, der Ausbau des islamischen Religionsunterrichts an staatlichen Schulen schreitet nur langsam voran und bleibt weiterhin unbefriedigend.[16] Auch beim Neubau von Moscheen (Jonker 2005), der Gründung islamischer Schulen und dem Schlachten nach *Halal*-Regeln stehen Muslime vor Hindernissen.

---

15 In den vergangenen Dekaden haben Wissenschaftler mit dem Konzept der Intersektionalität die Verschränkung multipler Formen von Diskriminierung und Marginalisierung erforscht. Das Konzept geht auf die feministische Soziologin Kimberle Crenshaw (1989) zurück und wurde durch die Arbeiten von Patricia Hill Collins (2000) bekannter, die es in der Auseinandersetzung mit dem schwarzen Feminismus verwendet.

16 Vgl. Kaum Religionsunterricht für Muslime, *Spiegel Online*, 26. Januar 2015.

In neueren großen Meinungsumfragen stimmten 46 Prozent der Deutschen der Aussage zu, es gebe „zu viele Muslime" in Deutschland (Zick, Küpper und Hövermann 2011, S. 70), 58 Prozent wollten die Religionsausübung für Muslime im Land „deutlich eingeschränkt" sehen (Decker et al. 2010, S. 134) und mehr als die Hälfte bekannte, Muslime nicht zu mögen.[17] Angesichts solcher Einstellungen überrascht es nicht, zu welchen Ergebnissen die Open Society Foundation 2010 in einer Studie kam: 89 Prozent der Berliner Muslime meinen, dass sie nicht als Deutsche wahrgenommen werden, 79 Prozent fühlten sich innerhalb der letzten zwölf Monate mindestens einmal rassistisch und 74 Prozent mindestens einmal religiös diskriminiert, junge Musliminnen sehen sich durch das Kopftuchverbot auf dem Arbeitsmarkt benachteiligt.[18] Tatsächlich ist die Diskriminierung von Muslimen besonders auf dem Arbeits- und Wohnungsmarkt gut dokumentiert.[19] Nicht zuletzt kam es in Deutschland in den vergangenen Jahren zu einer Reihe von Hassverbrechen, darunter der Mord an Marwa El-Sherbini im Jahr 2009 sowie an neun türkischen oder türkisch aussehenden Männern durch die rechtsextreme Terrorzelle Nationalsozialistischer Untergrund (NSU) zwischen 2000 und 2006.

Das komplexe Zusammenspiel subtiler und offener Formen von Diskriminierung und Gewalt gegen Muslime gilt jedoch allgemein nicht als hinreichend, um Islamophobie als eine Form von Rassismus zu werten. Teilweise liegt das Problem darin, dass der Begriff zwar seit mehreren Jahrzehnten weit verbreitet ist, aber keine Einigkeit über seine Definition besteht (Shryock 2010). In die öffentliche Diskussion eingeführt wurde er 1997 durch den Bericht *Islamophobia: A Challenge for Us All* der britischen Runnymede Trust Commission, später fand er auch in Studien der Europäischen Stelle zur Beobachtung von Rassismus und Fremdenfeindlichkeit Verwendung.[20] Nach dem erstgenannten Bericht bedeutet Islamo-

---

17 Studie des Pew Research Center's Global Attitudes Project, Frühling 2008. http://www.pewglobal.org/category/datasets/2008/. Zugegriffen: 9. März 2017.

18 Der Bericht der Stiftung findet sich unter https://www.opensocietyfoundations.org/reports/muslims-berlin. Zugegriffen: 9. März 2017.

19 Studien der Europäischen Stelle zur Beobachtung von Rassismus und Fremdenfeindlichkeit zeigen deutliche Unterschiede zwischen Deutschen mit und ohne Migrationshintergrund. Einwohner muslimischer Herkunft sind doppelt so oft von Arbeitslosigkeit betroffen und finden seltener eine Lehrstelle (European Monitoring Center on Racism and Xenophobia 2006, S. 44). Einwanderer und Menschen mit islamischem Hintergrund leben häufiger in dicht bevölkerten Gegenden, zahlen höhere Mieten und haben weniger sichere Mietverträge (ebd., S. 56). Die Studien der EU-Stelle zeigen auch, dass Kinder mit Migrationshintergrund schwerer Zugang zu angesehenen Gymnasien und Universitäten haben (Luciak 2004).

20 Eine kritische Erörterung dieser Berichte bieten Allen (2010) und Bunzl (2005).

phobie „eine grundlose Feindseligkeit gegenüber dem Islam und somit Angst oder Antipathie gegenüber allen oder den meisten Muslimen" (Runnymede Trust Commission 1997, S. 4). Weder dieser Bericht noch die Folgestudien differenzieren zwischen Islamophobie und anderen Formen von Rassismus, die eine Diskriminierung muslimischer Einwanderer bedingen (Allen 2010). Einige Rassismusforscher wie etwa Robert Miles und Malcolm Brown (2003, 116) halten den Begriff der Islamophobie für überflüssig, da das Phänomen problemlos durch bereits existierende Theorien über Rassismus und Fremdenfeindlichkeit erfasst werden könne. Andere wie Fred Halliday (1999) sehen ihn kritisch, da er eine politische Realität „kulturalisiere". Die französischen Wissenschaftler Jocelyne Cesari (2002) und Michael Wieviorka (2002) wiederum halten ihn für zu vage, um fruchtbar zu sein.

Auch wenn über den Nutzen der Bezeichnung Islamophobie somit kein Konsens besteht, sind sich die genannten Stimmen einig, dass sich die Muster von Ausgrenzung und Rassismus besonders in Europa verändern und Einwanderer mit muslimischem Hintergrund am stärksten darunter leiden. Während in der Kolonialzeit pseudowissenschaftliche Vererbungslehren zur Rechtfertigung von Ausschluss und Unterdrückung dienten, haben in der postkolonialen Ära Theorien einen Aufschwung erlebt, die ähnliche Praktiken durch angeblich unversöhnliche kulturelle Differenzen legitimieren (Balibar und Wallerstein 1990; Stolcke 1995; Wieviorka 2002). Biologische Begründungen von Rassismus sind zwar nie verschwunden, vorherrschend geworden sind indes kulturelle Muster, die Wissenschaftler als „neuen Rassismus" (Barker 1981), „Neorassismus" (Balibar 1990), „kulturellen Fundamentalismus" (Stolcke 1995), „differentialistischen Rassismus" (Taguieff 2000), „Kulturdiskurs" (Mamdani 2006) und sogar „Rassismus ohne Rassen" (Rex 1973) bezeichnen.

In Europa und besonders in Deutschland besteht der wichtigste Lackmustest für die Legitimität des Begriffs Islamophobie in der Frage nach Ähnlichkeiten oder Differenzen zum Antisemitismus. Das eine Lager in der Debatte spielt die Realität der Diskriminierung von Muslimen herunter und erklärt einen Vergleich mit dem Antisemitismus für unzulässig, da der Islam eine Kultur oder Religion sei und somit aus freiem Entschluss angenommen oder abgelegt werden könne. So schrieb etwa die britische Islamkritikerin Polly Toynbee: „Rasse ist etwas, das Menschen nicht wählen können und das nichts über sie als Menschen besagt [...] [während] Glaube etwas ist, womit sich Menschen aufgrund einer Entscheidung identifizieren. [...] Beides lässt sich nicht gleichsetzen, weshalb die Bezeichnung Islamophobie Unsinn ist" (zit. n. Meer 2013, S. 12). Eine ähnliche Position nimmt die unter Konservativen geschätzte türkisch-deutsche Islamkritikerin Necla Kelek ein. Thilo Sarazzins umstrittenes Buch *Deutschland schafft sich ab* (2010), in dem Muslime für das Scheitern der deutschen Einwanderungspolitik haftbar gemacht werden, verteidigte sie mit dem Argument, da der Islam „keine Rasse, sondern Kultur und Religion" sei, könne man Sarrazin keinen Rassismus vorwerfen.[21] Solche Kritiker verweisen auch häufig auf europäische Konvertiten zum Islam sowie umgekehrt auf Türken, Araber, Iraner und andere, die sich von ihm abwenden und sogenannte Islamkritiker werden.

Das andere Lager will Islamophobie als eine virulente Form von Rassismus in Europa verstanden wissen und versucht nachzuweisen, dass sie sich nicht wirklich von anderen Formen von Rassismus, besonders dem Antisemitismus, unterscheide, die als solche anerkannt werden.[22] Chin et. al. stellen dar, dass sich antisemitische, einwandererfeindliche und antimuslimische Diskurse gleichermaßen durch eine Verbindung biologischer und kultureller Elemente auszeichnen (2009, S. 14). Meer und Modood zeigen, wie eine vermeintlich kulturell begründete Kritik ebenfalls rassistisch sein kann, weshalb Islamophobie „nicht bloß als Platzhalter für, sondern selbst als eine Form von Rassismus" zu verstehen sei (2010, S. 79). Die deutsche Historikerin Shooman zieht die Bezeichnung antimuslimischer Rassismus vor, denn es lasse sich „ein Rassifizierungsprozess [...] beobachten, dem als MuslimInnen markierte Menschen nicht entrinnen können" (2011).[23]

Bunzl erweitert die Debatte um eine neue Perspektive, insofern er die Islamophobie mit Blick auf die Zukunft Europas und die allgemeine geopolitische Lage für eine größere Herausforderung als den Antisemitismus hält, beide aber auch unterscheidet: „während Antisemitismus dazu diente, die Reinheit des ethnischen Nationalstaats zu bewahren, ist Islamophobie darauf angelegt, die Zukunft der europäischen Zivilisation zu schützen" (2008, S. 73). Wie Bunzl sehe ich Besonderheiten in der Islamophobie, die sie von ihrem Vorläufer qualitativ unterscheiden. Was sie am deutlichsten auszeichnet, ist die Unterstellung eines rationalen Einzelsubjekts, das für seine Handlungen und deren Folgen verantwortlich ist. Islamophobe behaupten, dass Muslime nicht denselben Schutz wie andere systematisch diskriminierte Gruppen, etwa Frauen und Schwarze, verdienen, weil ihr Glaube nicht angeboren sei, sondern von ihnen bereitwillig angenommen oder bewahrt werde (Bloul 2008). Da sie ihn frei wählen oder ablegen können, so die Argumentation, steht ihnen keinerlei Schutz vor Diskriminierung zu. Dieses Denkmuster, nach dem der einzelne Muslim für jede Not, in der er sich befinden mag,

---

21   Zit. n. Sarrazins Juden-Thesen empören Regierung, *Spiegel Online*, 29. August 2010.

22   Eine scharfsinnige historische Darstellung der Rassifizierung von Migranten in Europa, die zunächst als Nomaden und später als Muslime gefasst wurden, bietet Silverstein (2005).

23   Auch Fekete (2009) argumentiert, Islamophobie sei lediglich eine andere Bezeichnung für fremdenfeindlichen Rassismus.

selbst verantwortlich ist, da er sie durch eigene Entscheidungen herbeigeführt hat, kam auch in einem Frankfurter Gerichtsurteil von 2007 zum Tragen: Die Richterin lehnte das Gesuch einer misshandelten Frau auf vorzeitige Scheidung von ihrem marokkanischen Ehemann mit der Begründung ab, da der Islam Frauen eine untergeordnete Rolle zuweise und dem Mann ein eheliches Züchtigungsrecht einräume, könne die Frau, die sich für die Ehe mit einem Muslim entschieden habe, „keine unzumutbare Härte" geltend machen.[24] Diese Haftbarmachung von Opfern für ihre Lage passt vortrefflich zum heutigen Neoliberalismus, der die Marktmentalität auf die Bürgerschaft auszuweiten versucht und dem Einzelnen die Verantwortung für die Folgen seines Handelns aufbürdet, da er schließlich rationale Abwägungen treffe (Paley 2001; Ong 1999).[25] Mit anderen Worten: „Dieser Rassismus ist ein Rassismus seiner Zeit" (Tyrier 2010, S. 104).

Ein anderes, damit verbundenes Element von Islamophobie ist die Betonung der angeblichen Neutralität der öffentlichen Sphäre in Europa. Das Idealmodell der deutschen Öffentlichkeit ist im Kern ein Habermasianisches: Sie soll ein von Staat, Wirtschaft und Familie abgegrenzter sozialer Raum sein, in dem Privatindividuen gemeinsam über das Allgemeinwohl beraten können. In der ursprünglichen Fassung seiner Theorie ging Jürgen Habermas überhaupt nicht auf Religion ein (Calhoun 2011). Dies war keine zufällige Leerstelle.[26] Wie Charles Taylor zeigt, gründet eine bestimmte negative Fixierung auf die Religion als eigentümliche, aus der Öffentlichkeit auszuschließende Art von Vernunft im Denken der Aufklärung, das allein die säkulare Vernunft als wirkliche Rationalität gelten lässt; religiöse Annahmen gelten diesem Denken als „sehr viel heikler, da sie nur die überzeugen, die sie bereits teilen" (2012, S. 75). Religiöses Denken gilt besonders dann als zweifelhaft und in der öffentlichen Sphäre deplatziert, wenn es um den Islam geht. Vermeintlich liberale politische Akteure versichern, dass sie nicht die islamische Religion, sondern nur ihren öffentlichen Ausdruck ablehnen. 2004 wurde in Frankreich per Gesetz das ostentative Tragen religiöser Symbole in Schulen als ein Verstoß gegen republikanische Prinzipien verboten (Bowen 2007); Schülerinnen sollen sich französischen Gepflogenheiten anpassen und das Kopftuch zu Hause lassen. Daran angelehnt verabschiedeten Berlin und Brandenburg 2005

---

24 Vgl. Deutsche Richterin rechtfertigt eheliche Gewalt mit Koran, *Spiegel Online*, 20. März 2007.

25 Vgl. auch Esra Özyürek, German Converts to Islam Are an Asset, not a Threat, *Spiegel Online*, 13. September 2007.

26 In einem neueren Text hat Habermas (2008) die weltweite Kraft von Religiosität zu erklären versucht und dafür plädiert, religiöse Ideen in eine postsäkulare Haltung zu überführen, die sich gegen den globalen Kapitalismus wendet.

das Neutralitätsgesetz, das nicht Schülern, sondern den Beschäftigten in staatlichen Schulen und dem Justizwesen das Tragen religiöser Zeichen, Symbole oder Kleidung untersagt. Auch wenn die drei abrahamitischen Religionen in Frankreich diesbezüglich gleich behandelt werden, wird der Gedanke einer „neutralen" öffentlichen und einer „freien" Privatsphäre durch die Situation praktizierender Musliminnen ad absurdum geführt, benötigen sie das Kopftuch doch weniger zu Hause als gerade in der Öffentlichkeit.

Angesichts dieser Idealisierung individueller Entscheidungsfreiheit und der Einschränkung öffentlicher Ausdrucksmöglichkeiten scheint mir Islamophobie genauso sehr mit Homophobie vergleichbar zu sein wie mit dem historischen Antisemitismus, wenn nicht sogar stärker. Homophobe Diskurse behandeln Lesben und Schwule als verantwortlich für die Wahl des „Lebensstils", dessentwegen sie diskriminiert werden, und sprechen ihnen damit den Anspruch auf rechtlichen Schutz ab. Christliche homophobe Lobbygruppen, die in den Vereinigten Staaten wesentlich stärker sind als in Europa, fordern Homosexuelle auf, sich in den heterosexuellen Mainstream einzufügen; moderatere Stimmen drängen sie, ihre sexuelle Identität nur in ihrer Privatsphäre auszudrücken und somit auf öffentliche Anerkennung und rechtlichen Schutz zu verzichten, wie bei der bis 2011 im US-Militär geltenden Praxis des „Don't ask, don't tell". In islamophoben Diskursen in Europa finden solche Auffassungen ein Echo: Auch sie machen den Gedanken einer vermeintlich neutralen öffentlichen Sphäre stark, in der niemand durch Merkmale religiöser oder sexueller Differenz identifizierbar sein soll.[27]

Ebenso verbinden sich auch im Fall der Islamophobie Fragen von Sexualität und Freiheit, wenngleich das islamische Gesellschaftsbild heterosexistisch ist. Muslime betrachten Sexualität als etwas, das markiert und reguliert werden muss, wann immer Männer und Frauen sich zusammen in der Öffentlichkeit bewegen. Europäer sehen darin eine *queere*, unangemessene öffentliche Betonung von etwas, das eigentlich in die Privatsphäre gehört. Der Umgang praktizierender Muslime mit Geschlecht und Sexualität ist geradezu verstörend für die Franzosen, deren Republikanismus auf der abstrakten Idee gleicher Staatsbürgerschaft und einer

---

27 In einer Erörterung der Rolle von Religion in der öffentlichen Sphäre schreibt Calhoun: „Dieser Rückgriff auf die Unterscheidung öffentlich/privat zwecks Durchsetzung einer Art von Säkularismus erinnert in beschämender Weise daran, wie eben diese Unterscheidung dafür benutzt wurde, nicht nur die politische Partizipation von Frauen, sondern auch die Möglichkeit einzuschränken, bestimmte mit der geschlechtsspezifisch strukturieren Privatsphäre assoziierte Fragen auf die vermeintlich geschlechtsneutrale öffentliche Agenda zu setzen." (2011, S. 77) Wie queere Lebensformen eine Gegenöffentlichkeit bilden, die die heterosexuelle öffentliche Sphäre infrage stellt, untersucht Warner (2002).

psychologischen Verleugnung von sexueller Differenz und Patriarchat basiert, wie Joan Scott (2007) argumentiert. Scott zufolge wertet das französische Recht das Kopftuch nicht nur als „auffällig", wenn Mädchen es in der Schule tragen, sondern auch als Indikator für ein Übermaß an Sexualität und sogar für Perversion. Ironischerweise ist dies natürlich das exakte Gegenteil der Auffassung praktizierender Muslime.

Die ideologische Zentralität des Gedankens der „Entscheidungsfreiheit" in Diskursen über Muslime zeigt sich am deutlichsten in den Erfahrungen jener zwei Gruppen, die in ihrem Bekenntnis zum Islam am aktivsten eine Position der Differenz einnehmen – nämlich bei kulturellen Muslimen, die in ihren Familien islamisch sozialisiert wurden, aber nicht unbedingt fromm sind, und bei deutschen Konvertiten. Dass beiden Gruppen im öffentlichen Diskurs eine Aufmerksamkeit zuteilwird, die in keinem Verhältnis zu ihrer Größe oder ihrem Einfluss steht, ist kein Zufall. Die unterschiedlichen und doch parallelen Formen von Marginalisierung, die beide erleben, werfen ein Schlaglicht auf die komplexe Matrix der Islamophobie überhaupt. Wesentlich sind dabei die Vorstellungen des einzelnen Subjekts, das freie Entscheidungen treffen darf, dann aber auch für die Folgen verantwortlich ist, und einer vermeintlich neutralen öffentlichen Sphäre, die in Wirklichkeit andersartige Formen, sich auszudrücken, zurückweist.

Die Rassifizierung von Muslimen und der Trend zu einem deutschen Islam

Deutschland hat eine lange Geschichte der Rassifizierung von Religionen, besonders des Judentums, die der Muslime jedoch, die eine klare Klassendimension aufweist, ist vergleichsweise neu.[28] Muslime in Deutschland bieten ein Beispiel für das, was Rey Chow (2002) als „Ethnisierung von Arbeitskraft" in spätkapitalistischen westlichen Gesellschaften bezeichnet. In der Weimarer Republik existierte lediglich eine kleine, aber wohlhabende und gesellschaftlich integrierte muslimische Gemeinde (Motadel 2009). Diese Gruppe verschwand praktisch nach dem Zweiten Weltkrieg, während nun muslimische Arbeiter massenhaft nach Deutschland kamen. Gefördert durch den Marshall-Plan warb die Bundesregierung in Südeuropa, Nordafrika und dem Nahen Osten Arbeitskräfte an, unter anderem

---

28 Zur Rassifizierung von Migranten in Europa nach 1945, vgl. Silverstein 2005. Er zeigt die vielfältigen Prozesse auf, durch die Einwanderer zunächst rassifiziert und in die Schublade „neuer Wilder" gesteckt und sodann als problematische Objekte nationaler Integration behandelt werden.

in Tunesien, Marokko und der Türkei. Als muslimische Arbeiter zu einer festen Größe in der Erwerbsbevölkerung wurden, entstand „eine innere Grenze zwischen dem Anständigen und Wertvollen einerseits und dem Fremden und Minderwertigen andererseits" (Adelson 2005, S. 8).

Die soziohistorischen Prozesse, die nicht einmal den Kindern der Migranten Einlass in die deutsche Nation gewährten, sind unübersehbar. Jahrzehntelang gingen deutsche Staatsvertreter davon aus, dass die sogenannten Gastarbeiter in ihre Herkunftsländer zurückgehen würden – womit auch die Migranten selbst rechneten. Das Ergebnis war, dass niemand große Mühe darauf verwendete, ihnen die Ankunft in der deutschen Gesellschaft zu erleichtern. Die ersten Gastarbeiter waren überwiegend Männer, die ohne Familie kamen; nach Nationalität segregiert schliefen sie in betriebseigenen Wohnheimen. Selbst tagsüber waren sie insoweit separiert, als sie unter Landsleuten arbeiteten und durch Übersetzer Anweisungen in ihrer Muttersprache erhielten (Chin 2009; Yurdakul 2009). Unterdessen gab ihnen der Schichtdienst in anstrengenden Jobs kaum Anreiz oder Gelegenheit, Deutsch zu lernen oder sich in die Mehrheitsgesellschaft zu integrieren.

Als 1973 aufgrund der Weltwirtschaftskrise ein Anwerbestopp für ausländische Arbeiter verhängt wurde, reagierte diese Generation von Migranten jedoch anders als erwartet. Anstatt in ihre Länder zurückzugehen, weil es in Deutschland immer schwieriger wurde, Arbeit zu finden, blieben sie und holten auch noch ihre Familien nach. Ihnen war klar, dass sie keine Aussicht auf eine erneute Einreiseerlaubnis nach Deutschland haben würden, wenn sie in ihre Herkunftsländer zurückkehrten, die ebenfalls unter der Wirtschaftskrise litten. So verwandelte sich eine aus alleinstehenden Männern mit begrenzten Ansprüchen bestehende Migrationsbevölkerung in eine vollständige Einwanderergemeinschaft, die Schulen und familientaugliche Wohnungen verlangte (Chin 2009; Yurdakul 2009). Infolgedessen nahm die Zahl migrantischer Kinder explosionsartig zu – zu einem Zeitpunkt, als Deutschland keine Einwanderer mehr wollte. Die „Zahl der türkischen Kinder in Westdeutschland wuchs von 1974 bis 1980 um 129 Prozent, nach 1980 waren 40 Prozent der Türken im Land jünger als 18 Jahre" (Ostergaard-Nielsen 2003, S. 33).

Als den muslimischen Arbeitern bewusst wurde, dass sie dauerhaft bleiben würden, begannen sie, sich als Migranten zu organisieren. In den 1980er Jahren organisierten sie sich erstmals unabhängig von ihren Herkunftsländern, forderten mehr politische Rechte und beteiligten sich aktiv an Debatten in Deutschland (Ostergaard-Nielsen 2003; Yurdakul 2009).[29] Trotz der Lebensrealitäten der Mi-

---

29 Die wichtigste Rolle spielte dabei die Organisation Millî Görüş, die mit dem Ziel gegründet wurde, die Ideen des islamistischen Politikers Necmettin Erbakan unter Arbeitern in der Türkei zu verbreiten. Sie ist seit 1970 in Deutschland aktiv und tritt

granten richtete die Bundesregierung ihre Politik jedoch an der Erwartung aus, dass sie zurückgehen würden. Helmut Kohl, Bundeskanzler von 1982 bis 1998, beharrte darauf, dass Deutschland „kein Einwanderungsland" sei.[30] In dieser Phase delegierte die Bundesregierung die Zuständigkeit für religiöse Einrichtungen und Bildung der Migranten an die Herkunftsländer, um sie dort später leichter reintegrieren zu können.[31] Dies veranlasste wiederum die Herkunftsländer, die von Geldüberweisungen der Migranten abhängig waren, ihrer Integration ebenfalls aktiv entgegenzuwirken. „Sowohl europäische Regierungen als auch islamische Länder behinderten jahrzehntelang bewusst eine Integration, indem sie die Pflege der Muttersprache der Migranten sowie die Wahrung kultureller und religiöser Identitäten förderten, die sich nicht mit der Mehrheitsgesellschaft vermischten" (Laurence 2012, S. 38).

In den 2000er Jahren setzte in vielen Ländern Europas ein neuer Trend zur „Domestizierung" (Laurence 2012, S. xix) oder „Institutionalisierung des Islam" (Amir-Moazami 2009, S. 185) ein. Regierungen akzeptierten die Tatsache, dass muslimische Migranten dauerhaft bleiben würden, und gingen von ihrer Unsichtbarmachung zu Anerkennung über. Laut der deutschen Wissenschaftlerin Schirin Amir-Moazami geht dies jedoch mit Bemühungen einher, „auf ihre Lebensweisen und Praktiken in einer im Rahmen des liberalen Verfassungsstaates möglichen Weise einzuwirken" (ebd., S. 186). Als die rot-grüne Bundesregierung im Jahr 2000 mit einer Gesetzesreform in Deutschland geborenen Kinder von Migranten die deutsche Staatsangehörigkeit ermöglichte, wurden aus Millionen von Einwohnern, die bislang Türken, Bosnier oder Araber gewesen waren, muslimische Deutsche. Allerdings hatte die Reform einen Haken: Mit 18, spätestens mit 23 Jahren mussten diese Kinder die Staatsangehörigkeit ihrer Eltern aufgeben, um die deutsche zu behalten – ein Opfer, das von anderen Doppelbürgern nicht erwartet wurde. Die Zahl der Anträge auf deutsche Staatsbürgerschaft fiel deutlich geringer

---

seit den 2000er Jahren dafür ein, Muslime als Einwohner Deutschlands und nicht als Gastarbeiter zu betrachten. Das Bundesamt für Verfassungsschutz sieht in der Organisation eine potenzielle Gefährdung der nationalen Sicherheit (Schiffauer 2000; Yükleyen 2012).

30 In einem vertraulichen Gespräch mit Margaret Thatcher erklärte Kohl 1982, die Hälfte der Türken müsse Deutschland binnen vier Jahren verlassen. Vgl. Kohl wollte offenbar jeden zweiten Türken loswerden, *Spiegel Online*, 1. August 2013.

31 Nicht nur Deutschland, sondern alle westeuropäischen Länder „lagerten die Verwaltung des Islam aus". Die Türkei, Algerien, Marokko, Pakistan und Saudi-Arabien finanzierten dort islamische Vereine, übernahmen Ausbildung und Bezahlung von Imamen und schufen Bildungsangebote für Kinder in der Sprache ihrer Eltern (Laurence 2012, S. 14).

aus als erwartet. Nichtsdestotrotz verschob das neue Gesetz die Grundlage der Staatsangehörigkeit vom Abstammungs- zum Geburtsortprinzip und löste intensive Debatten darüber aus, was es bedeutet, deutsch zu sein.

Christdemokraten behaupteten in Reaktion auf die Neuregelung, dass Einwanderer Deutschlands „Leitkultur" bedrohen würden (Pautz 2005). Diese Auffassung wurde zuerst von dem arabisch-deutschen Soziologen Bassam Tibi formuliert (1998), demzufolge sich ein vereintes Deutschland auf die europäischen Werte von Demokratie, Moderne, Säkularismus, Aufklärung, Menschenrechten und Zivilgesellschaft gründen muss. Nach der Gesetzesänderung von 2000 wurde der Begriff der Leitkultur von führenden CDU-Politikern wie Friedrich Merz und Jörg Schönbohm übernommen, die sich gegen Multikulturalismus und für die Assimilation von Migranten aussprachen. Vertreter dieser Position scheuten sich, die Leitkultur nationalistisch zu definieren, und beriefen sich stattdessen auf ein anachronistisches Verständnis europäischer Kultur (Ewing 2008). Dass Migranten angeblich nicht zur deutschen Gesellschaft passen, war demnach nicht ihrer Nationalität, sondern ihrem religiösen und nichteuropäischen kulturellen Hintergrund geschuldet.

Ironischerweise gingen die von CDU-Politikern geförderten antimuslimischen und assimilationistischen Diskurse damit einher, dass Muslime erstmals *als Muslime* anerkannt wurden. Am 28. September 2006 initiierte das Bundeskanzleramt ein neues Projekt: Muslimische Vertreter wurden zu einer Deutschen Islamkonferenz (DIK) eingeladen. Dieser Prozess vollzog sich nicht nur in Deutschland: Alle europäischen Staaten mit größeren muslimischen Bevölkerungsgruppen organisierten ähnliche Zusammenkünfte, um einen Dialog zwischen Vertretern des Staates und der islamischen Glaubensgemeinschaft zu fördern. Laurence (2012) sieht darin ein neues Stadium der muslimischen Präsenz in Europa, deren Dauerhaftigkeit von den Regierungen nun akzeptiert und durch den Versuch, Muslime zu Staatsbürgern zu machen, domestiziert werde.

Die Gründung der DIK war ein bedeutender Moment in der deutschen Geschichte, allerdings nicht weil sie konkrete Veränderungen im Alltag der Betroffenen bewirkt hätte, sondern als Signal für eine staatliche Anerkennung muslimischer Repräsentanten. Die vermutlich wichtigste Begebenheit bei der ersten Zusammenkunft waren die einleitenden Worte von Bundesinnenminister Wolfgang Schäuble: „Der Islam ist Teil Deutschlands und Teil Europas, er ist Teil unserer Gegenwart und er ist Teil unserer Zukunft. Muslime sind in Deutschland willkommen".[32] Schäuble ging durch den Saal und schüttelte allen Anwesenden die

---

32   Schäubles Rede ist vollständig nachzulesen unter http://www.deutsche-islam-konferenz.de/DIK/DE/Service/Bottom/RedenInterviews/Reden/20060928-regerkl-dik-

Hand – ein Akt, der die muslimischen Vertreter, mit denen ich gesprochen habe, tief bewegte. Als Grundlage der Gespräche nannte das Bundesinnenministerium „ein Integrationsverständnis, das kulturelle und religiöse Unterschiede anerkennt, aber auch die vollständige Akzeptanz der freiheitlich-demokratischen Grundordnung verlangt und voraussetzt."[33] Die DIK machte deutlich, dass ein Verständnis von Religion als Privatsache sowie allgemein liberale Werte die Grundlagen für die Anerkennung von Muslimen sein sollten. Die Arbeitsgruppe 1 der Konferenz bekam folglich das Thema „Deutsche Gesellschaftsordnung und Wertekonsens" zugewiesen (Amir-Moazami 2009, S. 200). Damit unterstrichen ihre Initiatoren, dass sie Muslime zwar anerkennen, ihnen aber grundlegend andere Werte zuschreiben als Deutschen.

Während CDU-Vertreter bereit waren, Muslimen die Hand zu schütteln, wollten sie zugleich wissen und definieren, wer die Muslime in Deutschland sind. Eine Studie im Auftrag des Bundesamtes für Migration und Flüchtlinge (BAMF) gab ihre Zahl mit rund vier Millionen an (Haug, Mussig und Stichs 2009). Da mehr als die Hälfte von ihnen seit den späten 1990er Jahren in Deutschland geboren wurde und nun die deutsche Staatsbürgerschaft beantragen konnte, versuchte die Regierung, Muslime gesondert zu erfassen. Die genannte Schätzung bezog sich jedoch auf Muslime nicht als religiöse, sondern als ethnische Gruppe: Die Verfasser der Studie untersuchten, wie viele Menschen aus mehrheitlich muslimischen Ländern nach Deutschland gekommen waren, schätzten die Zahl ihrer Kinder und verbuchten alle zusammen kurzerhand als Muslime, obwohl unter ihnen auch Christen, Juden sowie Atheisten sind. Am deutlichsten ist dies im Fall der 70.000 in Deutschland lebenden Iraner, von denen viele vor dem repressiven Regime der Islamischen Republik Iran geflohen sind. Laut der BAMF-Studie ist etwa ein Drittel von ihnen „gar nicht gläubig", 72 Prozent „besuchen nie religiöse Veranstaltungen" (ebd., S. 307f.). Dennoch werden in derselben Studie alle Iraner in Deutschland als Muslime gezählt. Deutsche Konvertiten finden in ihr dagegen gar keine Berücksichtigung.

Aufgrund dieses ethnisierten Verständnisses des Islam wurden deutsche Konvertiten, die die Grenze zwischen Deutschen und Muslimen verwischen, für Christdemokraten ein Grund zu ernsthafter Sorge. Während die DIK ihre Arbeit aufnahm, warnte Schäuble die Nation im Februar 2007 in einem Interview mit

---

perspektiven.html. Zugegriffen: 26. Mai 2017.

33 Pressemitteilung des Bundesinnenministeriums vom 2. Juli 2007. http://www.bmi. bund.de/SharedDocs/Pressemitteilungen/DE/2007/mitMarginalspalte/05/zweite_islamkonferenz.html. Zugegriffen: 10. März 2017.

der *Welt* vor der Bedrohung, die von deutschen Konvertiten ausgehe.[34] Diese gerieten so ins Zentrum der nationalen Debatte über den Ort des Islam in Deutschland. Obwohl die DIK der Entwicklung eines „deutschen Islam" verpflichtet ist, wurden deutschstämmige Muslime zum Fokus von Ängsten, die die zunehmend unbestreitbare Einbeziehung von Muslimen in die Mehrheitsgesellschaft sowie die Verwischung der Grenzen zwischen „deutsch" und „muslimisch" auslösen. Dieses neue Unbehagen gegenüber Konvertiten sowie deren Umgang mit rassifizierten und kulturalisierten Definitionen von Muslimen sind aufschlussreich, was den vielschichtigen Charakter der heutigen Islamophobie betrifft.

Die Rolle von Konvertiten für einen europäischen Islam

In den vergangenen zehn Jahren haben Wissenschaftler gezeigt, wie sich die islamische Praxis durch die Migration von Muslimen an neue Orte, insbesondere nach Europa und in die Vereinigten Staaten, verändert hat.[35] Auch wenn der Islam von Beginn an eine globale Religion war, wird zutreffend argumentiert, dass eine signifikante muslimische Präsenz – besonders im säkularen Europa – tiefgreifende Folgen für den Islam selber hätte. Peter Mandeville behauptet in seiner einflussreichen Studie *Transnational Muslim Politics*, eines der wichtigsten Ergebnisse der muslimischen Einwanderung in den Westen bestehe darin, dass diasporische Muslime mit der Vielfalt islamischer Praxis in Berührung kommen: „In den von Migration geprägten oder globalen Städten müssen Muslime nicht nur mit einem breiten Spektrum nichtislamischer Anderer umgehen, sondern auch mit einer enormen muslimischen Meinungsvielfalt über Charakter und Bedeutung des eigenen Glaubens. An solchen Orten begegnen sie Interpretationen ihrer Religion, die sie als häretisch zu betrachten gelernt haben oder von deren Existenz sie nicht einmal wussten, und müssen in ein Gespräch mit ihnen treten" (Mandeville 2001, S. 107). Diese unvorhergesehene Koexistenz islamischer Gruppen am selben Ort führt ihm zufolge zu einer neuen kritischen Auseinandersetzung mit der Pluralität der islamischen Erfahrung. Für Muslime im Westen ergebe sich daraus ein historisches Kräftefeld, das „ein fruchtbarer Boden sein wird, um Traditionen zu überdenken und neu zu formulieren und um einen Islam für zukünftige Generationen zu schaffen" (ebd., S. 115).

---

34   Vgl. Schäuble: „Vielleicht hatten wir bisher einfach Glück", *Die Welt*, 4. Februar 2007.
35   Eine hervorragende innovative Studie darüber, wie sich Muslime in den Vereinigten Staaten einrichten, ist Bilici 2012.

In den zehn Jahren nach der Publikation von Mandevilles Buch hat die Forschung einige seiner Prognosen über eine veränderte islamische Religionsausübung bestätigt. Muslime mit Migrationshintergrund richten sich in ihren neuen europäischen Ländern mit Erfindungsreichtum ein. So bewältigen französische Muslime das Spannungsverhältnis zwischen Verantwortung gegenüber der transnationalen muslimischen Gemeinschaft und dem Bemühen, vom säkularistischen französischen Staat akzeptiert zu werden, durch eine pluralistische, pragmatische Herangehensweise an ihre Glaubensausübung (Bowen 2010). Auch deutsche und niederländische Muslime passen ihre islamische Praxis den Gegebenheiten in ihren neuen Ländern an (Yükleyen 2012; Yurdakul 2009; Schiffauer 2010; Sökefeld 2008; Mandel 2008).

Olivier Roy ist einer der wenigen Wissenschaftler, die sich näher mit Konvertiten in Europa befasst haben, wenngleich ihn vor allem interessiert, wie Konversion möglich ist, und nicht so sehr, was durch sie möglich wird. In *Heilige Einfalt* führt er den Erfolg neuer Fundamentalismen, darunter des Islamismus in Europa, auf ihre Fähigkeit zurück, das Band zwischen Kultur und Religion zu zerschneiden. Die Säkularisierung dränge die Religion in einen von sozialen und kulturellen Aspekten des Lebens abgetrennten Raum, in dem sie als ein „rein Religiöses" formuliert werden könne, während die Globalisierung eine Standardisierung der auf dem Weltmarkt zirkulierenden Religionen fördere (Roy 2010, S. 20). Dies bildet ihm zufolge den Kontext, in dem Europäer zu puritanischen islamischen Bewegungen wie dem Salafismus übertreten.

In einer Hinsicht hat Roy Recht: Der Propagierung des Islam verpflichtete Bewegungen wie die Salafisten und andere orthodoxe Gruppen machen sich ein Verständnis ihrer Religion zu eigen, das kultureller und traditioneller Interpretationen entkleidet ist, und sie verbreiten den Gedanken einer Rückkehr zu den Gründungstexten. Die eng mit nationalen Traditionen verwobenen vier islamischen Rechtstraditionen sind in dieser Betrachtungsweise irrelevant für die korrekte Glaubensausübung. Um ein „guter" orthodoxer Muslim zu sein, ist es in diesem Sinne unerheblich, ob jemand Türke, Araber, Japaner oder Deutscher ist. Im Gegenteil: Wer bislang ein guter türkischer, bosnischer oder pakistanischer Muslim gewesen ist, tut sich mit der wahren Glaubensausübung möglicherweise sogar schwerer, ist er doch mit Traditionen großgeworden, die aus dieser Sicht nicht wirklich islamisch sind.

Roys Beobachtungen sind somit hilfreich, um die jüngere Ausbreitung des Islam in Europa zu erklären, aber sie erfassen nur die eine Hälfte der Geschichte: Konvertiten und diejenigen, die Konversionen fördern, tauchen in seinem Modell nicht als handelnde Subjekte auf. Die Entkopplung von Religion und Kultur wird meines Erachtens nicht nur durch Globalisierung und Säkularisierung gefördert –

eine mindestens genauso wichtige Dynamik besteht in der zunehmenden Rassifizierung und Marginalisierung von Muslimen. In Reaktion darauf versuchen europäische Konvertiten und in Europa geborene Muslime, die Assoziation von „islamisch" mit „türkisch" oder „arabisch" aufzubrechen, weil die wachsende Islamophobie Muslime zusammen mit ihren Traditionen als vollkommen fremd und für Europa unannehmbar behandelt. In diesem Buch zeige ich, dass Konvertiten einen universalen Islam fördern, der nicht nur offen für alle ist – ihr „kulturfreier" Islam scheint auch besser zu europäischen und deutschen Werten und Mentalitäten zu passen als zu nahöstlichen oder migrantischen Lebensweisen. Zunächst gilt es jedoch die Tatsache zu unterstreichen, dass sich Konvertiten zwar schon seit langer Zeit mit der Idee eines deutschen Islam befassen, die Entwicklung und spezifischen politischen Folgen dieser Idee jedoch an die heutigen gesellschaftlich-politischen Realitäten Europas und insbesondere Deutschlands gebunden sind.

Generationen deutscher Konvertiten zum Islam

Auch wenn die Konversion von Europäern zum Islam häufig als ein neues und überraschendes Phänomen diskutiert wird, findet sie in Deutschland bereits seit mehr als hundert Jahren statt. Deutsche nehmen orthodoxe wie unorthodoxe Interpretationen des Islam schon seit geraumer Zeit an – sowohl Männer wie Frauen, Alte und Junge, Homo- und Heterosexuelle, Gläubige und Atheisten, Christen und Juden, Protestanten und Katholiken, Einheimische und Einwanderer. Dabei haben unterschiedliche Arten von Deutschen zu unterschiedlichen historischen Zeitpunkten unterschiedliche Arten von Muslimen kennengelernt. Die an diesen Begegnungen beteiligten Muslime und Deutsche prägten weitgehend das Verständnis des Islam, zu dem Deutsche in einer jeweils bestimmten Zeit übertraten. Die folgende kurze Geschichte der Konversion ist daher auch eine Geschichte des Islam und der Muslime in Deutschland. Eine Perspektive auf mehrere Generationen stellt das vorherrschende Bild von Muslimen in Europa infrage, nach dem sie ewige Neuankömmlinge und folglich nicht gut integriert seien.[36]

---

36 Studien über die muslimische Präsenz in Deutschland vor dem Zweiten Weltkrieg haben die „Fremdheit" des Islam betont, die Konversion und damit verbundene Anpassung des Islam an örtliche Gegebenheiten hingegen kaum beachtet (Abdullah 1981; Höpp 1997, 2001; Bauknecht 2001; Clayer und Germain 2008; Cwiklinski 2008; Germain 2008; Backhausen 2008). Eine Ausnahme von diesem Korpus an Literatur ist Motadel (2009), der die Rolle bürgerlicher Einwanderer und deutscher Konvertiten bei der Artikulation des Islam in Deutschland erörtert.

Bereits an der Schwelle zum 20. Jahrhundert werden in muslimischen Jahrbüchern einige Konvertiten erwähnt (Germain 2008), eine wirkliche Welle von Übertritten ereignete sich jedoch erstmals in der Weimarer Republik, also von 1919 bis 1933. Prägend für dieses kurze, aber besondere Kapitel der deutschen Geschichte war ein liberales Klima, das in vielen Lebensbereichen – von Kunst und Architektur bis zu politischen Ideen und Sexualität – eine Offenheit für Experimente förderte.[37] Zudem lebten im Weimarer Deutschland mehr als eintausend muslimische Studenten aus Indien, der Türkei, dem Iran und arabischen Ländern sowie antikoloniale Aktivisten aus Indien und dem Nahen Osten. Ebenso wie muslimische Diplomaten und Geschäftsleute waren sie Katalysatoren eines Dialogs. Bis zu den 1920er Jahren blieb die Zahl der Konvertiten allerdings sehr klein.

Dies änderte sich spürbar, als die indisch-muslimische Lahore-Ahmadiyya-Bewegung zur Verbreitung des Islam die Eröffnung von Moscheen in Europa – zunächst in England und danach in Berlin – beschloss.[38] Als die Ahmadis 1921 im kosmopolitischen und toleranten Berlin eintrafen, bestand ihr Ziel darin, der christlichen Missionierung unter Muslimen entgegenzuwirken, indem sie das ihr zugrunde liegende Bild des Islam als einer rückständigen Religion bekämpften (Germain 2008). Von 1924 bis 1927 errichteten sie eine prachtvolle Moschee im bürgerlichen Wilmersdorf. Das bis heute existierende, aber mangelhaft instandgehaltene Gebäude wurde im indischen Stil mit Bezügen auf den Taj Mahal errichtet. Schon bald nach der Eröffnung etablierte sich die Moschee als ein „angesagter" kultureller Treffpunkt von weltoffenen Intellektuellen und Literaten mit und ohne muslimischen Hintergrund. Auch bei der Verbreitung des Islam war sie recht erfolgreich: Zu Beginn der 1930er Jahre bestand die muslimische Bevölkerung in Deutschland zu rund einem Drittel aus Konvertiten (ebd.). Diese hatten den Islam teils bei Zusammenkünften in der Ahmadi-Moschee, teils durch Studien über und Reisen in den Nahen Osten kennengelernt. In jedem Fall verfügten die neuen Muslime nun über einen Ort, an dem sie Deutsch sprechende Glaubensgenossen treffen und mit ihnen über Themen reden konnten, die beide Gruppen betrafen. Wie die damalige muslimische Bevölkerung in Berlin insgesamt waren die Konvertiten eine gebildete Elite, darunter orientalistische Gelehrte, Adlige und Angehörige der freien Berufe. Bei der Eröffnungsfeier der Wilmersdorfer Moschee waren auch prominente Konvertiten mit Doktortitel anwesend (Backhausen 2008, S. 62). In ihrer *Moslemischen Revue* und anderen Publikationen zeigten sich die Ahmadis erfreut über solche Konvertiten aus der Oberschicht (Clayer und Germain 2008,

---

37 Eine umfassende Darstellung vieler Aspekte der Weimarer Zeit bieten Weitz 2013 und Gay (1968) 2001.

38 Zur Geschichte dieser Gruppe in Indien und Europa, vgl. Backhausen 2008.

S. 307). Der angesehenste von ihnen war ein Adliger, Baron Omar von Ehrenfels, der 1927 zum Islam übergetreten war und 1932 von Lahore aus durch Indien reiste (Germain 2008, S. 107).

Unter den Konvertiten waren auch Juden, die bei Reisen nach Palästina und mitunter durch Kontakte zu Muslimen in Deutschland mit dem Islam in Berührung gekommen waren. Zu den bekanntesten von ihnen zählten Muhammad Asad – ehemals Leopold Weiss –, Enkel eines polnischen Rabbiners und später von der pakistanischen Regierung mit der Ausarbeitung der islamischen Grundsätze beauftragt, auf denen ihr neuer Staat beruhen sollte; Essad Bey – ehemals Lew Nussimbaum –, einer der produktivsten deutschen Schriftsteller, dessen Bücher das NS-Propagandaministerium auf eine Liste nachdrücklich empfohlener Bücher aufnahm, bevor es seine jüdische Herkunft entdeckte; und Hamid Hugo Marcus, der die erste deutsche Übersetzung des Koran (wenngleich in der Ahmadi-Version) herausgab und bis zur nationalsozialistischen Machtergreifung der Deutsch-Muslimischen Gesellschaft in der Ahmadi-Moschee vorstand.[39]

Wie die übrige Gesellschaft waren die muslimischen Organisationen in Deutschland von der Machtübernahme der Nazis stark betroffen. Mitglieder wie der gebürtige Jude Marcus, die dem neuen Regime nicht genehm waren, mussten ihre Ämter aufgeben; Konvertiten, die der NSDAP angehörten oder nahe standen, übernahmen mehr und mehr die Führung. Nach dem Zweiten Weltkrieg lebten praktisch keine Muslime mehr in Deutschland. Ahmadis und andere muslimische Inder, die als Diplomaten, Geschäftsleute oder Studenten gekommen waren, verließen das Land während des Krieges, weil sie als Angehörige des britischen Empire als feindliche Subjekte galten und ihnen somit die Inhaftierung oder Schlimmeres drohte. Sie kehrten nie zurück. Ihre prachtvolle Moschee in Wilmersdorf verblieb bei einer kleinen Gruppe von Konvertiten, die indes keine Bedeutung für die später in der Stadt eintreffenden Muslime hatte. Was die islamische Szene in

---

39   Weiss wurde 1900 in Lemberg in eine wohlhabende, säkulare jüdische Familie geboren. In den Islam wurde er während eines Aufenthalts in Jerusalem eingeführt. Nach seiner Konversion schloss sich Weiss, nunmehr Asad, für mehrere Jahrzehnte einem Beduinenstamm an; später zog er nach Spanien. Asad war sowohl unter europäischen Muslimen als auch in Reformbewegungen im Nahen Osten ungemein einflussreich. Vgl. Asad 1954. Nussimbaum wurde 1905 in eine ebenfalls wohlhabende jüdische Familie geboren und wuchs in Georgien auf. Zum Islam trat er 1922 in Berlin über, ein orthodoxer Muslim war er jedoch nie. Seine Konversion ermöglichte es ihm, in Deutschland als Nichtjude zu gelten, und seine antibolschewistische Einstellung machte ihn unter Nazis zeitweilig sogar populär. Vgl. Reiss 1999. Marcus, geboren 1880 in Poznań (Posen), stammte aus einer Familie der Mittelschicht. Er studierte Philosophie und lernte den Islam als Tutor arabischer Studenten kennen. Vgl. Backhausen 2008.

Deutschland veränderte, war die Anwerbung von Gastarbeitern aus der Türkei, Jugoslawien und Italien ab den frühen 1960er Jahren. Als die Wirtschaft, auch dank dieser Arbeiter, einen Aufschwung erlebte und die staatlichen Einrichtungen besser wurden, begannen zudem wieder Studenten aus aller Welt an deutschen Universitäten zu studieren, darunter auch solche aus islamischen Ländern.

Mit der Ankunft muslimischer Arbeitsmigranten stieg die Zahl der Übertritte zum Islam erneut. In den 1960er und 1970er Jahren bestand die muslimische Bevölkerung in Deutschland mehrheitlich aus alleinstehenden Männern. Manche von ihnen, insbesondere Studenten und Asylbewerber, gingen Liebesbeziehungen mit deutschen Frauen ein. Für Asylbewerber, die in den ihnen zugewiesenen Unterkünften leben mussten, war dies besonders attraktiv, hofften sie doch, durch eine spätere Heirat die erforderlichen Papiere für ein dauerhaftes Aufenthaltsrecht zu erhalten.[40] Solche Beziehungen führten mitunter zu Konversionen und in dieser Zeit traten mehr Frauen als Männer zum Islam über. Auch der immer kostengünstigere Tourismus förderte Kontakte deutscher Frauen zu Muslimen.[41] Reisen an exotische, sonnige Orte, vormals ein Zeitvertreib von Männern aus der Oberschicht, erfreuten sich bei Deutschen aller Klassen zunehmender Beliebtheit. Mehrere Konvertitinnen, die ich durch meine Forschung kennenlernte, hatten bei Urlauben in Ländern wie der Türkei, Ägypten, Tunesien und Marokko erstmals für sie bedeutsame Kontakte zu Muslimen geknüpft.

In den 1990er Jahren erreichte die Zahl der Konvertiten eine kritische Schwelle, und es entstanden deutschsprachige muslimische Gruppen sowie eine neue kollektive Identität als „deutsche Konvertiten zum Islam".[42] Da sich die Frauen unter ihnen besonders stark von ihren Familien und Freunden entfremdeten, in der Gesellschaft gebürtiger Muslime aber auch nicht vollständig heimisch fühlen konnten, suchten sie emotionale Unterstützung in Gruppen deutscher Musliminnen.[43]

---

40 Partridge (2012) schildert ähnliche Beziehungen männlicher afrikanischer Flüchtlinge, die Papiere für einen Aufenthalt brauchen, zu deutschen Frauen.

41 Meiu (2011) beschreibt die Tourismusindustrie und literarische Darstellungen europäischer und besonders deutscher Frauen, die in Hoffnung auf romantische Begegnungen mit dortigen Männern nach Ostafrika reisen.

42 Zebiri (2008), Köse (1996) und Roald (2006) erörtern die Entstehung ausschließlich weißer Gemeinschaften von Konvertiten in anderen Teilen Europas. Bei meiner Forschung stellte ich fest, dass Konvertitengruppen in Deutschland auch Menschen mit Migrationshintergrund umfassen

43 Van Nieuwkerk bestätigt, dass man Konvertitinnen häufig feindseliger begegnet, „weil Traditionen häufig Frauen zu Symbolen für ethnische und religiöse Grenzen machen" (2006, S. 1).

In den 2000er Jahren änderte sich die Dynamik erneut. Wenngleich ältere Trends anhalten, gibt es heute eine neue Gruppe von Konvertiten aus den unteren Schichten, die jung und männlich sind und häufig eine dunklere Hautfarbe haben. Diese jungen Männer – und auch manche Frauen – werden durch gebürtig muslimische Freunde, mit denen sie trinken, Marihuana rauchen und gemeinsam Spaß an Graffiti und Hip-Hop haben, zu Konvertiten. Mit seiner fortschreitenden Marginalisierung und Kriminalisierung in der deutschen Gesellschaft gewinnt der Islam auch Anziehungskraft auf manche marginalisierte Nichtmuslime. Deutsche Jugendliche vielfältiger Abstammung, die in bezahlbaren, aber relativ unattraktiven Stadtteilen wohnen – zum Beispiel in Neukölln und dem Wedding, wo ich meine Forschungen durchführte –, treten nun zum Islam über. In solchen Gegenden leben viele Türken und Araber Seite an Seite mit ärmeren Deutschen und nichtmuslimischen Einwanderern aus Russland, Osteuropa, Afrika, Asien und Lateinamerika.

Diese demografische Verschiebung von Frauen zwischen zwanzig und dreißig Jahren zu männlichen Jugendlichen hat auch mit einer Verschiebung in der landläufigen Wahrnehmung des Islam zu tun. Bis vor kurzem wurde er mit weiblichen Dingen assoziiert – Kopftuch, Ehrenmorde und Zwangsehen waren zwar problematische, aber durchweg „Frauenthemen". Seit den 2000er Jahren dagegen wird der Islam zunehmend in maskulinen Begriffen dargestellt. Muslime werden als ein Problem gezeichnet, nicht nur aufgrund von frauenspezifischen Themen, sondern auch weil muslimische Männer als Terroristen, Drogendealer und Machos gelten, die ihre Ehefrauen und Schwester oder auch deutsche Mitschüler verprügeln. Katherine Ewing (2008) zeigt, wie der muslimische Mann zunehmend als etwas der deutschen Nation fremdes imaginiert wird. Dass dieses oppositionelle Image männliche Jugendliche anzieht, die aufgrund dunklerer Hautfarbe oder sozioökonomischer Unterprivilegierung gesellschaftlich entfremdet sind, überrascht daher nicht. Die signifikante Zunahme von Konversionen in den frühen 2000er Jahren ging Hand in Hand mit einem globalen Aufschwung des Salafismus. Im Unterschied zu anderen, zumeist an eine ethnische Gruppe gebundenen Moscheen in Deutschland sind salafistische darauf bedacht, neue Muslime anzuziehen, ihnen entgegenzukommen und die eigene Islamauslegung auf Deutsch zu verbreiten. Zudem haben einige führende Salafisten deutsche Ehefrauen, die darauf achten, dass sich Konvertiten in den Moscheen willkommen fühlen, wo sie ähnlich gesinnte Menschen treffen und mehr über den Islam erfahren können.

Wie dieser historische Abriss zeigt, hat sich die Konversion zum Islam gewissermaßen demokratisiert.[44] Man könnte dies als Anzeichen für einen abnehmenden

---

44 Zebiri (2008) weist auf eine ähnliche demografische Verschiebung von der Ober- über die Mittel- zur Unterschicht unter britischen Konvertiten hin.

Wert des Islam deuten – mit seinem Statusverlust in der deutschen Wahrnehmung sank auch der sozioökonomische Status der Konvertiten. Anders formuliert: Je stärker der Islam marginalisiert wurde, umso attraktiver wurde er für gesellschaftlich marginalisierte Deutsche. Genauer betrachtet legen die Trends aber auch eine andere, positivere Lesart nahe. Während es in den frühen 1990er Jahren nur eine Handvoll Konvertiten gab, wird ihre Zahl heute auf mehrere Zehntausend oder sogar fast Hunderttausend geschätzt. Konversionen gehen fast immer aus engen Beziehungen zwischen einem Muslim und einem Nichtmuslim hervor und wirken sich auf das Leben von Deutschen wie von migrantischen Muslimen und auf die Definition beider Kategorien aus. Die dramatische Zunahme von Konversionen zeigt somit, wie sehr Muslime zu einem untrennbaren Bestandteil der deutschen Gesellschaft geworden sind. So wie sie sich durch die Migration nach Deutschland selbst verändert haben, verändern sie die deutsche Gesellschaft in grundlegender Weise – und sei es nur dadurch, dass sie die Zahl der Menschen steigern, die sich zum Islam bekennen. Im Zuge dessen ist der Islam in Deutschland zu einer unbestreitbar einheimischen Religion geworden.

Die enorme Vielfältigkeit der Konvertiten wie auch der von ihnen angenommenen islamischen Traditionen zeigt, dass sich das Phänomen nicht auf einen einzigen Typus beschränkt. Weder hat der Islam ein Wesen, das bestimmte Arten von Menschen anzieht, noch gibt es eine bestimmte Art von Individuum, das durch religiöse Traditionen mit spezifischen Eigenschaften angezogen wird. Was die Veränderung der Trends – des Typus von Konvertiten und des angenommenen Islam – allerdings deutlich macht, ist, dass die gesellschaftlichen, politischen und kulturellen Kontexte zu einem jeweils gegebenen Zeitpunkt stets nur eine bestimmte Art von Konversion fördern und andere eher unwahrscheinlich machen.[45]

Forschung unter Konvertiten

Die Forschungsarbeiten für dieses Buch erstreckten sich insgesamt auf dreieinhalb Jahre (2006/07, 2009–2011 und sechs Monate im Jahr 2013). Ich lernte Konvertiten zum Islam primär durch regelmäßigen Besuch der für sie ausgerichteten deutschsprachigen Vorträge sowie durch die Teilnahme an religiösen und sozialen Aktivitäten kennen, die eine Handvoll vorwiegend deutschsprachiger Moscheen in Berlin organisiert. Es gibt über hundert Moscheen und islamische Gebetshäuser

---

45	Ich folge hier Lewis Rambos (1995, S. 20) Verständnis des Kontextes von Konversionen: „Der Kontext ist mehr als ein erstes Stadium, das durchlaufen wird; er ist vielmehr die gesamte Umgebung, in dem die Konversion geschieht."

in der Stadt (Spielhaus und Farber 2006), doch bei Beginn meiner Untersuchung im Jahr 2006 richteten sich nur sechs, am Ende meiner zweiten Forschungsphase 2011 immerhin acht von ihnen mit Angeboten an deutschsprachige, insbesondere kürzlich konvertierte Muslime. Ich nahm an zahllosen Gebeten, wöchentlichen Vorträgen, Arabischkursen, Picknicks und Wohltätigkeitsveranstaltungen teil, die der Deutschsprachige Muslimkreis (DMK), das Interkulturelle Zentrum für Dialog und Bildung und die Al-Nur-Moschee organisieren, ebenso wie an vielen Aktivitäten der Muslimischen Jugend Deutschland (MJD), des Vereins „Islamische Gemeinde deutschsprachiger Muslime und Freunde des Islam Berlin" und des Weimar-Instituts in Potsdam. Ich hatte immer mein Notizbuch dabei und schrieb während Veranstaltungen und Treffen ausgiebig mit. Wann immer ich konnte, sprach ich mit anderen Besuchern über die Referenten und Veranstaltungen in der jeweiligen Moschee oder die Richtung, in die sich Diskussionen entwickelten. Zudem habe ich Leitfadeninterviews mit 66 Konvertiten und 14 gebürtigen Muslimen geführt, die in deutschsprachigen islamischen Kontexten aktiv sind.[46] Mit manchen sprach ich nur einmal, mit anderen drei oder vier Sitzungen lang. Während meiner ausgedehnten Forschungszeit konnte ich mit vielen von ihnen auch außerhalb des Interview-Settings über bestimmte Aspekte ihres Lebens sprechen. Wie alle Ethnografen erhielt ich die wichtigsten Einblicke in Trends und Spannungen in der kleinen, aber recht engen Gemeinschaft von Deutschmuslimen jedoch dadurch, dass ich mich über einen langen Zeitraum hinweg zahllose Stunden an profanen alltäglichen Aktivitäten und Gesprächen beteiligte. Dadurch entstanden schließlich echte Freundschaften, durch die ich das Leben von Konvertiten besser als ein komplexes Ganzes und in seiner enormen Vielfalt erkennen konnte.

Dass ich als eine gebürtig türkisch-muslimische, in den Vereinigten Staaten lebende Forscherin Zeit unter deutschen Konvertiten verbrachte, gab dieser Studie eine besondere produktive Spannung. Einerseits teilten wir, da ich Muslimin bin, bestimmte Grundüberzeugungen und Neigungen. Andererseits gestalte ich, anders als viele Konvertiten, etliche Aspekte meines Lebens nicht nach islamischen Prinzipien und erfülle zahlreiche Anforderungen meiner Religion nicht. In vieler Hinsicht entspreche ich dem unter Konvertiten geläufigen Stereotyp des „kulturellen Muslim". Meine Kenntnisse islamischer Lehren und Praktiken sind alles andere als systematisch, sie beruhen auf dem, was ich hier und da von meinen Großeltern gelernt oder nebenbei mitbekommen habe, als ich in der Türkei aufwuchs. Dass

---

46 Für vergleichende Zwecke habe ich auch sechs Leitfadeninterviews mit deutschen
    Konvertiten zum Judentum geführt. Sie waren zwar wichtig, um die Besonderheiten
    des Übertritts zum Islam verstehen, werden im vorliegenden Buch aber nicht systema-
    tisch analysiert.

ich muslimisch bin, erleichterte meine Anwesenheit in islamischen Kontexten und die Beziehungen zu den Muslimen, mit denen ich arbeitete. Dass ich keine praktizierende Muslimin und türkisch bin, förderte vielfältige Spannungen zutage, die zwischen deutschen Konvertiten und praktizierenden wie nichtpraktizierenden türkischen Muslimen häufig bestehen. Diese spezifische Spannung vermittelte mir jedoch die meisten Erkenntnisse über das komplizierte Verhältnis zwischen deutschen und migrantischen Muslimen.

In jeder größeren westdeutschen Stadt gibt es heute zwar auch eine größere Konvertitengemeinschaft, die in Berlin hat jedoch ihre Besonderheiten. Dass der Westteil der Stadt bis zum Fall der Mauer eine von der DDR umschlossene Insel war, macht sie einzigartig: Viele ostdeutsche Konvertiten gehören hier denselben deutschsprachigen muslimischen Gemeinden an wie westdeutsche. In Berlin, einer liberalen, kosmopolitischen Stadt, leben zudem nicht nur gebürtige Deutsche aus allen Teilen des Landes, sondern auch Migranten aus unterschiedlichsten Weltregionen. In den deutschsprachigen Moscheen lernte ich daher neben Deutschen, die zuvor Katholiken, Protestanten und Konfessionslose gewesen waren oder als Suchende bereits mehrere andere Religionen ausprobiert hatten, auch Konvertiten lateinamerikanischer, afrikanischer und osteuropäischer Herkunft kennen. Im vorliegenden Buch versuche ich, diese Vielfalt der Menschen einzufangen, die im heutigen Deutschland zum sunnitischen Islam übertreten, zugleich aber auch Gemeinsamkeiten ihrer Erfahrungen zu verdeutlichen.[47]

---

47 Obwohl der Sufismus unter deutschen Konvertiten zum Islam populär ist, wird er in dieser Studie – abgesehen vom Weimar-Institut – nicht behandelt. Während meiner Forschungen habe ich festgestellt, dass die meisten Sufi-Gruppen sich von allen anderen muslimischen Gemeinschaften isolieren und infolgedessen gewöhnlich eine völlig andere Einstellung zu religiösen und nationalen Identitäten haben als die hier erörterten. Näher zu Sufi-Gruppen: Schlessmann 2003.

Ein Islam mit deutschem Antlitz

Beim Frühstück für Frauen, das der Deutsche Muslimkreis (DMK) in der Bilal-Moschee im Wedding organisiert, einem einkommensschwachen und von vielen Migranten bevölkerten Stadtteil, wirkt Afeefa durcheinander.[48] Etwa zehn bis fünfzehn Frauen, allesamt Konvertitinnen, kommen jeden Mittwoch um 10 Uhr zu diesem Frühstück, nachdem sie ihre Kinder zur Schule gebracht und vielleicht noch ein paar Besorgungen gemacht haben. Es sei ein toller Ort, um Freundinnen zu treffen und etwas Zeit für sich selbst zu haben, sagen sie. Er bietet deutschen Konvertitinnen auch die seltene Gelegenheit, unter sich zu sein und sich aufgehoben zu fühlen. Die Stammgäste finden es wichtig, dass Frauen nach ihrer Konversion andere deutsche Musliminnen treffen können, deshalb achten sie darauf, dass das Frühstück regelmäßig stattfindet, um potenzielle Neulinge zu begrüßen. Frauen, die beim DMK anrufen, weil sie zum Islam übergetreten sind oder darüber nachdenken, und manchmal auch Anruferinnen, die über die Konversion ihrer Töchter oder Schwestern besorgt sind, werden herzlich zu dem Frühstück eingeladen, damit sie deutsche Musliminnen kennenlernen. Afeefa ist an diesem Mittwoch für das Frühstück mitverantwortlich, sie hat vierzig frische Schrippen und ein Dutzend Bio-Eier mitgebracht, die sie kochen will. Aus dem gut gefüllten Kühlschrank nimmt sie mehrere Stück Butter, ein paar Gläser Marmelade, Nutel-

---

48   Alle Namen in diesem Buch sind, abgesehen natürlich von Personen des öffentlichen Lebens, Pseudonyme. Ich habe sie so gewählt, dass sie mit der Entscheidung der jeweiligen Person übereinstimmen – manche deutsche Konvertiten behalten ihre bisherigen Namen bei, andere nehmen arabische oder türkische an.

la, *Halal*-Aufschnitt und -Würste sowie Streichkäse und stellt die große Doppel-kaffeemaschine an.

Als wir uns hingesetzt haben und einige der Frauen in der vertrauten Gesell-schaft ihrer muslimischen Schwestern das Kopftuch abnehmen, erzählt Afeefa, dass sie von ihrer Cousine, die gerade eine Woche lang bei ihrer Familie zu Besuch war, genug hat. Die ganze Zeit habe sie ihr vorgeworfen, keine Deutsche mehr zu sein: „Du kleidest dich anders, isst anders, sagst diese seltsamen arabischen Wör-ter zu deinen Freunden; an dir ist gar nichts mehr deutsch.“[49] Afeefa war darüber verärgert und erwiderte jedes Mal: „Natürlich bin ich deutsch.“ Sie verglich sich mit einer anderen Cousine: „Katarina ist Vegetarierin. Und sie trinkt keinen Al-kohol. Aber irgendwie kann sie weiter deutsch sein, ich aber nicht, weil ich kein Schweinefleisch esse und nicht trinke!“ Besonders gestört hat sie, dass ihre Cou-sine jeden Morgen beim Frühstück Hemden mit tiefem Ausschnitt trug: „Warum musste mein Mann den ganzen Morgen ihre Brüste sehen?“

Deutsche Wissenschaftler und das Gros der Mehrheitsgesellschaft betrachten Konvertiten zumeist als Menschen, die vor ihrer deutschen Identität fliehen – die vielen auch mehr als sechzig Jahre nach Ende des Zweiten Weltkriegs unange-nehm ist – und symbolisch emigrieren (Wohlrab-Sahr 2002). Wie meine For-schung dagegen zeigt, verändert der Übertritt zum Islam das Leben von Deutschen zwar dramatisch, und gewöhnlich in einer Weise, auf die sie nicht vorbereitet sind, doch die meisten versuchen, sich einen Raum zu schaffen, in dem sie ihre Identi-täten als Muslime und Deutsche zwanglos verbinden können. Die schwedische Forscherin Anne Sofie Roald (2006), selbst zum Islam übergetreten, stellt fest, dass auch viele skandinavische Konvertiten seit den 2000er Jahren Werte in ihr Islamverständnis zu integrieren versuchen, die sie als skandinavisch betrachten. Eine goldene Mitte, die die deutsche und die islamische Identität perfekt verbindet, lässt sich jedoch nicht immer leicht finden und ist gewiss nichts, worüber sich alle Angehörigen der deutsch-muslimischen Gemeinschaft einig wären. Die meisten, insbesondere diejenigen, die in Kontexten wie dem DMK mit anderen deutschen Muslimen verkehren, sind allerdings fest davon überzeugt, dass man ein guter Muslim sein kann, ohne seine deutsche Identität zu opfern. Deutsche Muslime behaupten, als Konvertiten könnten sie sogar bessere Muslime sein als Menschen

---

49 *Anmerkung des Übersetzers:* Mündliche Äußerungen wie diese mussten aus dem Eng-lischen zurückübersetzt werden. Es ist also immer zu bedenken, dass sie nicht wörtlich so gesagt wurden. Die meisten Interviews mit Konvertiten wurden von der Autorin allerdings auf Englisch geführt, sodass es sich in diesen Fällen zumindest nicht um eine Rückübersetzung von etwas handelt, das ursprünglich auf Deutsch gesagt wurde.

mit Migrationshintergrund.[50] Unterschwellig beanspruchen sie, per definitionem einen reinen, von kulturellen Praktiken unbefleckten Islam zu leben, und drängen gebürtige Muslime ebenfalls zu einer Reinigung ihrer Glaubensausübung von stigmatisierten kulturellen Traditionen.[51] Manche sehen sich aufgrund ihres Engagement für religiöse Vielfalt in der Gesellschaft, zu der sie selbst beitragen, auch als tolerantere Menschen und als Erben jener verschütteten Gedanken der deutschen Aufklärung, wie sie am besten in den Schriften von Johann Wolfgang von Goethe (1749–1832) und Gotthold Ephraim Lessing (1729–1781) dargestellt werden. Somit fördern viele Deutschmuslime die Vorstellung, dass sie nicht nur der wahren Natur des Islam näherstünden als andere, sondern auch den wertvollsten deutschen und europäischen Idealen.

Der Deutschsprachige Muslimkreis

Als einer der ersten deutschsprachigen muslimischen Vereine in der Bundesrepublik spielt der im Berlin der 1990er Jahre gegründete DMK eine besondere Rolle in der islamischen Glaubensgemeinschaft des Landes. Ins Leben gerufen wurde er nicht von Konvertiten, sondern von ausländischen Studierenden ohne türkischen oder arabischen Hintergrund, die in Deutschland keinen Anschluss an eine islamische Gemeinde fanden. Durch den DMK hofften sie, Muslime zusammenzubringen, die die in Moscheen in Deutschland üblichen Sprachen nicht beherrschen. Schon bald nach seiner Gründung zog der DMK als einziger deutschsprachiger islamischer Treffpunkt in Berlin eine Vielfalt von deutschen Konvertiten an; er machte sie zu einer Gemeinschaft und wurde zu einer beliebten Adresse. Neben mehreren Hundert Mitgliedern besucht eine vergleichbare Zahl von Menschen seine Moschee, ohne ihr offiziell anzugehören. Rund die Hälfte der Gemeinde besteht aus deutschen, russischen, französischen, argentinischen und polnischen Konvertiten, die andere Hälfte stammt aus verschiedenen mehrheitlich muslimischen Ländern.

---

50   Es ist wichtig festzuhalten, dass einige Muslime der zweiten und dritten Einwandergeneration in Europa eine ähnliche Haltung einnehmen (Bowen 2010). Am deutlichsten wird sie von dem Schweizer Muslim Tariq Ramadan (2004) formuliert.

51   Eine ähnliche Einstellung legen laut Rogozen-Soltar spanische Konvertiten an den Tag: „Konvertiten behaupten oft, einen ‚kulturfreien‘ Islam zu praktizieren, den sie den ‚Traditionen‘ von Marokkanern gegenüberstellen – ein Diskurs, der die eigene Religiosität unterschwellig in die Kategorie des ‚Europäischen‘ kleidet und migrantische Muslime als Außenstehende markiert." (2012, S. 612)

Von wesentlicher Bedeutung ist, dass der DMK einen deutschsprachigen Raum bietet, an dem keine islamische Tradition gegenüber anderen bevorzugt wird und sich somit Muslime mit unterschiedlichem Hintergrund zu Hause fühlen können. Auf seiner Internetseite betont er, dass er sich ausschließlich auf den Koran und den Hadith gründet und keiner islamischen Rechtsschule oder Tradition den Vorrang einräumt – dem „Gebot Allahs in Sure 2 Vers 256 (‚Kein Zwang in der Religion!') folgend und unterschiedliche Interpretationen und Rechtsschulen (Madhahib) im genannten Rahmen des Islam respektierend". Der DMK definiert sich als Gemeinde, in der sich „in Berlin lebende Muslime mit vielen verschiedenen Muttersprachen und Kulturen" begegnen, „die jedoch durch das einende Band des Islam und durch die deutsche Sprache miteinander verbunden sind. Wir fragen daher nicht, zu welcher islamischen Rechtsschule (Madhab) die Besucher gehören, sondern bieten allen Muslimen die Möglichkeit, sich bei uns gleichberechtigt zu begegnen."[52]

Neben der Bedeutung der deutschen Sprache und diesem inklusiven Verständnis des Islam unterscheidet den DMK von anderen Moscheen in Deutschland, dass ein hoher Anteil seiner Mitglieder einen Universitätsabschluss oder sogar Doktortitel hat. Vermutlich weil sie von ausländischen Studierenden gegründet wurde, ist die Moschee bis heute ein Treffpunkt für ausländische gebürtige Muslime sowie Konvertiten, die studieren oder promovieren. Einzigartig in Deutschland ist der DMK zudem aufgrund des hohen Frauenanteils unter den Mitgliedern und in der Schura, dem demokratisch gewählten Vorstand. 2013 wurde die Moschee von einer Frau geleitet. Frauen sind bei allen Veranstaltungen und Diskussionen in der Moschee stark präsent und aktiv. Mit seiner Achtung vor der Vielfalt des Islam, dem Eintreten für Demokratie und die Frauenrepräsentation sowie mit der Hervorhebung seiner Deutschsprachigkeit empfiehlt sich der DMK als eine vorbildliche deutsche demokratische Gemeinschaft und zugleich als eine islamische Gemeinde, die einer Glaubensausübung, welche aus Sicht der Mitglieder den ursprünglichen Prinzipien des Islam verpflichtet ist, das denkbar beste deutsche Antlitz gibt.

Muslim werden und deutsch bleiben

In einer nichtmuslimischen Gesellschaft, die ihrer islamischen Lebensweise nicht entgegenkommt, teilen Konvertiten bestimmte Erfahrungen mit migrantischen Muslimen. Viele ihrer Alltagserfahrungen sind aber insofern spezifisch, als Konvertiten weder in die deutsche Mehrheitsgesellschaft noch in die muslimisch-mi-

---

52   Vgl. http://dmk-berlin.de/dmk-berlin/selbstdarstellung. Zugegriffen: 14. März 2017.

grantischen Gemeinschaften passen. Zeyneb, 42 Jahre alt und vor gut zwanzig Jahren zum Islam übergetreten, berichtete mir, als Deutschmuslimin habe sie vor allem das Gefühl, nirgends dazu zu gehören und entsprechend einsam zu sein. Wie sie als sensible und reflektierte Person beobachtete:

> Ich denke, dass wir als deutsche Muslime doppelt marginalisiert werden. Erst drängen uns die Deutschen an den Rand und dann wenden uns Türken und Araber den Rücken zu. Dadurch fühlt man sich sehr allein. Wenn über Muslime in Deutschland geredet wird, denkt niemand an uns. Wir sind völlig unsichtbar. Deutsche halten uns meistens für verrückt. Ein Politiker meinte einmal sogar, wir seien gefährlich. Andere denken, dass wir konvertiert sind, weil uns ein Macho erobert hat. Die nennen uns Verräter, wir sind für sie Leute, die die eigene Kultur aufgegeben haben und die von anderen annehmen. Das passiert, sobald ihnen klar wird, dass ich Konvertitin bin. Andererseits kommen sie manchmal gar auf die Idee, dass ich eine Deutsche sein könnte. Sie behandeln mich wie eine ungebildete Migrantin, die nicht Deutsch spricht, keine Intellektuelle sein kann und nicht weiß, wie man seine Kinder erzieht.

Gebürtige Muslime reagieren auf Konvertiten gar nicht so anders. So berichtet Zeyneb:

> Auch Türken akzeptieren uns nicht. Mein Sohn hat türkische Mitschüler, die sagen zu ihm: „Deine Mutter ist Deutsche, die muss ihr Haar nicht bedecken." Die können unmöglich akzeptieren, dass ich ebenfalls Muslimin bin. Ältere türkische Frauen sagen zu mir, dass ich keine Muslimin sein kann. Die denken, der Islam ist nur für Türken da. Selbst wenn sie die besten Absichten haben, ist es schwierig. Als ich konvertiert bin, hat mich eine türkische Familie aufgenommen und wie eine Tochter behandelt. Aber selbst dort habe ich mich sehr einsam gefühlt, weil ich völlig anders war als sie. Das waren sehr nette, aber auch sehr schlichte Leute. Auf einer intellektuellen Ebene konnte ich mich nicht auf sie beziehen. Letztlich habe ich das Gefühl, dass niemand versteht, wer ich bin. Und ich habe immer das Gefühl, in der falschen Kategorie zu sein.

Viele deutsche Konvertiten berichteten mir, dieses Gefühl, in keine Kategorie zu passen, sei mit der Zeit stärker geworden. Wenn die intensive Erfahrung des Übertritts allmählich nachlässt, wird ihnen ihre neue soziale Rolle bewusst und sie nehmen die Mauern wahr, die sie nun umgeben. Am Erschreckendsten ist es für sie – besonders für Frauen, die das Kopftuch tragen –, wenn sie in der Gesellschaft, in der sie ohne Schwierigkeiten aufgewachsen sind, für Fremde gehalten werden und so das Gefühl einer selbstverständlichen Zugehörigkeit zu ihr verlieren. Was sie am meisten empört habe, erzählt mir Miriam in einem Gespräch über ihre ersten Erfahrungen als Konvertitin, sei ihre Verwandlung in eine „Bürgerin dritter

Klasse" gewesen. Während wir im Frauenbereich der Cafeteria einer Moschee sitzen, berichtet sie, ihr Leben habe sich nicht mit der Konversion verändert, sondern als sie das Kopftuch zu tragen begann. „Ich war schockiert. Über Nacht haben alle den Respekt verloren, den sie mir bislang als einer gewöhnlichen deutschen Frau, an der nichts Besonderes ist, entgegengebracht hatten." Niemand sah ihr in die Augen, Verkäufer waren unhöflich, Beamte ließen sie nicht zu Wort kommen und hörten ihr nicht richtig zu.

Miriam führt dies darauf zurück, dass sie für eine Ausländerin gehalten wird. Sie trägt lange schwarze oder dunkelbraune Übermäntel, große Kopftücher und eine große braungetönte Brille. Mit ihrem rundlichen Gesicht und ihrer kleinen, untersetzten Gestalt hat sie tatsächlich mehr Ähnlichkeit mit einer türkischen Großmutter als die meisten anderen Konvertitinnen, die ich kennenlernte. Wenn sie Leuten mitteilt, dass sie deutsch ist, wird ihr deshalb nicht geglaubt:

> Die denken, ich würde damit meinen, dass ich eine Migrantin mit deutschem Pass bin. Mir ist schon oft herablassend gesagt worden, dass ich bloß nicht glauben soll, ich wäre eine Deutsche, nur weil ich einen deutschen Pass habe. So etwas wie einen deutschen Muslim gibt es für die nicht. Man kann nur Ausländer sein. Wenn ich dann überhaupt noch Lust habe, das Gespräch fortzusetzen, sage ich immer: „Meine Großeltern waren Preußen. Ist das deutsch genug für Sie?"

Stellt sich heraus, dass sie einen deutschen Namen hat, verändern sich die Reaktionen spürbar:

> Wenn ich auf einem Amt im Wartezimmer sitze, beachtet mich wie immer niemand. Aber wenn ich dann meine Papiere mit meinem deutschen Namen vorlege, wirken alle entsetzt. Ich werde angeschaut wie eine Verräterin. Ich weiß, die denken, ich wäre konvertiert, weil mich irgendein Mann im Bett gut behandelt hat. Aber solche Sachen sind mir nur in den ersten Jahren nach der Konversion aufgefallen.

Sie lacht bitter und gibt zu, dass sie nach fünfzehn Jahren gegenüber solcher Behandlung etwas abgestumpft ist: „Ich erwarte gar nichts anderes mehr, deshalb bin ich wenigstens nicht enttäuscht." Miriam hält inne und denkt nach. „Vielleicht", fährt sie fort, „sind mir andere Menschen mit fortschreitendem Alter zunehmend egal. Oder vielleicht hat sich in Deutschland in den letzten fünfzehn Jahren etwas geändert. Jedenfalls komme ich nicht mehr wie früher jedes Mal aufgebracht nach Hause, wenn ich unterwegs war." Gesprächen mit neueren Konvertiten konnte ich entnehmen, dass Miriams Überlegung, die Gesellschaft könne sich verändert haben und eine deutsch-muslimische Existenz sei dadurch leichter geworden, nicht ganz zutrifft. Ich vermute, dass Miriam eher die wachsende Zahl von Konvertiten geholfen hat und besonders die Entstehung deutsch-muslimischer Kreise, in denen sie etwas über den Islam lernen, ihre Religion ausüben und vor allem miteinander verkehren können. Als sie in solchen Milieus aktiver wurde, hat Miriam viele wichtige Freundschaften mit ähnlich denkenden Menschen geschlossen. Im Zuge dessen veränderte sie sich, und da sie nun in eine recht abgeschottete muslimische Gemeinschaft integriert ist, in der ein enger Zusammenhalt besteht, ist sie für emotionale oder intellektuelle Unterstützung nicht mehr auf die Mehrheitsgesellschaft – oder auch migrantische Muslime – angewiesen. Wahrscheinlich hat sie gelernt, die unvermeidbaren Begegnungen mit Nichtmuslimen nicht besonders wichtig zu nehmen oder zu viel von ihnen zu erwarten. In ihren deutsch-muslimischen Kreisen, wo sie eine bekannte und respektierte Frau ist, fühlt sie sich wohl.

Beinahe ausschließlich aus deutschen Konvertiten bestehend, entwickeln solche wachsenden Gemeinschaften das starke Gefühl einer deutsch-islamischen Identität, die sich von der türkischen oder arabischen unterscheidet. Mitunter wird dabei versucht, eine deutsch-islamische Praxis gerade durch die Ablösung von türkischen und arabischen kulturellen Einflüssen zu schaffen. Intellektuelle unter den Konvertiten gehen noch weiter und konstruieren eine alternative deutsche Genealogie, die gestützt auf die Geschichte der deutschen Aufklärung den Islam einschließt. Ebenso finden Konvertiten Möglichkeiten, ihre Kinder auf eine klar islamische und zugleich deutsche Weise zu erziehen. Solche Bemühungen zielen auf die Öffnung eines legitimen Raums für Deutsche ab, die sich zum Islam bekennen. Gleichzeitig münden sie mitunter in einwandererfeindliche Diskurse, die gebürtige oder migrantische Muslime als nicht in die deutsche Gesellschaft passend behandeln.

Die Entdeckung des Islam in der deutschen Aufklärung

Eine der in Deutschland meistgeäußerten Begründungen dafür, warum Muslime nicht zu Europa gehören, besagt, dass sie nie eine Aufklärung durchlaufen und folglich nie gelernt hätten, rational und tolerant zu sein. Von hochintellektuellen Deutschmuslimen wird diese Behauptung seit mehr als hundert Jahren zurückgewiesen und hervorgehoben, dass der Islam im Denken der angesehensten Vertreter der deutschen Aufklärung und Romantik, insbesondere bei Goethe (Mommsen 2001), eine zentrale Rolle spielte. Deutsche Aufklärer wie Lessing, die sowohl Juden wie Muslimen tolerant begegneten, werden dem nationalsozialistischen Antisemitismus und der heute in der deutschen Öffentlichkeit verbreiteten Islamophobie entgegengestellt, um für Toleranz und Offenheit gegenüber religiösen

Minderheiten einzutreten. Damit greifen deutsche Muslime auf die tolerantesten Vertreter der deutschen Aufklärung als Vorbilder zurück, die die heutigen Deutschen daran erinnern sollen, dass eine wirklich aufgeschlossene Auseinandersetzung mit dem Islam eine bereichernde Erfahrung sein kann und tatsächlich eine lange Geschichte in den Traditionen des eigenen Landes hat.

Die große Bedeutung des Islam für die deutsche Aufklärung ist ein Thema, das auch im DMK gelegentlich diskutiert wird. Gleich drei der Vorträge, die ihm wichtig genug schienen, um sie zeitweilig auf seiner Internetseite zu verbreiten, erklären, wie der Islam durch eine lange, aber übersehene Geschichte zu Europa gehört und wie wichtig er für die Ideen der deutschen Aufklärung war. Der erste dieser Vorträge, „Der Islam – eine europäische Tradition", wurde 2008 von Silvia Horsch gehalten, einer Konvertitin, die dem DMK-Vorstand angehört und Spezialistin für islamische Theologie an der Universität Osnabrück ist. Darin trat sie einer Behauptung des ehemaligen Bundeskanzlers Gerhard Schröder entgegen, der gemäß der verbreiteten Überzeugung, dass der Islam außerhalb der deutschen und europäischen Kultur stehe, erklärt hatte: „Wir sind beeinflusst von drei großen Traditionen: der griechisch-römischen Philosophie, der christlich-jüdischen Religion und dem Erbe der Aufklärung."[53] Um das historische Verständnis Europas als einer Region ohne Muslime infrage zu stellen, argumentierte Horsch, dass der Islam und religiöse Toleranz in Wirklichkeit grundlegend für die europäische Geschichte und für unser heutiges Verständnis der Moderne seien.

Horsch erinnerte die Zuhörer daran, dass die geografische Mitte Europas in Litauen liegt und die Europäische Union seit der Osterweiterung von 2004 und 2007 Regionen mit einer langen Geschichte des Islam einschließt. Wie Horsch anmerkte, leben in den Gebieten von Westeuropa bis zum Uralgebirge und dem Kaukasus im Osten rund 53 Millionen Muslime, von denen nur sechs Millionen auf den europäischen Teil der Türkei entfallen. Heutige Diskussionen über europäische Muslime beziehen sich gewöhnlich nur auf 15 Millionen Einwanderer in Westeuropa – die sicherlich Neuankömmlinge in Europa sind, aber nur eine Minderheit der europäischen Muslime darstellen.

Schröders Behauptung einer ausschließlich christlich-jüdischen Tradition Deutschlands hielt Horsch entgegen, dass das Judentum noch bis vor kurzem außerhalb der europäischen Tradition verortet worden sei, so wie heute die christlich-orthodoxe Kirche. Zudem lägen die Ursprünge der christlichen und der jüdischen Religion genau wie die des Islam nicht in Europa, sondern im Orient.

---

53 Schröder sagte dies in einem Interview mit *Bild am Sonntag* (21. Dezember 2003). Seine vollständige Aussage findet sich unter http://www.bpb.de/politik/innenpolitik/ konfliktstoff-kopftuch/63251/gerhard-schroeder. Zugegriffen: 14. März 2017.

„Es gibt eigentlich keinen vernünftigen Grund, diese drei Religionen, die als abrahamitische so eng zusammen hängen, zu trennen, indem man zwei zu europäischen Religionen macht und die dritte zu einer außereuropäischen", argumentierte Horsch und stellte die Frage: „Muslime lebten also annähernd ein Jahrtausend in Westeuropa und das reicht nicht, um den Islam in die Reihe der europäischen Traditionen aufzunehmen?" (2008).

Horsch widersprach Schröder auch mit Blick auf die exklusive Rolle der griechisch-römischen Philosophie für „unsere" Geistestradition, indem sie zeigte, dass Muslime wesentlich für diese philosophische Tradition waren. Abschließend führte sie drei einflussreiche deutsche Figuren an, die mit dem Islam eng verbunden waren: Friedrich II von Hohenstaufen, ein römisch-deutscher Kaiser im 13. Jahrhundert, der außergewöhnlich gute Beziehungen zu Muslimen pflegte; Goethe, der den Islam überaus schätzte und in ihm Werte wie Wohltätigkeit, Ergebung in Gottes Willen und Vertrauen in Vorsehung entdeckte; und schließlich Lessing.[54]

In ihrem Buch *Rationalität und Toleranz: Lessings Auseinandersetzung mit dem Islam* (Horsch 2004b), das auf ihrer Promotion über Lessing beruht, behauptet Horsch, die Auseinandersetzung mit Ideen von Aufklärern wie diesem verändere den Rahmen der heutigen Debatte darüber, was es bedeutet, Europäer zu sein, und worin Toleranz in einer pluralen Gesellschaft besteht. Obgleich die Literatur, durch die sich Lessing über den Islam kundig machte, durchweg mit Vorurteilen befrachtet gewesen sei, habe er weiter blicken können und eine tiefe Bewunderung für den Islam entwickelt. Er erkannte in ihm eine Gestalt der Aufklärung, die aus „ungesitteten kriegerischen Völkern" rasch „ebenso viele Gelehrte als Helden" gemacht habe (zit. n. Horsch 2004a).

Horsch argumentiert, Lessing habe im Islam eine Annäherung an die „natürliche Religion" des Deismus entdeckt, der dem Glauben an Gott, aber nicht einer bestimmten Religion oder Offenbarung verpflichtet sei. Ein solcher naturalistischer Zugang zur Religion sei den Ideen der Aufklärung entsprungen, die die natürlichen und angeborenen Eigenschaften des Menschen betonte. Die Deisten kommen Horsch zufolge ohne Offenbarung aus, weil der Mensch in ihren Augen durch

---

54 Horsch erinnerte an die Verse in Goethes *West-östlicher Diwan*: „Wenn *Islam* Gott ergeben heißt, / In Islam leben und sterben wir alle." (Goethe 1993, S. 283) Wie Katharina Mommsen (2014), die gegenwärtig wichtigste Goethe-Forscherin, bemerkt, sind diese Zeilen häufig fälschlich als Hinweis darauf gedeutet worden, dass Goethe ein bekennender Muslim gewesen sei. Mommsen stellt sie vielmehr in den Zusammenhang seiner generellen Kritik an Dogmatismus und Intoleranz. Goethe bekannte sich zur menschlichen Schicksalsergebenheit und dem Gedanken eines Gottes für alle, unabhängig vom Glaubensbekenntnis. Religiösen Eifer und Intoleranz lehnte er ab, keinem spezifischen Glauben anzugehören hielt er für besser.

seine eigene Vernunft zur Erkenntnis Gottes und moralisch richtigem Handeln in der Lage ist. Eben diese Erkenntnis und das moralische Handeln sind die Aspekte, durch die einer der muslimischen Charaktere in Lessings Schriften seine Religion charakterisiert: „Wir glauben an einen einzigen Gott: wir glauben eine zukünftige Strafe und Belohnung, deren eine uns, nach Maßgebung unserer Taten gewiß treffen wird." (zit. n. Horsch 2004a).[55]

Nachdem sie gezeigt hat, wie Lessing im Islam wesentliche Ideen der Aufklärung wie Vernunft und Natürlichkeit zu entdecken vermochte, erörtert Horsch sein einzigartiges und radikal fortschrittliches Verständnis von Toleranz. Diese sei für ihn nicht ein bloß taktisches Gebot gewesen, sondern eine erkenntnistheoretisch begründete Notwendigkeit, da er der Überzeugung war, dass der Mensch nicht die absolute Wahrheit, sondern nur eine Annäherung an sie erfassen könne. Andersgläubigen kam ein Potenzial von Wahrheit zu, weshalb man sie tolerieren und ihren Glauben ernsthaft studieren sollte. In dieser Hinsicht teilte Lessing das Toleranzverständnis Goethes, der meinte: „Toleranz sollte eigentlich nur eine vorübergehende Gesinnung sein: sie muß zur Anerkennung führen, dulden heißt beleidigen." (2013, S. 609)

Horsch führt aus, dass eine ernsthafte Auseinandersetzung mit einer anderen Religion für Lessing ein Prozess mit offenem Ausgang war und sogar zur Konversion führen konnte. In seiner Schrift *Von Adam Neusern. Einige authentische Nachrichten* (1774) verteidigte er einen protestantischen Pfarrer, der im 16. Jahrhundert als Unitarier zum Islam konvertiert war. Aufgrund seines Übertritts und der Flucht nach Konstantinopel galt Neuser als Verräter am Christentum und zutiefst lasterhafter und unmoralischer Mensch. Lessing prüft Neusers Entscheidung dagegen und argumentiert, sie könne durchaus eine theologische Konsequenz aus dem Unitarismus sein, wenn man ihn ernst nehme. Dass Lessing, der für eine Wertschätzung anderer Religionen und besonders des Islam so große Offenheit bewies, intellektuellen deutschen Konvertiten heute als ein herausragendes Vorbild dient, ist kein Zufall. Im heutigen Deutschland, wo der Islam kaum geschätzt wird, findet Horsch bei Lessing eine ganz andersartige und historisch wohlbegründete Einstellung zu Angehörigen anderer Religionen und namentlich des Islam.

Horsch ist bei weitem nicht die einzige, die auf der Suche nach einer alternativen, für den Islam offenen oder ihn sogar einschließenden Genealogie deutscher

---

55 1754 veröffentlichte Lessing die Schrift *Rettung des Hieronymus Cardanus*. Dieser, ein Gelehrter der Renaissance, hatte 1550 ein fiktives Gespräch zwischen einem Ungläubigen, einem Juden, einem Christen und einem Muslim über die wahre Religion veröffentlicht, in dem das Christentum siegt. Rund zweihundert Jahre später arbeitete Lessing dieses Gespräch so um, dass der Islam als rationalste Religion erscheint. Vgl. Horsch 2004a.

Identität bestimmte deutsche Aufklärer würdigt. In einem weiteren Vortrag beim DMK befasste sich Erich Guist, ebenfalls Konvertit, 2004 mit dem Thema „Islam und Aufklärung". Guist fragte, ob der Islam eine aufgeklärte Religion sei, seine Lehren als rational gelten könnten und ob es eine Aufklärung im Islam und einen Islam in der Aufklärung gebe. In seiner Bejahung aller drei Fragen weist er nach, dass islamische Lehren mit denen der Aufklärung konform sind und der Islam eine Reihe europäischer, insbesondere deutscher Aufklärer beeinflusste.

Wie die Denker der Aufklärung, für die es bei der Beurteilung einer Religion auf Vernunft und ein Gefühl von Natürlichkeit ankam, hebt Guist genau diese Eigenschaften am Islam positiv hervor:

> Als ich vor 20 Jahren zum Islam konvertierte, überzeugte mich die Klarheit und Nachvollziehbarkeit dieses Glaubens. Dieser Glauben erschien mir so vernünftig, einsichtig und nah an der Realität, dass ich gar nicht den Eindruck hatte in einen neuen Glauben einzutreten, sondern vielmehr, als hätte ich meinen ureigenen Glauben wiederentdeckt, einen Glauben, den ich immer schon in mir trug. (2004, S. 1)

Laut Guist entspricht der Islam nicht nur den aufklärerischen Kriterien von Vernunft und Natürlichkeit als objektiven Realitäten, sondern harmoniert er aufgrund dieser Züge auch mit ursprünglichen europäischen Idealen – mehr als jede andere Religion, das Christentum eingeschlossen.

Ähnlich wie Guist entdeckte auch der Konvertit und ehemalige CDU-Politiker Abdul Hadi Hoffmann die Grundzüge der islamischen Lehre in der Philosophie des berühmtesten Aufklärers, Immanuel Kant. In einem Vortrag über „Islam und Kant", 2004 auf der Islamwoche Berlin gehalten, sprach er über die Ideale seines Glaubens, die er bei einer Betrachtung Kants aus islamischer Perspektive erkannte. Zweck seines Vortrags war es laut Hoffmann, als deutscher Muslim Kant zu lesen, neue Fragen zu stellen und dazu anzuregen, über das Verhältnis Kants zum Islam nachzudenken. Dabei entdeckte er in der Kantschen Philosophie „Elemente einer europäischen Welt, die auch im Leben und in den Gedanken von Muslimen eine Rolle spielen" (Hoffmann 2004, S. 3). Auf seiner langen Liste von Werten, die Kants Denken mit dem Islam teile, fanden sich das Interesse am Frieden, der Gedanke des autonomen Individuums – der menschlichen Freiheit, sich für den Glauben an Gott und seine Gebote zu entscheiden –, die Betonung von Aufklärung und Lernen, ein Glaube an Gott, der kategorische Imperativ – der Blick auf die Motivation des Individuums – und vor allem die Vernunft.

Einige Konvertiten beziehen ihre Wahlreligion somit direkt auf die Aufklärung, besonders auf die deutsche. Das Bekenntnis zur Toleranz, das deren herausragende Vertreter auszeichnete, bietet namentlich mit Blick auf Juden eine alternative moralische Genealogie in der deutschen Gesellschaft nach dem Holocaust. Deutsche Muslime, die Goethe und Lessing als Vorbilder anführen, betrachten eine ausgeprägte Toleranz des Islam als Teil einer deutschen Tradition, die es heute wiederzubeleben gelte.

Viele Gespräche unter Konvertiten, an denen ich teilnahm, befassten sich mit dem Ort des Islam und von Muslimen in der deutschen Gesellschaft ausgehend von Ideen der Aufklärung. Dabei wurden sowohl die Mehrheitsgesellschaft für mangelnde Offenheit und Toleranz als auch migrantische Muslime kritisiert, deren schwerfällige Traditionen einem reinen, rationalen Islam im Wege stünden. Die Ideale der Aufklärung, hieß es, seien ein Leitfaden, um zugleich ein besserer Deutscher und ein besserer Muslim zu werden.

Viele Konvertiten berichteten mir, noch nie hätten sie so viel über die eigene Gesellschaft gelernt wie durch den Übertritt zum Islam. Durch das „zweite Gesicht", das die Konversion ihnen gab, hätten sie erkannt, dass die deutsche Gesellschaft weitaus weniger tolerant und liberal sei, als sie bislang gedacht hatten. So erzählte mir Kerstin, besonders der Erfahrung, das Kopftuch zu tragen, verdanke sie eine wichtige Erkenntnis nicht nur über die deutsche Gesellschaft, sondern über die ganze Welt:

> Früher habe ich gedacht, dass ich mich in all die marginalisierten Menschen, in alle, die anders sind, hineinversetzen kann. Aber jetzt begreife ich, dass ich überhaupt keine Ahnung hatte. Heute weiß ich, was für eine große Herausforderung es ist, tagtäglich und in allen Aspekten seines Lebens marginalisiert zu werden.

Viele sozial engagierte Konvertiten reflektieren, wie sehr der Übertritt zum Islam ihren Blick auf die Gesellschaft verändert und wie sehr sie diese Erfahrung schockiert hat. Samantha war vor ihrer Konversion bei den Grünen aktiv. „Ich habe zur Hippie-Fraktion gehört", sagt sie schmunzelnd und meinte:

> Bei denen habe ich mich sehr wohl gefühlt, ich dachte, das wären meine Leute, die hätten ähnliche Werte wie ich. Erst als ich konvertiert bin, habe ich gemerkt, dass das überhaupt nicht stimmt und ihre Toleranz sehr begrenzt ist. Ich wähle weiter die Grünen, weil ich nicht wüsste, wen ich sonst wählen sollte. Aber ich weiß, dass für jemanden wie mich kein Platz bei ihnen ist.

Diese Erfahrung brachte Samantha zu dem Schluss, „dass man die Dynamik der Gesellschaft, der man angehört, erst wirklich versteht, wenn man sich verändert und sie von einer anderen Position aus betrachtet". Bevor sie konvertierte und einen Araber heiratete, ahnte sie nicht, wie Menschen mit ausländischem Namen und Akzent sowie Kopftuch tragende Frauen behandelt werden. Seit ihrer Heirat kümmert sie sich um alles, was mit Behörden zu tun hat, unterzeichnet den Mietvertrag, wenn die Familie umzieht, und spricht mit den Lehrern ihrer Kinder. Soviel wie möglich erledigt sie telefonisch, denn sie weiß, dass alles deutlich schwieriger wird, sobald ihr Gegenüber sie mit Kopftuch sieht. „Als ich 1996 zum Islam übergetreten bin, wusste ich nicht, was es heißt, in der deutschen Gesellschaft Muslim zu sein. Die Position, in der ich mich dann wieder gefunden habe, hat mich sehr überrascht."

> Als ich Samantha kennenlernte, war sie zwar nicht mehr politisch aktiv – zumindest nicht bei den Grünen –, aber ihre Existenz in dieser neuen Position versteht sie als einen politischen Akt: „Aus meiner Sicht stehe ich für einen Teil der deutschen Gesellschaft, der von der Mehrheit nicht anerkannt wird. Ich will den Gedanken fördern, dass man deutsch und zugleich Muslim sein kann. Das ist mir sehr wichtig."

Nicole, die vor mehr als zehn Jahren zum Islam übergetreten ist, hat festgestellt, dass ihr die Konversion politische Äußerungen ermöglicht, die sie andernfalls nicht machen könnte. In einem Gespräch über die deutsche Geschichte vertraute sie mir an, dass ihr Großvater in der NSDAP gewesen war. Obwohl er schon vor Jahren gestorben ist, lastet dieser Teil ihrer Familiengeschichte schwer auf Nicole, die ein ausgeprägtes soziales Verantwortungsbewusstsein hat. Sie erzählte mir, wie sie sich manchmal ausmalt, mit ihrem Kopftuch vor ihrem Großvater zu stehen und ihm mitzuteilen, dass nicht alle Deutschen so sein müssen, wie er es sich vorstellt. Nicole, die ich wie viele gebildete, liberale Deutsche einer bestimmten Generation in gewissem Sinn als philosemitisch bezeichnen würde, hat zudem häufig nicht nur das Ausmaß von Islamophobie, sondern auch einen tiefverwurzelten Antisemitismus in der deutschen Gesellschaft bemerkt. Ihr ist aufgefallen, dass seit ihrer Konversion viele nichtmuslimische Deutsche ihr gegenüber antisemitische und antizionistische Bemerkungen machen und dabei mit Zustimmung rechnen, weil sie Muslimin ist. Wenn sie ihnen dann widerspricht, sind sie oft überrascht und entschuldigen sich. Die unerwartete Entdeckung dieses gewöhnlich latenten Antisemitismus hat Nicole beunruhigt. Gleichzeitig ist sie stolz darauf, dass sie dadurch eine neue Möglichkeit hat, ihm entgegenzutreten – nicht nur als irgendeine Deutsche, sondern als eine, die ein Kopftuch trägt.

Eine weitere von der Aufklärung geprägte Diskussion, die ich in deutsch-muslimischen Kreisen regelmäßig erlebte, betrifft den Wunsch nach einem „reinen" Islam. Während das oben erwähnte Thema mangelnder Toleranz eine Kritik der Mehrheitsgesellschaft umfasst, richtet sich das Motiv der Reinigung kritisch gegen Muslime mit Migrationshintergrund. Deutsche Muslime streben häufig nach einem von der Aufklärung inspirierten reinen Islam – eine Vorstellung, die auch unter islamischen Reformern der vergangenen zwei Jahrhunderte verbreitet gewesen ist. Ein von späteren Anlagerungen befreiter Islam kommt demnach seiner ursprünglichen Intention näher und kann außerdem das vernünftige Individuum direkter ansprechen. Diese Position ist indessen mit demselben Paradoxon befrachtet, das für das Ideal der Aufklärung grundsätzlich kennzeichnend ist: Entgegen ihrem scheinbaren Universalismus erweist sie sich im europäischen Kontext betrachtet als partikularistisch, genauer: als eurozentristisch. Wie ich im folgenden Abschnitt erörtere, läuft sie praktisch auf die Annahme hinaus, der von späteren Sedimenten befreite, reine Islam werde per definitionem europäischen Formen des Denkens, Daseins und Glaubens entsprechen, die wiederum per definitionem frei von Traditionen seien.

Die Europäisierung des Islam durch seine Reinigung

Was ist das Besondere daran, ein deutscher Muslim zu sein? Das fragte ich Hadi, einen Konvertiten, der im DMK aktiv ist, als wir uns in dessen schlichtem Büro bei Kaffee und Keksen unterhielten. Deutschsprachige Muslime praktizierten einen „Do-it-yourself-Islam", meinte Hadi: „Man versucht, aus ganz unterschiedlichen Quellen, Wissen zu schöpfen. Es gibt keine religiöse Körperschaft und keine umfassende Struktur. Es gibt auch keine Traditionen, denen man folgen zu müssen meint. Das Ergebnis ist, dass man selbst seine Entscheidungen treffen kann."

Hadi hielt dies nicht für etwas Schlechtes, sondern sah darin vielmehr eine Chance: „Dadurch kann man mit dem Islam kritischer umgehen, als man es in einem islamischen Land könnte". Wie er ausführte:

> Generell müssen Deutsche, die den Islam annehmen, kritischer sein. Sie müssen in der Lage sein, zwischen Islam und Kultur zu unterscheiden. Manche Leute mögen die Kultur, die Musik, die Menschen, den Stil und nehmen dann auch die Religion an. Aber die meisten Konvertiten versuchen zwischen dem, was islamisch ist, und dem, was traditionell ist, zu differenzieren. Es kann auch sein, dass bestimmte Regeln, die in der Türkei selbstverständlich sind, für Deutschland ungeeignet sind. Dann stellen Konvertiten die Frage: ‚Warum muss ich das auf diese Weise tun?' und prüfen, ob es wirklich eine islamische Grundlage hat. Weil Konvertiten in keinerlei islamischer Tradition verwurzelt sind, können sie einen Islam praktizieren, der von Traditionen gereinigt ist.

Alle muslimischen Einwohner Deutschlands und jedes anderen nichtmuslimischen Landes müssen mit der Herausforderung kämpfen, den Islam – oder genauer: einen islamischen Lebensstil – an die örtlichen Lebensbedingungen anzupassen. Konvertiten sind daran natürlich am stärksten beteiligt. Besonders unter ihnen herrscht die Herangehensweise vor, den Islam von seinem kulturellen Ballast zu befreien, damit er zu einem deutschen oder europäischen Lebensstil passt.

In einem Vortrag beim DMK mit dem Titel „Islam in Europa – europäischer Islam?" befasste sich Imam Muhammad Salama vom Islamischen Kulturzentrum Wolfsburg damit, wie europäische Muslime den Islam in Europa erfahren. Mehr als vierzig Mitglieder der Moschee, überwiegend deutsche Konvertiten, kamen zu der Veranstaltung. An einem Sonntag, an dem nach langem Winter der Frühling anbrach, diskutierten sie fünf Stunden lang intensiv über die im Vortrag aufgeworfenen Fragen.

Der Vortrag begann mit der Frage, ob man von einem europäischen Islam sprechen könne oder nicht. Salama, der arabischer Herkunft ist, machte seine Position durch häufige Verweise auf den Schweizer Muslim Tariq Ramadan klar, der die Auffassung vertritt, durch eine neue Lektüre der grundlegenden Texte des Koran im europäischen Kontext könne man ein guter Muslim und ein guter Europäer sein. Was Ramadan zufolge (1999, 2004) Muslime mit Migrationshintergrund daran hindert, engagierte europäische Bürger zu sein, sind die kulturellen Traditionen, die sie nach Europa mitbringen, nicht der Islam. Wie Ramadan sah auch Salama in der europäischen Präsenz des Islam eine Chance für alle Muslime, sich von schädlichen Zusätzen zu ihrem Glauben zu befreien und die besten Aspekte des Islam anzunehmen, die in seinen Fundamenten liegen.

Viele Teilnehmer zeigten sich aufgeschlossen für Ramadans Einstellung, und als Salama fragte, wer Texte von ihm gelesen oder den Vortrag, den er kurz zuvor in Berlin gehalten hatte, besucht habe, hoben die meisten die Hand.[56] Bei dieser interaktiven Veranstaltung herrschte die Meinung vor, dass ein Teil dessen, was wir gewöhnlich Religion nennen, Kultur sei und man von einem arabischen, indonesischen oder chinesischen Islam sprechen könne. Es bestand Einigkeit darüber, die Diskussion könne einen Anfang damit machen, über einen europäischen oder deutschen Islam zu sprechen – doch was genau dies bedeutete, war keinem der Anwesenden klar. Mehrere Teilnehmer warnten, unter der Bezeichnung europäischer Islam werde zumeist ein „liberaler", seiner wesentlichen Züge beraubter Islam vertreten. Ein Mann mittleren Alters meldete sich mit der Bemerkung zu Wort, dass

---

56 Es ist wichtig festzuhalten, dass Ramadans Position in anderen Milieus, in denen deutsche Konvertiten verkehren, etwa in Sufi-Vereinen oder salafistisch orientierten sunnitischen Moscheen, keine Zustimmung finden würde. Sufis wäre er zu politisch, Salafisten würden argumentieren, dass er Neuerungen einführt, was sie grundsätzlich ablehnen.

es ein Unterschied ist, ob man „Islam in Europa" oder „europäischer Islam" sagt. Wenn Leute für letzteres eintreten, meinen sie in der Regel ein lockeres Verhältnis zur Religion – zum Beispiel, dass das Kopftuch nicht notwendig ist. Einen Islam, der für Prostitution und Glücksspiel offen ist. Deshalb dreht sich mir der Magen um, wenn ich die Worte „europäischer Islam" höre. Zu mir selbst möchte ich sagen, dass ich zuerst Muslim und dann Deutscher bin. Wenn man „europäischer Islam" sagt, habe ich das Gefühl, dass man der Nationalität Vorrang vor der Religion gibt.

Salama meinte, man könne von einem Islam sprechen, der von europäischen Traditionen beeinflusst sei. So brächten beispielsweise „Araber ihre Charaktereigenschaften in den Islam ein. Aber Europäer haben ein ruhigeres Temperament und das wird zwangsläufig einen Einfluss darauf haben, wie sie den Islam leben. Natürlich wird sich die Geschichte seit der Französischen Revolution auf den Islam auswirken." Er fügte hinzu:

So Gott will, sind die islamischen Entwicklungen hier positive Einflüsse. Zum Beispiel haben Männer im Nahen Osten eine patriarchale Kultur. Aber wenn Einwanderer von dort schließlich europäische Muslime werden, lassen sie solche Traditionen, die kein Teil des Islam sind, hinter sich. Und wir werden in der Lage sein, einen Islam zu erfahren, der authentischer ist.

Es folgte eine Mittagspause für Gebet und Essen, in der kleine Gruppen von Frauen weiter darüber diskutierten, was es bedeutet, ein europäischer Muslim zu sein. Eine deutsche Muslimin sagte:

Wir müssen den Gedanken einer europäischen Tradition grundsätzlich in Frage stellen. Es wird heute viel über eine jüdisch-christliche Tradition geredet, und die Juden stehen diesem Diskurs skeptisch gegenüber. Vielleicht gibt es nicht die eine große europäische Tradition, der wir alle folgen müssen. Vielleicht besteht sie von vornherein aus vielen unterschiedlichen Strängen. Und dann ist der Islam definitiv ein Teil von Europa.

Eine andere Konvertitin brachte eine konkrete Illustration in das Gespräch ein:

Ich denke nicht, dass wir als deutsche Muslime einen völlig anderen Lebensstil haben als alle anderen Deutschen. Meine Mutter zum Beispiel ist nicht muslimisch, aber ihr Leben unterscheidet sich gar nicht so sehr von meinem. Ab und zu trinkt sie Bier, aber ich kann an ihrem Leben nichts erkennen, was wirklich anders ist als bei mir. Es ist falsch, wenn man meint, alle Deutschen würden in der Disco abtanzen oder alle wären Glücksspieler. Vielleicht sind wir Muslime also gar nicht so anders.

Als die Veranstaltung weiter ging, wollte Salama über die spezifischen alltäglichen Herausforderungen für Muslime in Deutschland und über mögliche Lösungen sprechen. Als Probleme nannte er ein gesellschaftliches Leben, das die Gebetszeiten nicht immer respektiert, Arbeitgeber, die das Kopftuch verbieten, Situationen bei der Arbeit, bei denen es unausweichlich ist, dass ein Mann und eine Frau allein in einem Raum sind, und gesellschaftliche Anlässe, bei denen Alkohol getrunken wird. Mit Blick auf mögliche Lösungen empfahl der Imam, dass jeder für sich selbst Entscheidungen treffen muss und zwar so, dass er sich damit gegenüber Gott wohl fühlt. „Nur die betroffene Person kann entscheiden, ob sie alle möglichen Optionen ausgeschöpft hat oder nicht", meinte er. „Religion ist nicht wie Mathematik; es gibt keine klaren Antworten, die für jeden und in jeder Situation gelten."

Einigen Anwesenden behagte dieser individualisierte Ansatz nicht. Ein älteres Gemeindemitglied mit Sympathien für den Salafismus und das Regime in Saudi-Arabien – und mit einem sehr vehementen Auftreten – warf dem Imam vor, dies komme einer verdeckten Fatwa gleich, die das Ablegen des Kopftuchs erlaubt. Salama widersprach ihm mit dem Argument, religiöse Autoritäten hätten die Verantwortung, die Lebenssituation von Menschen mitzubedenken, und jeder Einzelne könne selbst entscheiden, wie er zu handeln hat: „Natürlich sehe ich das Kopftuch als Pflicht, aber auch als Freiheit. Aber letztendlich können nur die Frauen entscheiden, ob sie diese Pflicht erfüllen oder nicht. Keine Frau sollte gezwungen werden, das Kopftuch zu tragen oder abzulegen."

Neben einem Islam, der Entscheidungen dem Einzelnen überlässt, befürwortete der Imam auch den Gedanken der Toleranz. Gegenüber dem Islam bestehe das Vorurteil, dass er intolerant sei, besonders gegenüber anderen Religionen. Um diesem Bild entgegenzutreten, müsse man sehr darauf achten, welche Übersetzung des Korans man verwendet. Salama empfahl, die des deutsch-jüdischen Konvertiten Weiss/Asad zu verwenden und besonders Stellen hervorzuheben, die für Toleranz und Offenheit plädieren. „An drei Stellen im Koran heißt es, dass die Gläubigen nach dem Tod belohnt werden – und Gläubige heißt hier auch Juden und Christen. Aber", bemerkte er, „wir reden hier darüber, wie wir in dieser Welt zusammenleben können. Zu sagen, dass es in der anderen Welt so und so sein wird, ist etwas anderes. Jede Religion geht mit dieser Frage auf ihre Weise um, und wir dürfen darüber sagen, was wir wollen."

Nicht nur Konvertiten treten für einen europäischen Islam ein, der die scheinbar patriarchalen, intoleranten und undemokratischen kulturellen Traditionen, die Muslimen mit Migrationshintergrund zugeschrieben werden, abgelegt hat. Auch viele gebürtige Muslime werben für den Gedanken eines gereinigten Islam, der sowohl authentischer als auch den europäischen Werten von Freiheit, Gleichheit und Demokratie verpflichtet sein soll. Solche Vorstellungen sind nicht neu, sondern lehnen sich an frühere islamische Reformer wie auch an Denker der Aufklärung an. Einige der Ideen, für die ursprünglich der europäische Konvertit Asad eintrat, werden heute auch von migrantischen Muslimen vertreten. Gleichwohl sind Muslime europäischer Abstammung und Konvertiten deutlich stärker daran interessiert, den Islam von kulturellem und nationalem Ballast zu befreien, um ihre Position nicht nur in der deutschen Mehrheitsgesellschaft, sondern auch innerhalb der islamischen Umma als legitim und normal darzustellen. Diese Perspektive ist jedoch insofern eurozentristisch, als sie unterstellt, nur „orientalische" Muslime würden den Islam durch ihre irrationalen Traditionen verunreinigen, während „westliche" Muslime, unbelastet von schwerfälligen Traditionen, selbstverständlich einem reinen und wahren Islam näherstünden.

Deutsche Muslime verschaffen sich Raum

Obgleich im öffentlichen Diskurs unsichtbar, sind deutsche Konvertiten in öffentlichen Funktionen, die mit dem Islam zu tun haben, überrepräsentiert – etwa als Vorsitzende bundesweiter islamischer Organisationen, muslimische Vertreter im interreligiösen Dialog, Verfasser islamfreundlicher Zeitungskommentare oder auch als Wissenschaftler, die staatlich geförderte oder universitäre Forschungsprojekte über Muslime durchführen. Viele gebürtige und konvertierte Muslime erklärten mir zwar, zu einer Zeit, als die meisten Anhänger ihres Glaubens in Deutschland Gastarbeiter mit ungenügenden Sprachkenntnisse und sozialen Kompetenzen gewesen seien, habe es dazu keine Alternative gegeben, diese Tendenz scheint jedoch keineswegs nachzulassen, sondern könnte sich zu einer Tradition verfestigen.

Mehrere Push- und Pullfaktoren können das Phänomen erklären. Einer besteht darin, dass es für gebildete Konvertiten mit gesellschaftlichen und politischen Ambitionen schwierig ist, herausgehobene, öffentlich wahrnehmbare Positionen in der deutschen Gesellschaft einzunehmen, insbesondere wenn ihre Konversion allgemein bekannt ist. Ein gutes Beispiel dafür ist Christian Hadi Hoffmann, der 1974 in die CDU eintrat und dort bis zum Referenten für Öffentlichkeitsarbeit aufstieg. Als er sich 1995 in seinem Buch *Zwischen allen Stühlen. Ein Deutscher wird Muslim* dazu bekannte, zum Islam übergetreten zu sein, wurde der Druck so stark, dass er schließlich aus der Partei austrat.

Danach übernahm Hoffmann den Vorsitz der neu gegründeten Muslimischen Akademie, die sich als ein intellektuelles Diskussionsforum für mehr Offenheit in der deutschen Gesellschaft einsetzte und die Vielfalt muslimischen Lebens widerzuspiegeln bemühte, mittlerweile aber nicht mehr existiert. Ihr Name lehnte sich an eine wichtige protestantische Einrichtung an – die Evangelische Akademie, die sich aus den Kirchensteuern der rund 22 Millionen beim Staat registrierten Gemeindemitglieder finanziert.[57] Die Muslimische Akademie verfügte über keine solchen Ressourcen und war auch nicht an Moscheen angebunden, gleichwohl war sie eine wichtige Organisation, die öffentliche Beachtung fand und deren Vertreter regelmäßig als muslimische Stimme zu Veranstaltungen eingeladen wurden. Hoffmann war zudem ein produktiver Autor; er verfasste mehrere Bücher und zahlreiche Artikel über die Bedürfnisse und Forderungen von Muslimen in Deutschland.

Bemerkenswert an Hoffmanns Fall ist, dass er nach seinem konversionsbedingten Ausscheiden aus der CDU Muslime auf nationaler Ebene vertreten konnte. In den extrem hierarchisch strukturierten und auf ethnischer oder nationaler Zugehörigkeit basierenden Organisationen migrantischer Muslime könnte ein deutscher Muslim keine Karriere machen. Eine Einrichtung wie die Muslimische Akademie, die keine wirkliche repräsentative Macht besaß, scheint dagegen ein idealer Ort für Konvertiten zu sein. Von einer solchen Position aus können sie sich an die Mehrheitsgesellschaft wie auch an migrantische Muslime richten – die sie beide ausgrenzen.

Eine andere landesweite islamische Organisation ohne Bindung an eine bestimmte Glaubensrichtung und repräsentativen Charakter ist Inssan („Mensch").[58] Sie wurde überwiegend von Konvertiten gegründet, die einer wesentlich orthodoxeren Islamauslegung folgen als die Muslimische Akademie und die die Organisation bis heute maßgeblich prägen. Finanziert wird Inssan von einer Gruppe von Muslimen, die einen islamischen Dachverband schaffen wollen, dessen Aktivitäten zur kulturellen, ethnischen und religiösen Vielfalt in Deutschland beitragen. Inssan organisiert Veranstaltungen für den interreligiösen Dialog und eine Kampagne gegen Zwangsehen, versucht das Zusammenleben von Muslimen und Nichtmuslimen zu fördern, dokumentiert Fälle von Diskriminierung und bietet Präventionstraining gegen diese an. Die Gründer berichteten mir, für den Aufbau einer neuen Organisation hätten sie sich entschieden, weil die türkisch-islamischen so hierarchisch seien und sie in ihnen keinen Platz gefunden hätten. Als seine Stärke definiert der Verein die Offenheit für den Dialog mit allen anderen religiösen Gruppen – ein Aspekt, der ihn von den Organisationen migrantischer Muslime unterscheidet. Diese sind ihm sogar mit einem gewissen Widerstand begegnet, weil sie in ihm für den Fall, dass der Islam einmal den Status einer staatlich anerkannten Religion erhalten sollte, eine Konkurrenz bei der Repräsentation von Muslimen in Deutschland sehen.

---

57   Vgl. http://www.ekd.de/statistik/mitglieder.html. Zugegriffen: 16. April 2017.

58   Vgl. http://www.inssan-ev.de. Zugegriffen: 16. April 2017.

Auch viele Konvertiten ohne Führungsrolle oder formale institutionelle Anbindung sehen sich selbst in einer guten Ausgangsposition, um als Einzelne der Mehrheitsgesellschaft selbstbewusst zu begegnen und den Islam in einer Weise öffentlich zu vertreten, wie es Muslime mit Migrationshintergrund nicht könnten. Iman ist eine solche Frau. Sie trat vor gut zwanzig Jahren zum Islam über, hat englische Literatur studiert, ist inzwischen über vierzig und mit einem nichtpraktizierenden muslimischen Ägypter verheiratet. Iman findet, dass sie als gebildete deutsche Muslimin in einer Gesellschaft, in der die allermeisten Muslime ungebildet und marginalisiert sind, eine Verantwortung hat. Sie ist auch eine von vielen ehrgeizigen Frauen, die zwar einen Universitätsabschluss haben, aufgrund ihres Kopftuchs aber ihre beruflichen Ziele nicht erreichen können. Kürzlich gründete sie einen Verlag, der auf islamische Themen spezialisiert ist und vor allem Romane publiziert.[59]

Iman ist davon überzeugt, dass sie in dieser Gesellschaft, in der viele Muslime kein Gehör finden oder nicht sagen können, was sie sagen sollten, Muslime vertreten und ihnen eine Stimme geben muss. Weil sie sich behaupten kann, beharrt sie zum Beispiel darauf, das Kopftuch zu tragen. „Das tue ich nicht nur für mich, sondern auch für die Umma", sagte sie mir. Sie hält es für wichtig, in der Öffentlichkeit mit ihrem Kopftuch aufzutreten. An Eltern- und Nachbarschaftsversammlungen teilzunehmen, betrachtet sie als eine Pflicht. „Tue ich das nicht", bemerkte sie,

> dann kann ich sicher sein, dass dort überhaupt keine muslimische Stimme gehört wird, obwohl es viele muslimische Migranten in meiner Nachbarschaft gibt. Wenn es um Fragen wie Schweinefleisch auf dem Speiseplan der Schulkantine oder gemischtgeschlechtlichen Schwimmunterricht geht, muss ich die islamische Position vertreten. Manchmal nehmen nichtpraktizierende Muslime an solchen Versammlungen teil und dann repräsentiert ihre Position die „muslimische" Stimme, was uns, den praktizierenden Muslimen, das Leben deutlich schwerer macht.

Diese Rolle findet sie allerdings nicht einfach, vor allem weil sie ein verbreitetes Misstrauen gegenüber deutschen Muslimen beobachtet. Die meisten Leute hielten Abstand zu ihr, erklärte mir Iman, da sie denken, sie könnte eine Extremistin sein. Trotz ihrer großen Engagements dauerte es lange, bis sie an der Schule ihrer Kinder akzeptiert wurde. Iman bemerkte, dass die Lehrer mit anderen Eltern ungezwungen umgingen, sich entspannt mit ihnen unterhielten und Witze machten. Ihr gegenüber waren sie dagegen distanziert und steif. Anfangs hätte sie sich selbst bei den einfachsten Themen nicht wie in einem Eltern-Lehrer-Gespräch, sondern wie in einem Kampf gefühlt. Da ich Iman als eine angenehme, kluge und fröhliche

---

59 Vgl. https://www.narrabila-verlag.de. Zugegriffen: 16. April 2017.

Person kenne, konnte ich mir das kaum vorstellen. Nachdem sie mehrere Jahre mit denselben Lehrern zu tun hatte, fühlt sich Iman inzwischen aber als normaler oder sogar besonders geschätzter Elternteil von ihnen akzeptiert.

So wie Iman die Verantwortung dafür auf sich nimmt, die Mehrheitsgesellschaft über den Islam zu informieren und aufzuklären, meint sie auch, dass sie gegenüber der traditionellen islamischen Gemeinschaft einen Bildungsauftrag hat. Als eine gebildete Muslimin glaubt sie besser als viele migrantische Muslime zu wissen, was im Rahmen des Islam zulässig ist. Iman ist es wichtig zu zeigen, dass Musliminnen eine aktive Rolle übernehmen können. Bei islamischen Veranstaltungen ist sie zum Beispiel die erste, die patriarchale Tendenzen erwähnt, die nicht dem Islam entsprechen. Ich erlebte mehrfach, wie sie muslimische Männer in der Moschee öffentlich dafür kritisierte, Frauen grundlos zu meiden. 2011 war sie an den Vorbereitungen für den Internationalen Frauentag in der DMK-Moschee beteiligt. Das Organisationskomitee erstellte Plakate über die Geschichten von Musliminnen, die quer durch die Jahrhunderte eine aktive Rolle in der Gesellschaft spielten. Später erklärte mir Iman, das Ziel dabei sei ein doppeltes gewesen: Sowohl die Mehrheitsgesellschaft als auch muslimische Männer sollten die wichtigen Beiträge von Frauen zur islamischen Gemeinschaft erkennen. „Viele traditionelle Brüder", behauptete sie, „verstehen nicht, dass das möglich ist. Ihre Überzeugungen stammen häufig aus patriarchalen Traditionen und nicht dem Islam. Und das müssen wir ihnen klarmachen."

Der interkonfessionelle Dialog ist ein weiteres Feld, bei dem die Verantwortung für die Repräsentation von Muslimen auf den Schultern von Konvertiten ruht – sie stellen die überwältigende Mehrheit derer, die dabei eine aktive Rolle übernehmen. Die meisten von Konvertiten gegründeten oder stark von ihnen geprägten Organisationen, etwa Inssan, die Muslimische Akademie und die Islamische Gemeinschaft deutschsprachiger Muslime und Freunde des Islam, bekennen sich in ihrer Satzung zum Dialog mit anderen Gruppen. Als ich an solchen interkonfessionellen Veranstaltungen teilnahm, schien mir eine erhebliche Ironie darin zu bestehen, dass nicht nur die Christen Deutsche waren, sondern es sich bei den Vertretern des Buddhismus, des Hinduismus und des Judentums durchweg um deutsche Konvertiten handelte – obwohl die religiöse Vielfalt eine Folge von Migration ist, sind beim Dialog der Religionen nur Deutsche vertreten. „Natürlich sind Konvertiten zum Islam bessere Kandidaten für einen Dialog, besonders wenn sie einen christlichen Hintergrund haben", erklärte mir meine Freundin Samantha, die aus einer praktizierenden christlichen Familie stammt. Gebürtige Muslime wüssten oft kaum etwas über das Christentum, meinte sie; viele glaubten, es sei polytheistisch und kenne drei unterschiedliche Götter. Ehemals christliche Konvertiten hätten dagegen gute Voraussetzungen für eine ernsthafte Diskussion, da sie über Christentum und Atheismus besser informiert seien und wüssten, was die deutsche Mehrheitsgesellschaft an der islamischen Botschaft weniger attraktiv und was sie annehmbarer findet. Auf diese Weise werden Konvertiten zugleich zu den Ansprechpartnern für diese nichtmuslimische Mehrheit, wenn sie etwas über den Islam erfahren will.

Was ich an Iman und vielen anderen Konvertiten beobachtete, ist nicht nur ein starkes Verantwortungsgefühl, sondern auch ein sehr entschiedenes Auftreten. Das liegt vermutlich daran, dass sie die zweitklassige Position, in der sie sich als Muslime unerwartet wiederfinden, nie verinnerlicht haben, da sie erst als Erwachsene zum Islam übergetreten sind. Deutlich wird dies etwas in der folgenden Anekdote, die eine relativ neue Konvertitin bei einem DMK-Frühstück erzählte. Aadila war gerade aus der Schweiz zurückgekommen, wo sie eine nichtmuslimische Freundin besucht hatte. Die beiden gingen in ein teures Restaurant, und als der Kellner ihre Bestellungen aufnehmen wollte, fragte Aadila: „Könnten Sie mir bitte sagen, was auf der Speisekarte *halal* ist?" Als der Kellner verwirrt guckte, versuchte ihre Freundin die Situation zu retten: „Woher soll er denn wissen, was *halal* überhaupt bedeutet?" Aadila erwiderte selbstsicher: „Naja, wenn er es nicht weiß, kann er es doch einfach im Wörterbuch nachschlagen, oder nicht?" Nachdem er eine gute Viertelstunde verschwunden war, kam der Kellner an den Tisch zurück und empfahl höflich das Fischgericht.

Natürlich wusste Aadila bereits, dass dies außer den vegetarischen Gerichten die einzige *Halal*-Speise war. Aber sie nutzte die Gelegenheit, um ihre Andersartigkeit zu behaupten und um den Kellner eines teuren Schweizer Restaurants, in das wahrscheinlich nur selten praktizierende Muslime gehen, über den Islam aufzuklären. Aadila fand das auch lustig: Als sie die Geschichte den anderen Konvertitinnen erzählte, musste sie laut lachen. Alle fanden es amüsant und mehrere der Frauen erzählten Geschichten über ihre vergeblichen Versuche, Kellner aufzuklären, die die *Halal*-Regeln nicht kannten.

Ich bewunderte Aadilas Haltung, war aber auch erstaunt über ihre Anekdote und hatte das starke Gefühl, dass kein Muslim mit Migrationshintergrund es wagen würde, einen Kellner so zu provozieren. Ich erzählte die Geschichte mehreren muslimischen Freunden, die teilweise studiert haben und beruflich gut dastehen, aber ausländischer Herkunft sind, und fragte sie, ob sie sich ein solches Auftreten vorstellen könnten. Die meisten fanden die Geschichte witzig, meinten aber, von einem nichtmuslimischen Kellner würden sie niemals erwarten, dass er etwas über *Halal*-Speisen weiß, und sie kämen gar nicht auf die Idee, ihn so herauszufordern – entweder würden sie gar nicht erst in ein Restaurant gehen, dessen Fleischgerichte nicht *halal* sind, oder einfach den Fisch bestellen, niemals aber einen solchen Wirbel machen.

Es gibt viele Gelegenheiten, bei denen konvertierte Deutsche vor gebürtigen Muslimen hervortreten, um den Islam und seine Anhänger zu verteidigen. Dazu gehört etwa das Verfassen von Leserbriefen, die gegen antiislamische Aussagen und Haltungen Einspruch erheben, oder auch von Zeitungskommentaren, die falsche Bilder korrigieren, auf die ungerechte Behandlung von Muslimen hinweisen oder den Islam mit dem Christentum vergleichen. Wer darauf achtet, wird feststellen, dass sie oft von Personen stammen, die zwischen einem deutschen Vor- und Nachnamen einen klassisch muslimischen Mittelnamen tragen.[60] Ein typisches Beispiel dafür ist Wiebke (Chadijah) Schutt, die in einem Leserbrief an *Die Welt Kompakt* vom 2. März 2007 das verbreitete Missverständnis beklagte, dass das Wort „Dschihad" primär einen religiösen Krieg bezeichne. Es dürfte mehrere Gründe geben, warum Konvertiten mehr Leserbriefe schreiben als gebürtige Muslime. Erstens verfolgen sie die vorherrschenden Diskurse genauer. Gebürtige Muslime, die weniger Zugang zu Bildung haben und sich nicht der Mehrheitsgesellschaft zugehörig fühlen, entwickeln weniger Interesse an den Diskussionen in den Kommentarspalten der Zeitungen, die sich eingehender mit gesellschaftlichen Fragen befassen. Zweitens sind Konvertiten, da sie sich als Teil der Mehrheitsgesellschaft verstehen, stärker motiviert, in solche öffentlichen Gespräche einzugreifen, und davon überzeugt, dass sie zu einer Berichtigung des öffentlichen Bildes des Islam beitragen können. Deshalb nutzen sie solche Möglichkeiten, den Islam zu verteidigen und seine Übereinstimmung mit dem deutschen Wertesystem zu betonen.

Solche Unterschiede im Durchsetzungsvermögen zeigen sich auch, wenn mehr auf dem Spiel steht. Konvertiten fordern zum Beispiel eher als gebürtige Muslime ihre gesetzlichen Rechte ein, etwa Frauen vorbehaltene Badezeiten in Schwimmbädern, *Halal*-Angebote in Schulkantinen und die Möglichkeit, bei der Arbeit das Kopftuch zu tragen. Auch im Fall eines muslimischen Schülers, dem es verboten worden war, in der Unterrichtspause auf dem Schulgelände zu beten, war es der konvertierte Vater, der vor Gericht zog, anstatt dazu zu schweigen.[61]

---

60 Viele Konvertiten, die ich kennenlernte, haben bei ihrem Übertritt einen muslimischen Namen angenommen, aber ihren bürgerlichen Namen nicht geändert, weil dies ein umständliches rechtliches Procedere erfordern würde. In Kapitel 5 befasse ich mich mit dem neueren Trend, dass Konvertiten ihren ursprünglichen Namen behalten.

61 Der Fall endete mit der Entscheidung des Bundesverwaltungsgerichts, dass der Schüler kein Recht darauf habe, zu irgendeinem Zeitpunkt auf dem Schulgelände zu beten, da dies den Schulfrieden stören könne. Zudem erklärten die Richter, die Einrichtung eines Gebetsraums übersteige die Möglichkeiten der Schule. Vgl. Muslimischer Schüler darf nicht in Schule beten, *Spiegel Online*, 30. November 2011.

Migrantische Muslime, insbesondere praktizierende, ergreifen solche entschiedenen Maßnahmen meines Erachtens deshalb seltener, weil sie sich bereits marginalisiert und entfremdet fühlen. Sie erwarten von der Mehrheitsgesellschaft so wenig, dass sie Ungerechtigkeiten gewöhnlich nicht als etwas erleben, das sich ändern oder beseitigen ließe. Die Erfahrungen eines Teams, das in Moscheen Seminare zur Sensibilisierung für Diskriminierung durchführt, zeigen dies sehr deutlich. Lydia Nofal, Inssan-Vorsitzende und Konvertitin, berichtete bei einer Vorstellung des „Trainings gegen Antisemitismus, Islamophobie und Fremdenfeindlichkeit": „Wenn wir in Moscheen gehen und die Leute fragen, ob sie sich gesellschaftlich diskriminiert fühlen, sagen sie oft: Nein, werden wir nicht. Und wenn wir ihnen dann erklären, wie Diskriminierung funktioniert, sagen sie: Ach, wenn Sie *das* meinen, klar, das passiert uns ständig!" Ähnlich äußerte sich Safter Çınar vom Vorstand des Türkischen Bundes in Berlin, als wir uns über die Antidiskriminierungsarbeit seiner Organisation unterhielten. Migranten hätten große Angst, sich gegen Ungerechtigkeiten zur Wehr zu setzen, berichtete er mir: „Schüler und Eltern erzählen uns von vielen Fällen offenkundiger Diskriminierung. Aber wenn wir sie bitten, mit uns zusammenzuarbeiten, damit wir die entsprechenden Lehrer und Schulen verklagen können, haben alle Angst. Sie sagen: Wir wollen keine Probleme mit den Lehrern bekommen."

Konvertiten fordern ihre Rechte nicht nur in der Mehrheitsgesellschaft, sondern auch in der islamischen Gemeinschaft selbstbewusster ein. Generell neigen Konvertitinnen eher als gebürtige Musliminnen dazu, in die Moschee zu gehen. Und um dies tun zu können, sind sie zum Einspruch gegen die unter gebürtigen Muslimen verbreitete Auffassung bereit, dass die Moschee in erster Linie ein männlicher Raum sei.[62] Sicherlich sind sie auf solche Orte auch stärker angewiesen, um etwas über den Islam zu lernen und ähnlich denkende Menschen zu treffen. Einige islamische Rechtsschulen wie der Hanafismus, dem die überwältigende Mehrheit der Muslime in Deutschland folgt, raten Frauen jedoch davon ab, zum Beten in die Moschee zu gehen, und in den meisten muslimischen Regionen sind Moscheen eher Räume für Männer als für Frauen. Gegen diese männliche Dominanz in den Moscheen wenden sich deutsche Konvertitinnen entschiedener als ihre Glaubensschwestern mit Migrationshintergrund. So überrascht es auch nicht, dass der DMK als einzige Moschee in Deutschland mehr weibliche als männliche Laien und Vorstandsmitglieder aufweist und zu den meisten seiner Veranstaltungen mehr Frauen als Männer kommen. Bei einem der Vorträge für Frauen, die jede Woche im DMK

---

62 Eine ähnliche Beobachtung hat Rachel Woodlock (2010) gemacht. Sie erörtert, wie Konvertitinnen in Australien vor allem deshalb besseren Zugang zu den Moscheen verlangen, weil sie sie besuchen müssen, um etwas über den Islam zu lernen.

stattfinden, ermunterte eine Konvertitin die Zuhörerinnen zu mehr Einfallsreichtum beim Einklagen ihres Zugangs zu den Moscheen. „Ihr mögt dieser oder jener Rechtsschule angehören. Aber es ist wichtig zu wissen, dass die Maliki-Schule Frauen ermutigt, in die Moschee zu gehen", erklärte sie. „Alle vier Rechtsschulen sind gleichermaßen gültig, und somit ist der Moscheebesuch unser Recht, das uns niemand verwehren kann. Manchmal", fügte sie hinzu, „müssen wir kreativer sein und unterschiedliche Auslegungen durchsehen, um unsere Rechte als Musliminnen herauszufinden."

Deutsche Konvertitinnen suchen nach Textbelegen für ihr Recht auf Moscheebesuch und finden sie auch; sie scheuen sich nicht, männliche Autoritäten anzufechten, um an ihren Positionen festzuhalten. In der salafistisch orientierten Al-Nur Moschee kommen solche Debatten häufig vor. In einem Vortrag für Neukonvertitinnen, den ich dort besuchte, erklärte ein männlicher Imam die Bedeutung und Regeln des täglichen Betens. Es sei ungleich besser, in der Gemeinde als alleine zu beten, bemerkte er, setzte jedoch hinzu: „Frauen sollten ihre Gebete allerdings besser zu Hause sprechen."

Die anwesenden Frauen, die aufmerksam mitschrieben, waren verdutzt. Hannah, die in der Moschee schon lange aktiv ist, fragte sofort: „Aber müssen wir nicht islamisches Wissen erwerben? Wie sollen wir diese Pflicht erfüllen, wenn wir nicht in die Moschee gehen können?" Bevor der Imam antworten konnte, schaltete sich eine junge Frau ein: „Außerdem hast du gerade gemeint, dass es viel besser ist, gemeinsam zu beten. Wieso sagst du dann, dass es für uns besser ist, zu Hause zu bleiben und alleine zu beten?" Während seine Schülerinnen ihn kritisierten, kratzte sich der Imam am Bart und lächelte milde. Als alle ausgeredet hatten, antwortete er:

> Man kann islamische Pflichten auf unterschiedliche Weise erfüllen. Stellt euch zum Beispiel eine Frau vor, die alles richtig gemacht hat, regelmäßig in die Moschee gegangen ist und alle ihre Gebete gemeinsam mit anderen gesprochen hat, aber nicht gut zu ihrem Mann war. Das ist nicht gut. Und dann stellt euch eine andere Frau vor, die weniger gebetet hat, aber viel Glauben in ihrem Herzen hatte und gut zu ihrem Mann war. Es kann sein, dass die zweite in den Himmel kommt und die erste nicht.

Er fügte hinzu, dass es in machen Moscheen keinen abgetrennten Bereich gebe, in dem Frauen beten können, und es in dem Fall besser sei, wenn sie es zu Hause tun. „Aber", beschwichtigte er seine aufgebrachten Schülerinnen, „dieses Problem haben wir in unserer Moschee nicht. Inschallah, so Gott will, ist es in Ordnung, wenn ihr hierher kommt und alle eure Gebete gemeinsam sprecht, wenn ihr das wollt."

Viele meiner gebildeten konvertierten Freunde betonten, wie wichtig es sei, die islamischen Texte selbst zu studieren, um sich nicht dem Patriarchat oder anderen von traditionellen Gemeinschaften gepflegten, aber durch den Islam nicht gedeckten Praktiken zu unterwerfen. Meine Freundin Samantha meinte, dass der Islam bei vielen Themen, auch bei Geschlechterfragen, in Wirklichkeit recht flexibel sei. Lese man die Texte genau, ergebe sich ein anderes Bild als häufig angenommen. So definiere der Koran zum Beispiel Männer und Frauen als *wali*, als Freunde und Gefährten für einander. Was man aus einem Text lerne, so Samantha, hänge häufig von den eigenen Auffassungen ab: „In Wirklichkeit gibt es viel mehr Möglichkeiten als die traditionellen Interpretationen. Deshalb ist es wichtig, dem Text zu vertrauen und nicht den traditionellen Gemeinschaften, die ihn interpretieren." Nicht wenige Konvertiten nehmen Unterricht über klassischen Islam, um die Interpretation seiner Texte zu lernen und nicht auf Autoritäten aus Einwanderergruppen angewiesen zu sein, deren Auslegung den nationalen Traditionen folgt, in die sie sozialisiert wurden.

Ungeachtet solcher Konflikte mit migrantischen Muslimen in der Moschee übernehmen gebildete Konvertiten eine aktive Rolle dabei, die Öffentlichkeit über den Islam aufzuklären und ihm ein neues Gesicht zu geben. Dieses neue Gesicht des Islam, das sie darstellen wollen, ist gebildet, gut unterrichtet über islamische und deutsche Werte, es ist deutscher Abstammung und spricht makelloses Deutsch. Befreundete Konvertiten erklärten mir, dass sie sich dafür verantwortlich fühlen, wie sie den Islam tagtäglich repräsentieren. Sie achten darauf, anständig gekleidet zu sein, nicht bei Rot über die Straße zu gehen, sich höflich und hilfsbereit zu verhalten, zu arbeiten und keine Sozialleistungen zu beziehen. Angesichts des Problems, dass sie mit den stigmatisiertesten Gruppen im Land assoziiert werden, versuchen Neumuslime sowohl die Mehrheitsgesellschaft über den Islam aufzuklären als auch Einwanderergruppen zu besseren Muslimen zu machen – und damit zugleich zu besseren Deutschen.

Herausforderungen der deutsch-muslimischen Kindererziehung

Die Schwierigkeit, zugleich deutsch und muslimisch zu sein, und das Bedürfnis der Konvertiten, beide Identitäten zu verbinden, haben großen Einfluss auf die Erziehung ihrer Kinder. Viele deutsche Muslime, die ich kennenlernte, verwendeten das Gros ihrer emotionalen und geistigen Energie darauf, ihren Kindern beizubringen, sich selbstverständlich als Deutsche zu fühlen und gute Muslime zu sein. Häufig sind sie jedoch entmutigt, weil ihnen Lehrer, Nachbarn oder Bekannte vorwerfen, ihre Kinder in einer fremden Kultur und sogar Sprache aufzuziehen. Zeynep, eine 43jährige und Mutter von vier Kindern, meinte:

> Für mich ist Religion ein Weg, nicht eine Kultur. Ich kann meinen Kindern keine Kultur beibringen, die ich nicht kenne. Also bringe ich ihnen die deutsche Kultur bei, die ich kenne. Sie singen deutsche Lieder, sie essen deutsches Essen. Ich vermittele ihnen, was ich kenne. Viele Leute fragen mich, ob ich mit meinen Kindern Deutsch spreche. Ja, das tue ich, schließlich bin ich Deutsche.

Es ärgert Zeynep, wenn ihr aufgrund ihres Glaubens die Fähigkeit abgesprochen wird, ihren Sohn richtig zu erziehen:

> Mein fünfjähriger Sohn ist ein bisschen frech. Seine Lehrer in der Vorschule haben mir erklärt, dass er Verhaltensprobleme hat, weil er von Muslimen erzogen wird. Da war ich wirklich verärgert. Ich habe ihnen gesagt, dass ich Deutsche bin, keine Araberin, und mein Sohn somit nicht von Menschen erzogen wird, die anders wären als sie. Dann meinten sie zu mir, weil sein Vater die Rechte von Frauen nicht respektieren würde, würde mein Sohn nicht lernen, mich zu respektieren, und deshalb weder auf mich noch auf seine Lehrerinnen hören! Wenn ich solche Vorwürfe höre, werde ich richtig wütend. Ich bin eine gebildete Frau und eine Deutsche. Die denken immer, ich wäre eine dumme Migrantin. Das ärgert mich enorm. Und es stimmt überhaupt nicht, was sie sagen. Mein Mann sagt meinen Kindern immer, sie sollen ihre Mutter respektieren, mich nicht ärgern. Das sei das Wichtigste, erklärt er ihnen immer wieder. Außerdem hatten meine anderen Kinder überhaupt keine Probleme auf der Schule. Das Problem ist einfach nur der Charakter meines Sohnes; er ist ein bisschen hyperaktiv. Das ist keine religiöse oder kulturelle Frage.

Die Frage der deutsch-muslimischen Kindererziehung wird auch im DMK häufig diskutiert. Amina, Erzieherin an einer islamischen Vorschule, erinnerte bei einem der Vorträge, die sie jeden Samstagnachmittag beim DMK vor Frauen hält, an die Schwierigkeiten, denen sich deutsch-muslimische Mütter gegenübersehen:

> Unsere Kinder sind in einer anderen Situation als Kinder, die in mehrheitlich islamischen Ländern aufwachsen. Dort ist die Tatsache, dass Gott existiert und allmächtig ist, eine selbstverständliche Realität im Leben. Die Fragen, die uns unsere Kinder stellen, zum Beispiel ob Gott wirklich groß ist, wo er sitzt, ob er isst und trinkt, kommen überhaupt nur auf, weil wir in einem nichtmuslimischen Land leben. Und deshalb müssen wir besonders klar in unseren Antworten sein. Vor allem brauchen wir völlige Klarheit in unserem eigenen Kopf, bevor wir mit unseren Kindern reden, damit wir ihnen diese Klarheit weitergeben können. Wenn wir sie in dieser nichtmuslimischen Gesellschaft zu guten Muslimen erziehen wollen, müssen wir besonders gute Vorbilder sein.

Vor der Herausforderung, ihre Kinder in einem Land großzuziehen, in dem sie einer Minderheit angehören, stehen alle Muslime in Deutschland. Für Konvertiten kommen jedoch weitere Hürden hinzu. Zum Beispiel müssen sie mit ihren eigenen nichtmuslimischen Eltern einen Umgang mit den Kindern aushandeln, der ihren Glauben nicht infrage stellt, und für ihre Kinder eigene Traditionen für die muslimischen Feiertage erfinden. Jolanda, die von ihrer deutschen Familie als Muslimin akzeptiert wird, merkte, wie sich gewisse Spannungen entwickelten, als sie Kinder hatte. Ihre Eltern wollten, dass sie mit Jolandas Schwestern, Nichten und Neffen alle zusammen Weihnachten feiern. Einen schönen Familienabend wollte Jolanda nicht verpassen. Ihr Kompromiss bestand darin, zum Weihnachtsessen zu gehen, aber nicht zum Gottesdienst in der Kirche. Außerdem kündigte sie ihrer Mutter an, dass sie nicht dabei sein würden, wenn der Weihnachtsmann den Kindern die Geschenke bringt. Als ihr Sohn Ibrahim vier wurde, wurde Jolanda jedoch klar, wie traurig er sein würde, wenn alle Kinder außer ihm Geschenke bekommen. Schlussendlich einigte sie sich mit ihrer Mutter darauf, dass Ibrahim von seinen Großeltern ein kleines Weihnachtsgeschenk bekommt, damit er sich nicht ausgeschlossen fühlt. An islamischen Feiertagen wollte ihre Mutter ihm dann etwas Größeres schenken.

Als ihre Kinder älter wurden, stellte Jolanda fest, dass nicht nur die Weihnachtsfeier eine deutsch-muslimische Mutter vor Probleme stellt – auch die islamischen Feiertage mussten gestaltet werden. Sie hätte nichts dagegen, sagte sie mir, wenn ihr algerischer Mann die Initiative ergreifen und sie nach algerischer Art ausrichten würde, doch daran schien er kein großes Interesse zu haben. Allerdings wurde Jolanda auch klar, dass viele algerische Bräuche im deutschen Kontext ohnehin nicht sinnvoll wären. Zum Beispiel bekommen algerische Kinder zum Opferfest neue Kleidung geschenkt. „Aber für meinen Sohn", erzählte sie mir, „schien mir das etwas dürftig. Er bekommt ständig neue Kleidung! Also musste ich etwas Größeres für ihn kaufen, so etwas wie ein Eisenbahnset."

Die Lösung fand Jolanda schließlich darin, deutsche Bräuche in ihre islamische Praxis zu übernehmen. Zum Ramadan beispielsweise bekommt ihr Sohn einen Kalender, der wie ein Adventskalender funktioniert. Jolanda macht ihn selbst: Sie besorgt für jeden Tag ein kleines Geschenk, sodass Ibrahim eine Überraschung findet, wenn er den Kalender öffnet. Statt der Schneeflocken und Weihnachtsmänner, die Adventskalender schmücken, ist er mit Halbmonden, Kamelen und Minaretten verziert. Jolanda findet nicht, dass sie alles aufgeben muss. Sie ist Deutsche und kann die islamischen Feiertage nur auf eine deutsche Art feiern.

Jolanda war sehr erleichtert, als sie ihren Sohn auf eine islamische Vorschule schicken konnte, die von konvertierten Frauen betrieben und vor allem von Kindern von Konvertiten besucht wird. Offiziell sind solche Vorschulen nicht islamisch, sondern zweisprachig (arabisch-deutsch oder türkisch-deutsch). Es gibt zwar viele evangelische und katholische Vorschulen in Berlin und sogar eine jüdische, muslimische sind dagegen nicht erlaubt, weil die islamische Gemeinde nicht den Status einer öffentlichen Körperschaft hat. Weil deutlich mehr Konvertiten mit Arabern als mit Türken verheiratet sind und Arabisch die heilige Sprache des Islam ist, findet man Konvertiten und ihre Kinder gewöhnlich eher an arabisch-deutschen als an türkisch-deutschen Schulen. Konvertitinnen sind hier sowohl als Lehrerinnen wie als Eltern präsent.

Ich besuchte mehrmals eine solche Vorschule im Wedding und interviewte eine konvertierte Lehrerin über die Philosophie, mit der sie Kinder als Deutsche und Muslime erzieht. Ayat erklärte mir, dass viele Erziehungsziele dieselben seien wie an anderen deutschen Vorschulen. Die Kinder sollen beispielsweise lernen, sich an Regeln zu halten, soziale Kontakte zu knüpfen und zu erkennen, wann jemand Hilfe braucht. Mit Blick auf ihre Identität besteht das Ziel darin, dass sie sich unabhängig von ihrem familiären Hintergrund als muslimische Berliner begreifen. Ayat findet es sehr wichtig, dass die Kinder sich und ihre Zukunft in Berlin sehen, anstatt auf die Herkunft ihrer Eltern fixiert zu sein, sei sie arabisch oder deutsch. Diese Einstellung deckt sich mit dem, was eine neuere Studie über Muslime in Kreuzberg zutage gefördert hat (Mühe 2010). Die Befragten gaben an, dass sie sich nicht als Deutsche, sondern als Berliner fühlen und besonders ihrem „Kiez" emotional verbunden sind. Dass sich die meisten Einwandererfamilien nicht als Deutsche identifizierten, wurde in der Presse als Scheitern gewertet. Wie einige andere Stimmen sah ich dagegen ein positives Zeichen darin, dass auch die meisten von mir interviewten Muslime eine Bindung an die Stadt und besonders an ihren Stadtteil haben. Genau dieses Gefühl will die islamische Vorschule im Wedding bei einer neuen Generation von Muslimen fördern, unter Ausklammerung des schwierigen Themas der ethnischen Identität.

Als Lehrerin will Ayat erreichen, dass die Kinder wissen, warum sie etwas als Muslime tun. „Zum Beispiel beten wir vor dem Essen", erklärte sie. Ob die Kinder Witze über das Beten oder eine andere islamische Praxis machen, hält sie für nicht so wichtig:

> Kinder können nicht sündigen. Aber wenn ich sie frage, ob sie wissen, warum sie beten, dann möchte ich irgendeine Antwort hören. Das ist das Wichtige in diesem Stadium. Grundsätzlich motivieren wir die Kinder positiv, wir machen ihnen nie Angst, indem wir sagen: Wenn du das oder das tust, kommst du in die Hölle.

Entscheidend ist für Ayat, dass die Kinder sehen, wie Muslime ganz selbstverständlich ihre Religion leben: „Sie sehen, dass ihre Lehrerin ein Kopftuch trägt und im Laufe des Tages betet. Während des Gebets sind die Kinder ruhig, die älteren unter ihnen übernehmen für diese kurze Zeit die Verantwortung. Sie lernen den Islam als etwas Normales kennen, als Teil des Tagesablaufs."

Ayat ist davon überzeugt, dass islamische Vorschulen nicht nur für muslimische Kinder, sondern auch für die Mehrheitsgesellschaft eine wesentliche Funktion erfüllen. Es ist ihr wichtig, mit den Kindern Ausflüge zu machen und Museen, Konzerte oder Theater zu besuchen, so wie es an anderen Berliner Vorschulen üblich ist. Der Unterschied besteht allerdings darin, dass die Lehrerinnen ein Kopftuch tragen. Ayat erwähnte, dass sie bei ihren Ausflügen schnell auffallen, besonders dort, wo sich Muslime normalerweise nicht aufhalten. Sie hält es für überaus wichtig, dass sowohl die Mehrheitsgesellschaft als auch die Kinder begreifen, dass Muslime in der ganzen Stadt selbstverständlich zuhause sind und überall hingehen können, um wie alle anderen Deutschen Kunst, Geschichte, Musik und Architektur zu erleben. Dadurch wird ihnen bewusst, dass Muslime nicht auf bestimmte Stadtteile, Parks und ihr Zuhause eingeschränkt sein müssen. Solche demonstrativen Gesten würden gebürtigen Muslimen gewagt erscheinen, wahrscheinlich kämen sie ihnen gar nicht in den Sinn, da sie ihre Ausgrenzung aus der Mehrheitsgesellschaft durch ihre Sozialisierung verinnerlicht haben. Konvertiten, die diese zugleich selbstverschuldete wie von außen erzwungene Ausgrenzung erst zu einem späteren Zeitpunkt ihres Lebens erfahren, setzen sich am stärksten dafür ein, die Situation zu verändern und die Segregation der Muslime von der Mehrheitsgesellschaft zu überwinden.

Bei meiner Forschung beobachtete ich, dass die Kinder der aktivsten Konvertiten besonders überzeugte praktizierende Muslime werden und sich in deutschsprachigen Jugendorganisationen wie der DMK und der Muslimischen Jugend stark engagieren. Wie andere deutsche Jugendliche nehmen sie an Aktivitäten wie Zelten, Sport und Ausflügen in der Stadt teil, aber in einer mit orthodoxen Definitionen des Islam vereinbaren Weise – Geschlechtertrennung, *Halal*-Regeln und feste Gebetszeiten werden eingehalten. Solche Jugendgruppen sind ethnisch oft besser gemischt als die meisten anderen islamischen Gruppen, die häufig einen bestimmten ethnischen Hintergrund haben. Viele der Jugendlichen dort haben Elternteile unterschiedlicher Herkunft. Als ich einige von ihnen fragte, ob Abstammung ein Thema in ihren Gruppen sei, wurde mir wiederholt versichert, dass die Frage überhaupt nicht auftauche. Diese Generation, die heute als eine eindeutig deutsch-muslimische aufwächst, wird sehr wahrscheinlich in der Lage sein, die Dichotomie von „deutsch" und „muslimisch" hinter sich zu lassen.

Schluss

Viele Erfahrungen deutscher Konvertiten ähneln denen von migrantischen Muslimen. Sie müssen in einer nicht darauf ausgerichteten Gesellschaft ihr Leben führen und ihre islamischen Pflichten erfüllen; sobald sie ihr Recht darauf verlangen, stoßen sie auf Widerstand. Beide leben in einer Gesellschaft, in der der Islam und insbesondere das Kopftuch als Symbole einer von Natur aus fremden Kultur und als Zeichen von Unterdrückung gelten. Ungeachtet dieser Gemeinsamkeiten machen Konvertiten aber auch ganz spezifische Erfahrungen. Wenn sie zum Islam übertreten, müssen sie mit einem dramatischen gesellschaftlichen Statusverlust umgehen – etwas, worauf sie nicht vorbereitet sind. Gebürtige Muslime lernen schon beim Aufwachsen die Grenzen kennen, die die Gesellschaft ihnen setzt. Auch wenn sie sich dagegen wehren, erfahren sie die eigene Marginalisierung als ein ganz alltägliches Phänomen. Wenn Konvertiten sich am Rand der Gesellschaft wiederfinden, der sie vorher selbstverständlich angehört haben, erwartet sie die nächste unangenehme Überraschung: Ihnen wird bewusst, dass sie in die bestehenden islamischen Gemeinden in Deutschland, die überwiegend türkisch und arabisch sind und sich aus den ärmsten, am wenigsten gebildeten Schichten in Deutschland zusammensetzen, nicht passen oder in ihnen nicht wirklich willkommen sind.

Konvertiten widersetzen sich ihrem Ausschluss aus der nationalen Gemeinschaft und ihrem dramatischen Abstieg im symbolischen sozialen System, indem sie für einen mit der deutschen Kultur vereinbaren Islam eintreten. Wie die von Du Bois beschriebenen Afroamerikaner bilden sie ein doppeltes Bewusstsein aus, ein eigentümliches Empfinden als in Europa lebende Muslime. Im Bemühen, auf eine selbstverständliche Weise zugleich deutsch und muslimisch zu sein, nehmen sie eine doppelte Rolle ein: Sie wollen sowohl die Mehrheitsgesellschaft als auch die mehrheitlich migrantische islamische Gemeinschaft verändern. Deutschen versuchen sie die Botschaft zu vermitteln, dass der Islam historisch und kulturell einen Platz in ihrem Land hat. Sie erinnern daran, dass die berühmtesten Denker der deutschen Geschichte dem Islam tolerant und aufgeschlossen begegneten. Sie bemühen sich, vorbildliche Muslime zu sein, die nicht die Stigmata ihrer migrantischen Glaubensgenossen tragen und so gegenüber der deutschen Gesellschaft ein besseres Gesicht des Islam präsentieren können. Gleichzeitig wenden sie sich an die muslimischen Bevölkerungsgruppen, um ihnen ihre Fehler vor Augen zu führen und sie zu einer Reinigung ihres Lebens von unislamischen, schädlichen Traditionen anzuhalten. Konvertiten versuchen zu demonstrieren, dass deutscher Muslim zu sein bedeutet, die besten Eigenschaften der deutschen Gesellschaft wie der islamischen Gemeinschaft zu verkörpern.

Viele der Gedanken, die Konvertiten vertreten, um dem Islam einen legitimen Raum in Europa zu eröffnen, lehnen sich an Ideen der Aufklärung über menschliche Vernunft und Religion an. Sie beruhen erstens auf der Vorstellung, dass wirklich freie, unvoreingenommene Menschen (was in diesem Fall Deutsche meint) das vernünftigste Urteil treffen und dem Islam mit Offenheit begegnen werden. Zweitens soll (wiederum für Deutsche) offensichtlich werden, dass der Islam – traditionellen Interpretationen einmal entwunden – der aufklärerischen Idee einer „natürlichen Religion", nach der sich Gott schlicht dem vernünftigen Individuum offenbart, am nächsten kommt.[63] Die Besonderheiten des Deismus sind für Muslime selbstverständlich irrelevant, die häufige Betonung der Natürlichkeit und Rationalität des Islam ist jedoch ein deutlicher Bezug auf ein von Werten der Aufklärung geprägtes Religionsverständnis. Im nächsten Kapitel befasse ich mich mit dessen Kehrseite: So sehr dieses Verständnis eine scheinbar universelle menschliche Vernunft akzentuiert, hat es in der Praxis auch eine ausgrenzende Seite. In der Praxis nämlich erscheint der gereinigte deutsche oder europäische Islam am besten für den rationalen europäischen Geist geeignet – und ungeeignet für den orientalischen, der demnach von repressiven Kulturen und Traditionen verunstaltet ist. Auf diese Weise mündet er oft in Eurozentrismus.

---

63   Die Idee der natürlichen Religion entstand in England und breitete sich sodann auf dem europäischen Kontinent und in den Vereinigten Staaten aus. Im Deismus, der sich aus diesem Denken entwickelte, bestehen unterschiedliche Vorstellungen über die Schöpfung, das Wirken Gottes, das Leben nach dem Tode, Wunder etc. Relevant für unsere Erörterung sind vor allem der Grundgedanke des rationalen Individuums und der einfachen Religion. Zur Geschichte der natürlichen Religion und des Deismus, vgl. Gay 1968.

Kapitel 2

Die Distanzierung von migrantischen Muslimen

Eines Abends war ich bei Aarika und ihrer Mutter in Potsdam zum Essen eingeladen. Aarika ist eine unabhängige, erfolgreiche und attraktive Frau, die die vierzig überschritten hat. Wer sie sieht, den wundert es nicht, dass sie als junge Frau im damaligen Ostberlin Model war. Heute ist sie Managerin der Berliner Filiale eines teuren italienischen Modelabels. Aufgewachsen in einer typisch atheistischen DDR-Familie, lernte sie vor ein paar Jahren bei einem Aufenthalt in Ägypten den Islam kennen – und ihren heutigen Ehemann Hasan, der in ihrem Hotel als DJ arbeitete. Obwohl Hasan kein praktizierender Muslim ist, war die Beziehung zum ihm und anderen Menschen in Ägypten eine Gelegenheit für Aarika, etwas über den Islam zu erfahren. Sie erzählte mir, am meisten habe sie an den Ägyptern erstaunt, wie großzügig und zufrieden sie seien, obwohl sie im Vergleich zu ihr so wenig besitzen. Nachdem sie etwa ein Jahr lang alleine Bücher über den Islam gelesen hatte, nahm Aarika allmählich bestimmte Praktiken an – sie verzichtete auf Schweinefleisch und Alkohol und begann zu fasten und beten. Schließlich trat sie in einer kleinen Berliner Moschee zum Islam über. Hasan erfuhr davon, als sie ihre Heirat nach islamischem Brauch vollziehen wollte, und war ziemlich schockiert. Weil sie ihren gutbezahlten Job nicht verlieren will, lebt Aarika weiter in Berlin und besucht ihren Mann viermal im Jahr in Ägypten. Dann mietet sie für sich und ihn eine Wohnung, denn normalerweise teilt sich Hasan mit mehreren Kollegen ein Zimmer in dem Hotel, in dem er arbeitet. Ihr Mann habe kein Interesse daran, nach Berlin zu kommen, meinte Aarika. Sie wohnt deshalb weiterhin im selben Haus wie ihre Mutter, aber in einer eigenen Wohnung. Ihr eigenständiges Leben verteidigt sie als vollkommen islamisch.

Beim Abendessen kamen wir schnell auf das Thema Muslime zu sprechen. Ich verstand, dass Aarikas Mutter zwar den neuen Glauben ihrer Tochter toleriert, solange sie ihr Haar nicht bedeckt, Muslime aber nicht besonders mag. Besonders mit Türken, die sie erst nach dem Fall der Mauer kennenlernte, will sie nichts zu tun haben. Als sie erfuhr, dass ich aus der Türkei stamme, erzählte sie mir eine Geschichte nach der anderen darüber, wie furchtbar Türken seien. Sie klagte, türkische Frauen würden immer hinter ihren Ehemännern gehen, nie mit Deutschen sprechen, selbst wenn man sie nach dem Weg oder der Uhrzeit fragt, zu viele Kinder bekommen und einen in der U-Bahn oder Geschäften mit ihren spitzen Ellbogen beiseiteschieben. Als ich Aarika hilfesuchend anschaute – schließlich befand ich mich als Gast in einer schwierigen Situation –, stellte ich erstaunt fest, dass meine Freundin die Türken keineswegs verteidigte, sondern begeistert nickte. „Ich sage meiner Mutter immer, dass das Traditionen sind und dass diese Leute, wenn sie sich mehr über den Islam bilden würden, wüssten, dass sie sich nicht so verhalten sollten", erklärte sie mir. „Wenn sie zum Beispiel die Überlieferungen des Propheten Mohammed gelesen hätten, wüssten sie, dass es ihre Pflicht ist, immer zu lächeln, auch gegenüber Fremden, und freundlich zu ihnen zu sein." Wie viele andere Konvertiten (vgl. Kapitel 1) und gebürtige Muslime, die islamischen Reformbewegungen in Europa und anderswo angehören (vgl. Kapitel 4), ist Aarika überzeugt, dass etliche Praktiken von Muslimen wenig mit dem Islam zu tun haben, sondern Produkte bestimmter Kulturen sind und überwunden werden müssen.

Seit über einem Jahrhundert nehmen Muslime weltweit mit großem Eifer an Reformbewegungen teil, die einen wahren, von kulturellen Zusätzen unverdorbenen Islam anstreben. Sie beziehen sich auf islamische Schriften, um ihren Glauben und ihre Praktiken von kulturellen Verzerrungen zu reinigen und „authentisch" zu gestalten (Deeb 2006).

Insofern ähneln deutsche Konvertiten mit ihrem Streben nach einem „wahren" Islam zwar anderen Muslimen auf der Welt, betrachtet man ihre Beteiligung an diesem Diskurs jedoch näher, dann zeigt sich, dass zwischen den politischen Implikationen solcher Bestrebungen in mehrheitlich muslimischen Ländern einerseits und in Europa andererseits dramatische Unterschiede bestehen – die bei Konvertiten mit einem europäischen Hintergrund noch größer ausfallen. In mehrheitlich muslimischen Ländern setzen sich die Anhänger eines vermeintlich wahren oder authentischen Islam von ihren Eltern und deren als traditionell betrachteten Praktiken ab (Göle 1997; Mahmood 2004; Deeb 2006). In Europa lösen sich Muslime mit Migrationshintergrund durch dieselbe Praxis von ihren Herkunftsländern. Vertreter eines „europäischen Islam" wie Tariq Ramadan sehen in der Hinwendung zu den wahren Quellen des Islam eine Möglichkeit, migrantische Muslime mit Europa zu verbinden. Er argumentiert, dass Muslime in verschiedenen Teilen der Welt wie Indonesien, Afrika oder Indien den Islam an ihre jeweiligen Kulturen angepasst hätten und europäische Muslime dasselbe tun müssten. Das Resultat werde die Entstehung einer „europäischen und amerikanischen islamischen Kultur" sein, die „sowohl die allgemeinen Prinzipien [des Islam] respektiert als auch durch die Geschichte, Traditionen, Geschmäcker und Stile der verschiedenen westlichen Länder geprägt ist" (Ramadan 2004, S. 216).

Wenn deutsche Konvertiten einen sogenannten wahren, von kulturellen Ablagerungen befreiten Islam zu praktizieren versuchen, hat dies ganz andere politische Implikationen. Im deutsch-muslimischen Kontext ist ein von Kultur unberührter Islam einer, der von den weithin stigmatisierten arabischen und türkischen kulturellen Praktiken gesäubert wurde. Durch diese Korrektur soll der Islam nicht nur seinem ursprünglichen Geist stärker entsprechen, sondern auch europäischen Idealen von Demokratie, Freiheit und Toleranz. Im deutschen Kontext wird ein gereinigter Islam dergestalt zu einem Mittel, durch das Konvertiten eine Beziehung zu ihren Eltern herstellen, anstatt sich von ihnen abzusetzen. Migrantische Muslime, definiert durch ihre traditionellen und somit naturgemäß „falschen" islamischen Praktiken, werden in diesem Prozess ausgesondert. Eine solche Fassung des Islam kann zwar deutschen Muslimen einen Raum innerhalb des nationalen Körpers eröffnen, sie bekräftigt aber das Misstrauen der Mehrheitsgesellschaft gegenüber Muslimen mit Migrationshintergrund, die nach ihren nationalen oder ethnischen Traditionen leben.

Die Entscheidung für Wohngegenden mit wenigen Muslimen

Wenn Konvertiten vor der Frage stehen, ob sie Nähe oder Distanz zu migrantischen Muslimen suchen sollten, ist die Wahl des Wohnortes eine wichtige Entscheidung. Viele von ihnen leben zwar in von muslimischen Einwanderern geprägten Stadtteilen – besonders wenn sie mit einem verheiratet sind –, andere entscheiden sich aber ganz bewusst dagegen. Berlin beheimatet viele Menschen mit Migrationshintergrund, darunter rund 200.000 aus mehrheitlich muslimischen Ländern, und ist eine ethnisch segregierte Stadt. Gegenden wie Neukölln, Wedding und Kreuzberg weisen einen hohen muslimischen Bevölkerungsanteil auf. Andere Teile der Stadt, besonders Ostbezirke wie Pankow, erlebten in den 1970er Jahren keinen Zuzug türkischer Gastarbeiter und werden bis heute vorwiegend von Deutschen bewohnt.[64] „Weiße" postsozialistische Migranten aus Osteuropa und Russland be-

---

64 In der DDR lebten Einwanderer aus anderen sozialistischen Staaten wie Vietnam und Angola, allerdings in deutlich geringerer Zahl als die Türken in Westdeutschland.

vorzugen diese Gegenden. Migrantische Muslime hingegen ziehen sowohl aus historisch gewachsenen Gründen wie auch aufgrund einer mitunter starken Präsenz von Neonazis nur selten dorthin.[65]

Als ehemalige DDR-Bürgerin lebte meine deutsch-muslimische Freundin Ada nach ihrer Konversion weiterhin in Pankow. Pankow ist einer der am wenigsten einwandererfreundlichen Stadtteile; „Bürgerinitiativen" machten dort gegen den geplanten Bau einer Ahmadiyya-Moschee mobil, Neonazis definieren und überwachen No-Go-Areas für „Ausländer". Nicht selten werden in solchen Gegenden dunkelhäutigere Menschen belästigt und zusammengeschlagen. Ada erklärte mir, sie habe sich für den Stadtteil entschieden, weil er ruhig, sicher und sauber sei, und es große, grüne Parks gebe, in die sie mit ihrem vierjährigen Sohn gehen könne. Als sie in ihre heutige Wohnung zog, war sie bereits Muslimin, trug aber noch kein Kopftuch. Ihre Nachbarn fand sie nett und höflich, etwas distanziert, aber freundlich. Als sie anfing, ein eng angelegtes Kopftuch zu tragen, wurden sie allerdings spürbar unfreundlicher. Einmal nahm Ada anlässlich eines islamischen Feiertags an einer Aktion von Inssan teil, der muslimischen Organisation, die den Dialog mit Nichtmuslimen verbessern will: Jedem Nachbarn legte sie selbstgebackene Kekse mit einem Kärtchen vor die Tür, auf dem stand: „Ihre muslimische Nachbarin sendet Ihnen Grüße zum muslimischen Opferfest". Der Gedanke hinter dieser Geste war, dass Feiertage eine gute Gelegenheit für Muslime sein können, um ihre nichtmuslimischen Nachbarn kennenzulernen und sie über ihre Glaubensausübung zu informieren. Nicht ein einziger Nachbar im ganzen Haus sagte ein Wort des Dankes zu Ada, obwohl alle die Kekse angenommen hatten.

Das schlimmste Erlebnis, das Ada in ihrem Viertel je hatte, war jener Morgen, an dem sie feststellen musste, dass jemand ihr Auto abgebrannt hatte. Die Täter wurden nie gefasst. Ada selbst kam nicht zu dem Schluss, dass ihre muslimische Lebensweise und Erscheinung der Grund für die Tat gewesen sein könnte. Auf meine Nachfrage berichtete sie jedoch, dass alle anderen Autos in der Straße unversehrt geblieben waren und sie noch nie von einem vergleichbaren Vorfall in ihrer Nachbarschaft gehört hatte. Als ich ihr sagte, was ich angesichts der vielen neonazistischen Straftaten in der Gegend vermutete, schien sie etwas überrascht, räumte aber ein, es sei denkbar.

Da Ada so viel über Pankow und ihre Nachbarn klagte, fragte ich sie, warum sie nicht in einen anderen Stadtteil umzieht, zum Beispiel nach Neukölln oder Kreuz-

---

65 Jeffrey Jurgens (2005) bemerkt, dass Berliner und besonders die Migranten unter ihnen sich nur selten außerhalb ihres Stadtteils bewegen. Er beschreibt, wie unwohl sich Mitglieder des türkisch-deutschen Fußballvereins, in dem er mitspielte, dabei fühlten, wenn sie zu Turnieren in andere Stadtteile oder deutsche Städte fahren mussten.

berg, wo viele Muslime leben und es folglich kein Problem oder sogar ganz normal ist, ein Kopftuch zu tragen. Sie sah mich erstaunt an – schließlich lebte ich zu der Zeit selbst im schicken Mitte, das früher zu Ostberlin gehörte – und antwortete: „Nein, in Neukölln könnte ich nicht leben. Das ist eine so schmutzige Gegend! Außerdem will ich nicht, dass mein Sohn unter Migranten aufwächst."

Adas Sorgen sind natürlich nicht unbegründet. Neukölln ist ein Einwandererghetto, bevölkert hauptsächlich von Türken und Arabern. Es ist der ärmste Berliner Bezirk mit der höchsten Arbeitslosen-, Kriminalitäts- und Schulabbrecherquote der ganzen Stadt, was schon etwas heißen will, denn Berlin schneidet in diesen Kategorien ohnehin schlechter ab als die meisten anderen deutschen Städte. In solche Stadtteile ziehen mitunter Leute zwischen zwanzig und dreißig, die das lebendige multikulturelle Flair und die niedrigen Mieten schätzen oder sich andere Gegenden schlicht nicht leisten können. Aber wenn sie Kinder haben und diese das Schulalter erreichen, ziehen sie weg und tragen so zur Segregation der Schulen bei. Auch aufstiegsorientierte migrantische Familien verlassen diese Stadtteile häufig, sobald sie es sich leisten können, um ihre Kinder auf mehrheitlich deutsche Schulen zu schicken, damit sie eine bessere Bildung bekommen und nicht in Schwierigkeiten geraten. Ada legt Wert darauf, sich nicht mit migrantischen Muslimen zu identifizieren und umgeben, besonders nicht mit armen und marginalisierten. Sie will eine gebildete, sozial aufstrebende Muslimin sein, auch wenn ihr dies als alleinerziehender Mutter nicht leicht gemacht wird.

Besonders Deutsche mit gebürtig muslimischen Partnern entscheiden sich mitunter dafür, in mehrheitlich migrantischen, einkommensschwachen Gegenden zu wohnen. Manche fühlen sich dort zu Hause, anderen gefällt es weniger gut. Zu letzteren zählt Miles, der vor dreißig Jahren – mit 19 – zum schiitischen Islam übertrat. Er und seine türkische Frau zogen nach Neukölln. Als ich ihn kennenlernte, hatte seine Frau den Scheidungsantrag eingereicht und klagte auf das Sorgerecht für ihr einziges Kind. Diese Entwicklung hat sicherlich zu der Verbitterung beigetragen, mit der Miles migrantischen Muslimen in seinem Stadtteil begegnet. Seine Erfahrungen dort schilderte er mir mit folgenden Worten:

> Früher habe ich gedacht, dass türkische Eltern ihre Kinder islamisch erziehen. Aber seitdem ich hier lebe, frage ich mich, aus welcher Mülltonne die kommen. Sie sind dreckig, hässlich und abstoßend. Das habe ich auch meiner Frau gesagt, aber sie wollte eine große Wohnung, also sind wir nach Neukölln gezogen. Ich habe sie gefragt: „Schau mal, wer pinkelt gegen unsere Haustür? Nicht die deutschen Junkies, sondern Türken." Neulich haben sie ein Mädchen in einen Müllcontainer gesteckt und ihn angezündet. Die Jahiliya [vorislamische Unwissenheit] ist der größte Feind der Muslime, die hier leben. Die kümmern sich nur um sich selbst.

Wie andere Konvertiten sieht Miles in der Unkenntnis der eigenen Religion den Hauptgrund dafür, dass Muslime heute einen niedrigen Status in der Gesellschaft haben.

Sufistisch orientierte Konvertiten verkehren vorwiegend mit anderen deutschen Muslimen und halten Abstand zu migrantischen Glaubensgenossen. Unter den Gruppen, die ich während meiner Forschung kennenlernte, ist das Weimar-Institut in Potsdam am ausdrücklichsten um Unterscheidung von ihnen bemüht. Das Weimar-Institut wird von Murabitun geleitet, eine im Marokko der späten 1960er Jahre gegründete Glaubensgemeinschaft, die sich später durch Konversionen in mehrheitlich christlichen Ländern wie Großbritannien, den Vereinigten Staaten, Spanien, Dänemark, Deutschland, Südafrika und lateinamerikanischen Staaten verbreitete. Die Gruppe lebt gemeinschaftlich und legt auf ein soziales System wert, das unter anderem die islamische Wohlfahrtssteuer *Zakāt* einschließt. Mit der Entscheidung für das ostdeutsche Potsdam, eine reizvolle Touristenstadt mit preußischen Schlössern und praktisch ohne migrantische Muslime, entschied sich die Gemeinschaft zugleich für die Abgrenzung von diesen.[66] Ich nahm an mehreren Veranstaltungen teil, die sonntagvormittags im Seminarzentrum des Instituts, einem prachtvollen Gebäude, stattfinden. Sie werden in der deutschsprachigen *Islamischen Zeitung* als Gelegenheit beworben, deutsche Muslime kennenzulernen. Ich bemerkte, dass die einzigen Ausländer aus Spanien, Großbritannien und den Vereinigten Staaten stammten, wo die Murabitun präsent sind.

Die Gruppe organisiert vierteljährliche Kunstmessen, die auch der Missionierung dienen. Ihre Mitglieder sehen auf den ersten Blick wie Hippies aus; die Frauen tragen lange, weite, bunte Kleider und bunte Kopftücher, die sie so anlegen, dass Ohren und Nacken unbedeckt sind – ganz anders als migrantische Musliminnen in Deutschland. Auf ihren Kunstmessen gibt es auch Stände mit Batikkleidung; ihre Mitglieder spielen indische Musik. Auf nichtmuslimische Deutsche mit stereotypen Vorstellungen darüber, wie Muslime aussehen, wirken sie vermutlich eher wie Mitglieder einer indisch inspirierten New-Age-Bewegung, nicht wie Muslime aus dem Nahen Osten. Die Murabitun, mit denen ich sprach, erklärten mir, da sie Deutsche seien, könnten sie sich viel leichter an nichtmuslimische Deutsche wenden und mit ihnen über den Islam sprechen.

Mir wurde klar, dass es den Murabitun sehr wichtig ist, sich von migrantischen Muslimen zu unterscheiden. Ein Mitglied der Gruppe schilderte mir, wie wirkungsvoll die Kunstmärkte seien und wie sie dort versuchen, Menschen über den wahren Islam aufzuklären:

---

66 Nach meinen Beobachtungen siedeln sich auch andere sufistische Konvertitengruppen wie die Mevlevis in ostdeutschen Gegenden an, in denen keine migrantischen Muslime leben.

> Zum Beispiel verlangen wir für die Stände kein Geld von den Künstlern. [...] Der
> Prophet Mohammed sagte, dass die gebende Hand immer stärker ist als die neh-
> mende. Wir sollten lernen, das als Muslime zu praktizieren. [...] Wir sind nicht wie
> diese muslimischen Migranten, die immer den Staat anbetteln, ohne irgendetwas
> zur Gesellschaft beizutragen – die immer nur sagen: „Gib' mir! Gib' mir! Gib' mir!"

Ich war erstaunt, dass ein offen antikapitalistischer Muslim ein so negatives Bild
seiner verarmten Glaubensbrüder haben kann. „Aber das sind die ärmsten und
marginalisiertesten Menschen in der Gesellschaft. Was können sie schon geben?",
fragte ich ihn. „Nun ja, wenn sie kein Geld haben, könnten sie einem wenigstens
ein Lächeln schenken, und nicht mal das tun sie", erwiderte er. Zu meiner anfäng-
lichen Überraschung unterschied sich der Blick dieses Murabitun-Anhängers auf
Muslime mit Migrationshintergrund kaum von dem der Mutter meiner Freundin
Aarika, die ebenfalls in Potsdam lebt. Später verstand ich, dass solche negativen
Bilder – insbesondere von türkischstämmigen Muslimen – unter deutschen Konvertiten nicht ungewöhnlich sind.

Äußerliche Abgrenzung von türkischen Frauen

Vielen Konvertitinnen, die ich kennenlernte, war es noch wichtiger, nicht wie eine
Türkin auszusehen oder für eine gehalten zu werden, als sich durch den Wohnort
abzugrenzen. Eine gewisse Zeit nach dem Übertritt zum Islam entwickeln Frau-
en häufig das Bedürfnis und die innere Stärke, ein Kopftuch zu tragen. Wie mir
immer wieder erzählt wurde, ängstigt und stört es sie dabei am meisten, mit Türkinnen verwechselt zu werden. Deshalb verfallen sie auf Lösungen, die sicherstel-
len, dass sie nicht türkisch aussehen. Eine einfache Möglichkeit besteht darin, den
Kopfbedeckungsstil arabischer Frauen zu übernehmen, die aufgrund der unterschiedlichen Migrationsgeschichte von Türken und Arabern deutlich höher in der
ethnischen Hierarchie Berlins stehen – während die meisten Türken in den 1960er
Jahren als ungebildete Gastarbeiter gekommen sind, gehen viele Araber aus bes-
serem Hause zum Studium nach Deutschland. Türkinnen in der Türkei und in
Berlin tragen glänzende, bunte Kopftücher, die eng angelegt sind und an der Stirn
etwas abstehen. Diese Art das Kopftuch zu tragen ist zwar in der Türkei seit rund
zwei Jahrzehnten in Mode und auch ein politisches Statement, mit dem man zeigt,
dass man muslimisch und modern sein kann (Göle 1997), deutsche Konvertitinnen finden diesen Stil jedoch inakzeptabel. Die meisten Neumusliminnen ziehen
die arabische Variante vor, bei der das Kopftuch so um eine Haube gelegt wird,
dass diese an der Stirn sichtbar ist. Mir fiel auf, dass auch junge türkischstämmige

Frauen, die in deutschsprachigen islamischen Milieus verkehren, diesen Stil übernehmen und sich dadurch von ihren Müttern absetzen. Dieser subtile Unterschied fällt nichtmuslimischen Deutschen, die keine Kenntnisse darüber besitzen, natürlich gar nicht auf; er ist eher ein Code für stilbewusste Musliminnen.

Eine andere bei deutschen Musliminnen beliebte Art der Kopfbedeckung ist die afrikanische, bei der das Tuch so angelegt wird, dass Nacken und manchmal Teile der Ohren frei bleiben. Wie erwähnt bedecken zum Beispiel Murabitun ihr Haar auf diese Weise. Meine Freundin Ulrike erreichte durch den Wechsel vom arabischen zum afrikanischen Stil, dass ihre Eltern ihre Konversion akzeptierten. Ulrike trat mit 17 Jahren zum Islam über, nachdem sie den gebürtigen Marokkaner kennengelernt hatte, den sie später heiratete. Aber sie brauchte zehn Jahre, um das Kopftuch anzunehmen. Sie schilderte mir, wie Konflikte mit ihren Eltern dazu führten, dass sie sich für den afrikanischen Stil entschied:

> Als ich angefangen hatte, den Hijab zu tragen, habe ich einmal meine Eltern besucht. Meiner Mutter hatte ich es erzählt, aber mein Vater wusste es noch nicht. Er war außer sich und meinte: „Was ist das denn? Du siehst aus wie eine Türkin." Ich meinte verzweifelt: „Nein, ich sehe nicht wie eine Türkin aus. Das ist der arabische Stil." Wir haben uns wochenlang gestritten. Er hat mir sogar vorgeworfen, zu Al-Qaida zu gehören. Ein paar Wochen später war ich wieder bei meinen Eltern, weil mein Vater Geburtstag hatte – natürlich mit meinem Hijab. Er hat zu seinen Freunden gesagt: „Die Dame auf dem Sofa da ist meine Tochter, auch wenn sie nicht so aussieht. Sie sieht eher wie eine Türkin aus, nicht wie eine Deutsche." Später kam meine Tante zu mir und meinte: „Ulrike, hast du vergessen, dieses Ding da abzunehmen?" Es war keine angenehme Feier. Ein paar Monate später hatte ich Geburtstag. Ich war in meinem Zimmer im Haus meiner Eltern und habe geweint. Meine Mutter kam rein und meinte: „Die Gäste sind da und ich will nicht schon wieder Streit. Musst du dieses Ding wirklich tragen?" Da hatte ich einen Moment der Schwäche und habe ihr gesagt, dass ich mein Kopftuch wie einen Turban tragen würde; meine Mutter meinte: „Das ist toll!" Als mein Vater mich gesehen hat, hat er glücklich gelächelt und gesagt: „Das ist viel besser." Da habe ich beschlossen, es von nun an so zu machen. Inzwischen haben sich meine Eltern daran gewöhnt und es ist kein Problem mehr.

Heute trägt Ulrike ihr Kopftuch wie einen afrikanischen Wickel und zusätzlich einen Schal um den Hals, der sonst unbedeckt wäre. Sie sagt, dass sie sich so wohlfühlt; mit diesem Stil erkennt sie niemand als Muslimin. Sie sitzt gerne in teuren, rein deutschen Cafés, im Sommer fährt sie sogar zum See und schwimmt mit voller Bekleidung – ohne dass sie für eine Türkin gehalten oder als Verräterin behandelt wird, weil sie zum Islam übergetreten ist.

Männliche Konvertiten haben es heute in Deutschland deutlich leichter – zumindest was die Kleidung betrifft. Solange sie keine arabischen weißen Gewänder oder die Gebetskappe tragen, identifiziert sie niemand als Muslime. Einer meinte einmal lachend zu mir: „Mein spärlicher blonder Bart macht nicht ganz denselben Eindruck wie die Bärte meiner türkischen oder arabischen Brüder." Gewand, Kappe und Bart gelten für neue Konvertiten nicht als religiöse Vorschrift, sondern werden eher zu festlichen Anlässen in der Moschee getragen. Aber auch deutsche Männer müssen ihre Position verteidigen, sobald sie sich öffentlich zum Islam bekennen. Auch bei ihnen lösen Muslime mit Migrationshintergrund Unmut aus, da sie ihrer Meinung nach dem Islam einen schlechten Ruf bescheren.

Sprachliche Abgrenzung von migrantischen Muslimen

Amir ist der Sohn eines libanesischen Vaters und einer deutschen Mutter. Er wurde von seiner christlichen Mutter als Nichtmuslim erzogen und ist vor einigen Jahren zum Islam übergetreten. Später heiratete er eine polnische Konvertitin. Als ich die beiden kennenlernte, arbeiteten sie ehrenamtlich in einer von der türkischen Regierung betriebenen Moschee in Berlin, in der sie deutschsprachige Besucher über den Islam informierten. Als wir auf den prächtigen grünen Teppichen saßen und über die Lage ihrer Religion in Deutschland sprachen, kam das Thema einer Reform des Islam auf. Als Amir das Wort Reform hörte, richtete er sich auf, begann lauter zu sprechen und erklärte mit Nachdruck:

> Wir brauchen keine Reform des Islam. Was wir brauchen, ist eine Reform der Muslime. Es ist wirklich beschämend, dass diese Türken seit über vierzig Jahren hier sind und so viele von ihnen nicht Deutsch können. Wenn sie gute Muslime wären, hätten sie sicher die Überlieferungen des Propheten Mohammed gelesen, wo es heißt: „Wenn du länger als fünfzehn Tage ein fremdes Land bereist, dann lerne seine Sprache, damit du dich mit den Menschen dort verständigen kannst." Wenn diese Leute bessere Muslime wären, hätten sie also Deutsch gelernt und wären besser in die Gesellschaft integriert.

Konvertiten fühlen sich manchmal stärker als nichtmuslimische Deutsche berechtigt, Migranten dafür zu kritisieren, wie sie den Islam praktizieren oder am Leben in Deutschland teilhaben. Auch Miles, der verbitterte geschiedene Mann, der höchst ungern im einkommensschwachen, migrantischen Neukölln lebt, wirft ihnen vor, dem Islam einen schlechten Ruf einzubringen und seine Verbreitung in Deutschland zu behindern. Vor der muslimischen Einwanderung, sagte er mir, habe der Islam in Deutschland durchaus Ansehen genossen. Heute dagegen, wo sich migrantische Muslime und besonders Türken von der Gesellschaft absonderten, den Islam nicht praktizierten und einfach keine guten Bürger seien, hassten

Deutsche den Islam, obwohl sie durch einen Übertritt zum ihm so viel zu gewinnen hätten. Wie Miles erläuterte:

> Türken lernen kein Deutsch, weil sie nicht Teil dieser Gesellschaft sein wollen. Ich sage ihnen immer: „Ich sage es euch als Muslim: Ihr solltet Deutsch lernen." Es gibt hier zwar eine türkisch-schiitische Moschee, aber da wird nur Türkisch gesprochen. Die führenden Vertreter der Gemeinde sagen mir, dass der Mangel an Integration ihr eigener Fehler ist und dass sie wenigstens zur Hälfte auf Deutsch predigen sollten, aber das tun sie letztlich nie. So wird der Islam auch nie für Deutsche zugänglich.

Miles' Klagen über die Türken in Deutschland beschränken sich nicht auf ihr mangelndes Interesse daran, den Islam auf Deutsch zu verbreiten. Er sehnt sich zu den Zeiten zurück, als es keine Migranten in Deutschland gab. Seine Kritik an ihrer Präsenz im Land unterscheidet sich nicht von der rechter Rassisten:

> Auf der Straße höre ich Türkisch, ich höre Arabisch. Das ist mir fremd. Ich erinnere mich noch an eine Zeit, als alle Deutsch geredet haben, das ist mir deshalb vertraut. Heute bin ich zum Fremden im eigenen Land geworden. Stell' dir als jemand, der aus der Türkei kommt, mal vor, du würdest in ein türkisches Dorf kommen und alle dort würden Deutsch sprechen, wie würde sich das anfühlen? Oder stell' dir vor, du würdest nach Istanbul gehen. Du bist allein. Du hörst nur Deutsch. Plötzlich ruft jemand etwas, und du verstehst kein Wort. Vielleicht denkst du dann, dass er etwas Schlechtes gesagt hat. Hätte er Türkisch gesprochen, würdest du dich sicher fühlen. Ich bin noch jung, deshalb weiß ich, dass die hier auch nette Dinge sagen. Man lernt das den Menschen von den Augen abzulesen. Das habe ich von Orientalen gelernt. Alte Menschen sind fremdartige Klänge, Gerüche, Stimmen nicht gewohnt.

Miles' Fremdenfeindlichkeit hat sogar eine pseudowissenschaftliche Dimension. Er erklärte mir, dass

> ausländische Kultur maximal acht Prozent betragen sollte, das heißt, „Ausländer" sollten auf weniger als zehn Prozent der Bevölkerung beschränkt werden. Alles darüber ist eine Bedrohung für die Identität. Wir haben hier ein gefährliches Niveau erreicht, denn hier leben zu viele Ausländer. Auf der Straße geht es zu wie in Istanbul. Wenn man türkisch kann, ist das schön. Mein Sohn sagt *abuu*. Das ist ein Gangsterwort. In Zehlendorf [ein wohlhabender, vorwiegend deutscher Stadtteil] versteht diese Sprache niemand. Ein kleiner arabischer oder türkischer Junge meinte einmal im Vorbeigehen zu einem Freund von mir: „Ich fick' deine Mutter." Ich bin in Deutschland aufgewachsen. Ein deutsches Kind würde sich nie so ausdrücken. Das ist typisch arabisch oder türkisch. Das ist ihr Beitrag zu dieser Gesellschaft.

„Muslimische Migranten sollten hier nicht leben"

Während meiner Forschung begegnete ich einigen Konvertiten, nach deren Auffassung muslimische Migranten, die keine guten Muslime sind, es nicht verdienen, in Deutschland zu leben. Am vehementesten wurde diese Position bei einem Vortrag zum Thema muslimische Einwanderung nach Deutschland und Österreich vertreten, den ich in der Berliner Bilal-Moschee hörte. Die Referenten waren eine österreichische Konvertitin und ein arabisch-deutscher Muslim.

Nachdem sie die Schwierigkeiten geschildert hatte, vor denen Muslime in Deutschland und Österreich stehen, begann die Konvertitin die Migranten dafür zu kritisieren, dass sie nicht Deutsch lernen, Sozialleistungen beziehen, obwohl sie Schwarzarbeit nachgehen, und weit entfernt von islamischen Idealen leben. Sie meinte, dass

> Muslime sich fragen müssen, warum sie hier leben. Ein Muslim sollte nicht unter Nichtmuslimen leben, es sei denn, er oder sie tut es, um zu missionieren. Muslimische Migranten, die nicht missionieren, besonders Türken und andere, die den Islam in Verruf bringen, sollten in ihre Länder zurückgehen. Obwohl ich Österreicherin bin, muss auch ich mich fragen, warum ich hier lebe, und wenn ich keine gute Antwort weiß, sollte ich in Betracht ziehen, Österreich zu verlassen.

Der arabisch-deutsche Koreferent stimmte ihr emphatisch zu:

> Es ist nicht ratsam für Muslime, in einem nichtmuslimischen Land zu leben. Wenn man hier ist und nicht missioniert, und wenn man obendrein den Islam in Verruf bringt, dann ist es eine Sünde, hier zu leben. Das Hauptproblem, das wir hier in Deutschland haben, sind Leute, die sich Sozialleistungen vom Staat erschleichen. Die brauchen das Geld gar nicht. Die verdienen nämlich nebenbei etwas, und damit bescheren sie dem Islam einen schlechten Ruf.

Als ich mich im Saal umschaute, um zu sehen, ob sich außer mir jemand darüber ärgerte, stellte ich fest, dass das weitgehend aus Konvertiten bestehende Publikum zustimmend nickte. Von dieser Zustimmung beflügelt, fügte die österreichische Referentin hinzu:

> Wir können hier nur missionieren, wenn wir uns in die Gesellschaft integrieren. Und das geht nur, wenn man gut Deutsch spricht, eine Arbeit hat, wirtschaftlich unabhängig ist und einen guten Charakter hat. Dann können wir andere vielleicht beeindrucken und dann kann es sein, dass sie zum Islam konvertieren.

Der Mann gab ein Beispiel dafür, wie hoffnungslos die Situation von Muslimen mit Migrationshintergrund in Deutschland sei:

> Wir sind hier gestern spät abends angekommen und haben die Moschee gesucht. Auf der Straße haben wir junge arabische Männer mit Bierflaschen in der Hand gesehen. Und ich habe gehört, wie sie zueinander „Salam aleikum" [„Friede sei mit euch"] gesagt habe. Das ist eine Sünde, Brüder und Schwestern! Dieser Satz ist die Pflichtbegrüßung für Muslime. Und wie sollen wir missionieren, wenn solche Leute hier sind? Wie können wir Menschen die Schönheit des Islam vermitteln, wenn die Straßen voll von betrunkenen sogenannten Muslimen sind?

Als der Vortrag vorbei war, erwartete ich, dass einige der kritisch denkenden Konvertiten in der Moschee, die ich gut kenne, diesen verzerrten Diskurs infrage stellen würden. Tatsächlich hoben sich viele Hände. Doch zu meiner Überraschung pflichtete fast das gesamte Publikum den Referenten bei. Die einzige Kritik, die vorgebracht wurde, lautete, dass es sinnlos sei, solche Diskussionen unter Leuten zu führen, die alle derselben Ansicht seien. Die meisten Teilnehmer waren deutsche Muslime, die folglich fließend Deutsch sprachen und somit das erste von der Österreicherin genannte Kriterium dafür erfüllten, gute muslimische Missionierer zu sein. Eine Konvertitin meinte: „Wie üblich rennen wir hier offene Türen ein. Die Muslime in diesem Raum sind gebildet, sie sind gute Muslime und sie würden keinen Sozialbetrug begehen. Wie können wir diese Botschaft also hinaustragen, zu den ungebildeten muslimischen Gruppen in Deutschland?"

An diesem Punkt konnte ich mich nicht länger zurückhalten und meldete mich zu Wort. „Aber was ihr sagt, klingt ganz ähnlich wie das, was rechte Politiker sagen. Die führen genau dieselben Gründe dafür an, warum muslimische Migranten nicht hier leben sollten", wandte ich ein. „Ich bezweifele, dass muslimische Migranten beliebter wären, selbst wenn sie ausnahmslos arbeiten, keine Sozialleistungen beziehen und keinen Alkohol trinken würden." Der Referent wirkte äußerst skeptisch, während ich meine Argumente vorzutragen versuchte. Noch bevor ich fertig war, malte er einen großen Kreis an die Tafel und erläutere:

> Missionieren [da'wa] ist wie das hier. Dieser Kreis ist die Gemeinschaft der Ungläubigen. Als Vertreter Allahs auf dieser Welt ist es unser Auftrag, die Menschen aus diesem Kreis nacheinander zum Islam zu rufen und sie so vor dem Fegefeuer zu retten. Er wird erfüllt sein, wenn sie alle nacheinander Muslime werden. Wenn sich Muslime hier gut verhalten, können sie ein paar Menschen beeinflussen, und dann sind wir unserem Ziel nähergekommen.

Er verglich diese Situation mit den ersten Muslimen, die die Menschen einzeln zum Islam rufen mussten: „Aber unsere Aufgabe ist leichter, weil wir so viele sind. Jeder Muslim könnte tausend Nichtmuslime zum Islam rufen." Möglich sei dies aber nur, wenn sich Muslime wie redliche deutsche Bürger verhalten.

Die Schuldzuweisung an die Türken

Ein sehr wirkungsvolles Element des Versuchs, Migranten für die Abwertung des Islam in Deutschland verantwortlich zu machen, besteht wie erwähnt darin, nicht alle, sondern vor allem die Türken anzuklagen: Sie sollen die wirklich schlechten Muslime sein, die rein zufällig auch die Mehrheit der Muslime mit Migrationshintergrund stellen. Vertreter dieser Ansicht vergleichen sie manchmal mit Arabern, die sie als Vorbilder sehen. Türken werden so zum Inbegriff des ungebildeten, der Arbeiterklasse angehörenden Muslim schlechthin.

Gut illustrieren lässt sich diese Haltung anhand der Rede, mit der Gerhard Abdulqadir Schabel, ein seinerzeit 53jähriger, vor dreißig Jahren zum Islam übergetretener Deutscher, die von deutschsprachigen muslimischen Gruppen organisierte Berliner Islamwoche 2011 eröffnete. Schabel, der eine aktive Rolle bei der Verbreitung des Islam im Land spielt, machte die Deutschtürken dafür verantwortlich, dass der Ort seines Glaubens in Deutschland heute infrage gestellt wird. Alle Muslime sollten erkennen, dass sie zu ihrem Land gehören und dafür verantwortlich sind, was dort geschieht, führte er aus. Würden sich die hiesigen Türken zu Deutschland bekennen, und würden sie ihr Einkommen nicht in die Türkei zurücküberweisen, dann könnten die Muslime im Land mit mehr Stolz dem Satz des Bundespräsidenten zustimmen, dass der Islam zu Deutschland gehört, so Schabel.

Auch Murad Hofmann, einer der einflussreichsten deutschen Konvertiten, wirft Türken häufig vor, sich nicht wirklich zu integrieren und so den Eindruck zu erwecken, der Islam und das Deutsche stünden in Konflikt miteinander. In einem Vortrag von 2010 über Asad deutete er an, das Reiseverhalten von Türken vermittele Deutschen den Eindruck, dass Muslime nicht zu dieser Gesellschaft gehören: Wenn die Türken aufhören würden, jedes Jahr nicht nur einmal, sondern mehrmals in die Türkei zurückzukehren, dann könnten sie laut Hofmann endlich Teil dieser Gesellschaft sein.

In solchen Vorwürfen findet der Gedanke ein Echo, dass Migranten an ihrer Marginalisierung und Entfremdung selbst schuld seien. Rechte Politiker und einige Konvertiten meinen, nicht deutsche Institutionen, politische Entscheidungen und alltäglicher Rassismus seien für die randständige Existenz von Migranten verantwortlich, sondern diese selbst, allen voran die Türken. Doch dieses von Schabel und Hofmann vorgetragene Narrativ, das den Opfern die Schuld gibt, ist überholt; es entspricht nicht mehr der heutigen Realität. Anders als die erste türkische Einwanderergeneration, die noch hoffte, in die Türkei zurückzukehren, überweist die türkischstämmige Bevölkerung in Deutschland heute nur selten Geld nach dort. Und es stimmt zwar, dass viele Türken in der Türkei Urlaub machen, allerdings zumeist in Ferienorten, die auch von Deutschen frequentiert werden, und indem sie in deutschen Reisebüros Pauschalurlaube buchen. In diesen Ferienorten wird Deutsch gesprochen und deutsches Essen serviert. Viele Türken, denen ich in Deutschland begegnete, machen auch in Ländern wie Spanien oder Italien Urlaub, die auch unter nichtmuslimischen Deutschen beliebte Reiseziele sind. Eine Ironie dieser Geschichte besteht zudem darin, dass Hofmann selbst viele Jahre in der Türkei lebte, dies aber offenbar nicht als Infragestellung seiner deutschen Identität wertete.

Nach meinen Erfahrungen sind viele deutsche Konvertiten nicht nur ausgesprochen kritisch gegenüber Türken, sondern sehen die Araber vergleichsweise positiv. Detlev zum Beispiel, 33 Jahre alt und vor acht Jahren konvertiert, sieht sich als arabisch beeinflusster Deutschmuslim. Von Türken distanziert er sich. Als ich ihn nach seiner Einstellung zu migrantischen Muslimen fragte, erklärte Detlev, auch wenn er mit Arabern insofern Probleme habe, als sie ihm „zu chaotisch" seien, wisse er alles zu schätzen, was sie für die Verbreitung des Islam in Deutschland tun. „Die Türken dagegen haben fast gar nichts getan, um ihre Religion in Deutschland zu verbreiten", meinte er. „Das muss man sich mal vorstellen. Die haben so viele Moscheen, die sind so gut organisiert. Die könnten so viel tun in diesem Land. Aber was tun sie im Namen der Verbreitung des Islam? Nichts! Es sind die sehr wenigen Araber, die die gesamte Missionierungsarbeit leisten."

Detlev klagte darüber, dass die meisten Menschen in türkischen Moscheen nicht einmal Deutsch sprächen. „Die sind sogar für ihre eigenen Jugendlichen schlecht. Die jüngeren Generationen verstehen das Türkisch nicht, das die aus der Türkei kommenden Imame sprechen. Sie können also nichts über ihre eigene Religion lernen." Besonders ärgert es ihn, wenn Türken erwarten, dass er Türkisch spricht, weil er Muslim geworden ist. „Das lehne ich völlig ab", meinte er mit Nachdruck. „Niemand kann mich zwingen, Türkisch zu reden. Wir sind in Deutschland und wir reden hier Deutsch."

Während meiner Forschung fragte ich mich immer wieder, wie es zu dieser unterschiedlichen Beurteilung von Arabern und Türken kommt – eine von nahezu allen Konvertiten geteilte Haltung. Ich diskutierte das Thema sowohl mit deutschen Konvertiten als auch mit praktizierenden deutsch-türkischen Muslimen. Auch diese teilen die Position der Konvertiten mitunter. Bülent zum Beispiel, ein politisch aktiver Muslim, der regelmäßig mit Glaubensgenossen türkischer, arabischer und deutscher Abstammung zu tun hat, führte es ebenfalls auf den Charakter der Türken zurück, dass ihnen effektives Missionieren so schwerfalle. Sie blieben lieber unter sich, anstatt sich zu öffnen, behauptete er. Außerdem führte Bülent an, dass die meisten Türken der hanafitischen Rechtsschule folgen, deren Regeln sie aber zumeist nur durch kulturelle Praxis lernen würden.[67] Deshalb seien sie kaum imstande, die Gründe für die einzelnen Bestimmungen deutschen Muslimen zu erläutern, was diese unbefriedigend fänden. Bülent schilderte mir ein Beispiel dafür, wie schlecht Türken missionieren, wenn sie es zumindest versuchen:

> Als ich neulich in der Moschee war, kam ein deutscher Mann vorbei, weil er Fragen zum Islam hatte. Ich bekam mit, wie zwei Türken mit ihm sprechen. Sie haben ihn gefragt, ob er schon die große rituelle Waschung, *Ghusl*, gemacht hat. Er hat natürlich geantwortet: „Nein, was ist das?" Sie meinten zu ihm, dass er das sofort nachholen muss, ansonsten würde er später in die Hölle kommen. Ich bin zu den beiden Türken gegangen und habe ihnen gesagt, dass sie es langsamer angehen müssen. Der Mann ist noch gar nicht Muslim und ihr redet mit ihm über *Ghusl* und die Hölle. Natürlich hat der Mann die Moschee kurz darauf verlassen.

Bülent beklagte auch, dass Türken jedes von ihrer Glaubensausübung abweichende Verhalten kritisieren und verurteilen würden. Er selbst zum Beispiel müsse beim Beten die Füße weit auseinander stellen, da er Rückenprobleme habe. „Jedes Mal", erzählte mir Bülent, „kommt jemand zu mir und meint: So kannst du nicht beten, das ist nicht richtig. Araber sind bei solchen Sachen gelassener, wie ich festgestellt habe." Bei dieser Gelegenheit kritisierte Bülent auch deutsche Muslime:

> Es gibt zwei Tendenzen unter ihnen. Die eine Gruppe steht den Salafisten nahe, die die Vorschriften zu ernst nehmen und sehr kritisch gegenüber jedem Muslim sind, der den Islam nicht auf ihre Weise praktiziert. Eine zweite Gruppe ist zu individualistisch und erkennt nicht an, dass der Islam eine gemeinschaftliche Religion ist. Die denken, die können den Koran lesen und ihn selbst auslegen, selbst entscheiden, was wichtig ist und was nicht. Das nenne ich deutsche Sturheit. Zum Beispiel sagen sie: Ich bete nur mit dem Wort *bismillahirahmanirrahim* [„Im Namen Gottes, des Allerbarmers, des Barmherzigen"]. Oder sie sagen: Die Vorschriften, was *halal* [erlaubt] und was *haram* [verboten] ist, sind mir zu kompliziert, ich habe keine Lust, mich daran zu halten. Wenn man ihnen zu erklären versucht, dass das wichtige Regeln sind und man nicht einfach tun und lassen kann, was einem gefällt, hören sie nicht zu. Aber solche Leute finden oft keinen Ort in einer islamischen Gemeinde und praktizieren den Islam für sich alleine.

---

67 Die hanafitische Schule ist eine von vier Rechtsschulen im sunnitischen Islam. Sie folgt den Lehren von Abu Hanafi an-Numan (699–767) und hat die meisten Anhänger in der islamischen Welt, darunter traditionell die Türken in der Türkei.

Bülent, der in Deutschland aufgewachsen ist und in vielen Lebensbereichen lieber Deutsch spricht, findet, dass das Türkische bei spirituellen Fragen viel besser die Gefühle ausdrücken kann. „Wenn ich die deutsche Übersetzung des Koran lese, wirkt das fast wie ein anderes Buch auf mich. Aber das liegt natürlich nur daran, was ich gewohnt bin", meinte er. Obwohl er in der Moschee das Türkische vorzieht, weiß er es zu schätzen, dass Konvertiten durch die Veröffentlichung deutschsprachiger Bücher ihren Beitrag leisten. Praktizierende türkische Muslime schrieben nur selten Bücher, erklärte er mir, da es unter ihnen kaum Intellektuelle gebe. Er begrüßt es auch, dass Konvertiten arabisch- und türkischstämmige Muslime dazu zwingen, miteinander Deutsch zu sprechen – die einzige Sprache, die sie gemeinsam haben –, und wie Diplomaten zwischen beiden Gruppen vermitteln können.

Es stimmt, dass Türken weniger effektiv missionieren als Araber, meines Erachtens ist dies aber eher migrationsgeschichtlich als durch unterschiedliche Nationalcharaktere bedingt. Während die Türken als Gastarbeiter nach Deutschland gekommen sind, und zwar in großer Zahl – laut neueren Studien sind 75 Prozent der fast vier Millionen Muslime im Land türkischer Abstammung (Yükleyen 2012) –, geht die arabische Einwanderung überwiegend auf Studenten und Flüchtlinge wie die Palästinenser zurück, die heute in Berlin eine signifikante Bevölkerungsgruppe ausmachen. Arabische Studenten entdeckten die Freiheit, deutsche Frauen kennenzulernen und Liebesbeziehungen mit ihnen einzugehen; sie waren von dem Druck befreit, dass ihre Familie eine Ehe für sie arrangiert. Mehrere meiner deutsch-muslimischen Freundinnen erzählten mir, ihre arabischen Ehemänner hätten lange Zeit vor ihren im Ausland lebenden Familien geheim gehalten, dass sie eine Liebesbeziehung führen. Anders formuliert: Ohne Familie oder anderweitige Verbindungen knüpften Araber eher Beziehungen zu Deutschen. Eine Folge war, dass eine gewisse Zahl von deutschen Frauen zum Islam übertrat. Die Türken bilden dagegen eine große Bevölkerungsgruppe in Deutschland. Auch sie heiraten zwar oft Deutsche, für viele besteht aber die Option, in Deutschland oder der Türkei einen türkischen Partner zu finden.

Neben diesem demografischen Faktor tragen auch politische Entscheidungen des türkischen und des deutschen Staates zur Isolation türkischer und türkisch-islamischer Gruppen in Deutschland bei. Bis heute werden 40 Prozent der Moscheen in Deutschland vom türkischen Staat unterstützt und finanziert, deren Imame im Rotationsverfahren für einen Zeitraum von fünf Jahren aus der Türkei kommen. Sie können häufig überhaupt kein Deutsch, in jedem Fall aber nicht genug, um mit der Mehrheitsgesellschaft zu kommunizieren. Auch von der Alltagsrealität türkischstämmiger Deutscher haben sie keinerlei Vorstellung. Deren Moscheen sind nicht nur Orte zum Beten, sondern auch kulturelle Einrichtungen, die in der Erwartung besucht werden, türkischsprachige Freunde zu treffen. In den meisten

Moscheen gibt es eine Cafeteria, in der die Besucher Tee trinken können, und kleine Lebensmittelgeschäfte mit einem Sortiment bekannter türkischer Produkte. In den von der Türkei geförderten Moscheen hängen türkische Fahnen und große Bilder von Staatsgründer Mustafa Kemal Atatürk an den Wänden, der Gottesdienst am Freitag endet mit einem Gebet für das Wohl des türkischen Staates (Yükleyen 2012).

Der türkische Staat profitiert davon, wenn in Moscheegemeinden in Deutschland die eigene Sprache gepflegt wird und die Imame seine Angestellten sind: Er sichert sich Einfluss auf türkische Staatsangehörige, damit sie sich nicht von oppositionellen politischen Weltanschauungen verführen lassen und weiterhin Geld in die Türkei überweisen. Auch die deutsche Regierung zieht dieses Arrangement vor, solange sie sich darauf verlassen kann, dass der säkulare türkische Staat keine radikalen Imame nach Deutschland schickt – falls doch, können sie anders als Prediger mit deutschem Pass mühelos abgeschoben werden.

Das Verhältnis zu Muslimen in mehrheitlich islamischen Gesellschaften

Neben ihrem ambivalenten, mitunter erstaunlich feindseligen Verhältnis zu migrantischen Muslimen haben Konvertiten auch zwiespältige Einstellungen zu dem Gedanken, in mehrheitlich islamischen Gesellschaften zu leben. Manche idealisieren die Menschen in den entsprechend solchen Ländern und würden sehr gerne dort leben, andere fühlen sich in Deutschland wohl und meinen, hier könnten sie ihren Glauben besser praktizieren.

Unabhängig von solchen Präferenzen sind sich die meisten Konvertiten, denen ich begegnete, darüber einig, dass die Türken und Araber in ihren Heimatländern viel freundlicher und schlichtweg bessere Menschen seien als die in Deutschland. Häufig hörte ich sie darüber reden, wie insbesondere die Türken in Deutschland ihre islamischen Traditionen, ja sogar ihre Humanität verloren hätten. Beim Teetrinken nach Vorträgen in der Moschee tauschten sich sowohl migrantische wie konvertierte Muslime über die Eindrücke aus, die sie bei Reisen in mehrheitlich islamische Länder gewonnen hatten – sei es im eigenen Herkunftsland oder dem des Partners, bei einer Pilgerfahrt nach Saudi-Arabien oder einem touristischen Aufenthalt in Nordafrika oder dem Nahen Osten. Konvertitinnen klagten zwar gelegentlich über Belästigungen durch Männer oder darüber, dass die Menschen dort den Islam nicht richtig praktizierten, kamen häufig aber trotzdem zu dem Schluss, die Muslime im Nahen Osten und Nordafrika seien besser als die von dort stammenden Einwanderer. Dieses Urteil ist auch unter nichtmuslimischen

Deutschen verbreitet, wobei sie andere Kriterien anlegen. Dass ich, obgleich in der Türkei geboren und aufgewachsen, damals Professorin in den Vereinigten Staaten war, veranlasste vielgereiste Deutsche zu der Bemerkung, in Istanbul, Ankara und Izmir gebe es viele kluge, begabte und anspruchsvolle Menschen wie mich, die ganz anders seien als die Türken in Deutschland. Überrascht meinten sie zumeist: „Die sind dort überhaupt nicht so wie die anatolischen Bauern, die zum Arbeiten hierhergekommen sind."[68] Mehrfach bekam ich auch unverblümt zu hören: „Wir haben hier die schlechten Türken, nicht die guten wie Sie." Während nichtmuslimische Deutsche häufig türkische Künstler, Intellektuelle und Geschäftsleute für ihre westliche Einstellung und ihre Versiertheit in westlich-bürgerlichen Umgangsformen bewundern, bewundern Konvertiten die nichtdiasporischen Muslime für ihre starke Bindung an den Islam, ihre Großzügigkeit und Gastfreundschaft.

Es existiert allerdings auch das Gegenteil dieses idealisierten Bildes von Muslimen im Nahen Osten, wobei mitunter zwischen beiden Ansichten hin- und hergewechselt wird: Dieselben Personen, die die dortigen Menschen loben, kritisieren sie bei anderer Gelegenheit dafür, dass sie den Islam nicht richtig praktizieren oder von westlichen Einflüssen verdorben seien. Meine Freundin Ada – die Ostdeutsche mit dem kleinen Sohn und dem ausgebrannten Auto – schilderte mir, wie sich dies im Leben von Konvertiten auswirkt:

> Deutsche Schwestern wollen oft in das Herkunftsland ihres Mannes auswandern. Ich bin mir nicht sicher, ob das eine so gute Idee ist. Natürlich kann man dort den Ruf zum Gebet hören, entspannt mit Hijab herumlaufen, *Halal*-Fleisch essen und so weiter. Aber die westliche Zivilisation ist heute überall. Man kann sogar Alkohol in Saudi-Arabien kaufen. Eine Freundin von mir ist vor kurzem mit ihrem Mann nach Dschidda gezogen. Sie sagt, dass es ihr zu verwestlicht ist; man bekommt dort sogar Alkohol. Jetzt werden sie nach Mekka ziehen.

Ada selbst würde gerne in Kanada oder den Vereinigten Staaten leben; Deutschland und die deutsche Sprache habe sie noch nie gemocht, erklärte sie. Als Austauschschülerin lebte sie ein Jahr lang in den USA, danach verbrachte sie mit ihrem bosnischen Freund ein Jahr in Kanada. An beiden Ländern mochte sie die lockere Lebensweise, Kanada gefiel ihr allerdings besser, weil es dort mehr soziale Rechte gibt. Ada meinte, in beiden Ländern wäre es einfach, als praktizierende Muslimin zu leben, sie könnte dort sogar bei Taco Bell und Cinnabon essen, ihren

---

68   Häufig bekam ich mit Blick auf meinen Beruf auch zu hören, es müsse ja wirklich einfach sein, in den Vereinigten Staaten Professor zu werden, wenn selbst eine Türkin es schafft.

bevorzugten Fastfood-Restaurants. In ihren Augen ist Kanada der beste Ort, um den Islam zu praktizieren, nicht der Nahe Osten oder Deutschland.

Anderen Konvertiten ist der Wunsch, aus Deutschland wegzuziehen, unbekannt. Verena, die im Alter von 17 Jahren konvertierte, nachdem sie mit einem Freund am Tag der offenen Tür eine Moschee besucht hatte, bekannte mir gegenüber: „Ich bin stolz, Deutsche zu sein. Ich liebe dieses Land. Ich bin stolz darauf, dass es eine so starke Wirtschaft hat und alle hierhin einwandern wollen. Ich möchte hier als eine Muslimin leben." Auf meine Frage, ob sie manchmal das Bedürfnis habe, in einem mehrheitlich islamischen Land zu leben, antwortete sie mit einem breiten Grinsen: „Das würde ich natürlich sehr gern, aber dieses Land soll Deutschland sein!"

Eine weitere starke Tendenz, die ich beobachten konnte, ist das Bedürfnis, islamischen Gesellschaften zu helfen und sie zu verändern: Konvertiten würden dort gerne materielle Not lindern oder die Menschen zu besseren Muslimen machen – mitunter auch beides zugleich. So meinte Irma, eine 25jährige Konvertitin, sie würde gerne nach Afrika gehen und die weibliche Genitalverstümmelung in islamischen Gemeinschaften bekämpfen. Interesse an anderen Kulturen und Anteilnahme an menschlichem Leid kannte Irma schon lange vor ihrer Begegnung mit dem Islam durch einen tunesischen Asylbewerber, den sie als Gymnasiastin kennenlernte. Die Entscheidung, den Islam anzunehmen und ihren tunesischen Freund zu heiraten, traf Irma, weil sie als Austauschschülerin in einer wirtschaftlich zerrütteten moldawischen Kleinstadt furchtbare Lebensumstände gesehen hatte. Sobald sie ihren Hochschulabschluss habe, wolle sie versuchen, Muslimen in anderen Ländern zu helfen, sagte sie mir. Falls sie nicht nach Afrika gehen könne, werde sie in Afghanistan Frauen unterstützen, die unter den Taliban leiden und die Burka tragen müssen. Andere Konvertitinnen drückten den Wunsch aus, Waisen in Palästina oder Kleinhändlerinnen im muslimischen Afrika zu helfen oder als Ärztinnen etwas für Frauen in Afghanistan zu tun. Sie sehen sich in einer optimalen Position, um kulturelle Muster zu erkennen, die überhaupt nicht islamisch sind, aber der Ausbeutung von Frauen im Namen des Islam dienen. Als westliche Frauen halten sie sich zudem für besser geeignet, Phänomene aus der Welt zu schaffen, die den Islam in Verruf bringen, seien es Ehrenmorde, häusliche Gewalt, Väter, die ihre Töchter nicht zur Schule zu schicken, oder Männer, die ihren Frauen verbieten zu arbeiten.

Schluss

Wer heute in Deutschland zum Islam übertritt, hat es nicht leicht. Nach ihrer Konversion sehen sich Menschen europäischer Abstammung zumeist an den Rand der Gesellschaft gedrängt – eine Position, mit der sie nicht gerechnet haben. Deutsche Konvertitinnen, die das Kopftuch tragen, werden plötzlich als hilflose, unterdrückte Frauen behandelt, denen es an Sprachkenntnissen oder sogar an Intelligenz mangelt. Anders gesagt: Über Nacht begegnet man ihnen, als wären sie Türkinnen.

Viele deutsche Konvertiten reagieren auf diese unerwartete und unangenehme Situation, indem sie sich von gebürtigen Muslimen distanzieren und einen von Kultur und Tradition unbefleckten, authentischen Islam anstreben. Im Bemühen, einen solchen reinen Islam zu verwirklichen und den eigenen Glauben von negativen Assoziationen zu befreien, reproduzieren sie rassistische Vorurteile gegenüber Migranten oder verstärken sie sogar noch. Der idealisierte makellose Islam, den sie verfechten, bedeutet, dass ärmere, ungebildete Muslime mit Migrationshintergrund, allen voran Türken, die volle Last des rassifizierten Stigmas ihrer Religion tragen müssen.

Im ersten Kapitel wurde gezeigt, dass das Eintreten für einen reinen, definitionsgemäß mit der deutschen Kultur vereinbaren Islam häufig auf das von der Aufklärung postulierte rationale Individuum rekurriert. Die Kehrseite dieser Argumentation, die einen gereinigten Islam als idealen Partner für den aufgeklärten deutschen Geist empfiehlt, haben wir im vorliegenden zweiten Kapitel unter die Lupe genommen: Viele Konvertiten, die einen solchen Islam befürworten, verurteilen zugleich migrantische Muslime für eine ihren repressiven Traditionen geschuldete Unfähigkeit zu selbständigem, rationalem Urteilen, durch das sie in ganz natürlicher Weise zur Wahrheit des Islam gelangen würden. Im Geist der Aufklärung, die in eindeutig eurozentristischer Manier Nichteuropäer als weniger rational betrachtete, wird dabei trotz eines Bekenntnisses zur Vielfalt behauptet, der europäische Geist könne die wahre Botschaft des Islam am besten erfassen oder sei sogar die einzige Geisteshaltung, die dies mühelos vermöge.[69] Eine beträchtliche Zahl von deutschen Konvertiten ist so auch der Überzeugung, dass Deutschland der beste Ort sei, um ein islamisches Leben zu führen, besonders wenn es gelingen sollte, sich der Traditionen muslimischer Einwanderer zu entledigen – oder gar dieser Einwanderer selbst, die den Islam in Verruf bringen.

---

69   Mit dem inhärent rassistischen Charakter der Aufklärung befasst sich Eze 1997.

Kapitel 3

Ostdeutsche Konversionen zum Islam nach dem Mauerfall

Seit Berlin wieder eine ungeteilte Stadt ist, leben dort Konvertiten ost- und westdeutscher Herkunft Seite an Seite. Die beiden Gruppen unterscheiden sich insofern voneinander, als diejenigen, die vor 1989 in der DDR großgeworden sind, dort praktisch weder mit Religion noch mit Muslimen in Berührung kamen. Auffällig ist, dass viele von ihnen kurz nach dem Fall der Berliner Mauer zum Islam übergetreten sind. Sie haben ihren neuen Glauben in einer Zeit gefunden, als ihr Staat kollabiert war und ihre Gesellschaft in einem neuen Deutschland aufging, in dem sie sich als Bürger zweiter Klasse wiederfanden. Muslim zu werden war für sie vor allem eine spirituelle Erfüllung. Gleichzeitig konnten sie dadurch auf eine neue Art und Weise deutsch sein, die über den nach der Wiedervereinigung feststellbaren Graben zwischen ost- und westdeutscher Identität hinauswies. Da sie die negativen Stereotype über Muslime, die unter Westdeutschen kursieren, kaum kannten, waren sie nicht darauf vorbereitet, als Muslime ein zweites Mal marginalisiert zu werden.

In diesem Kapitel analysiere ich die Lebensgeschichten zweier ostdeutscher Konvertiten, die in der abgeschotteten, autoritären Ordnung der DDR groß geworden waren. Als die Mauer fiel, war Zehra, aufgewachsen in einer Familie von Regimegegnern, zwanzig Jahre alt und wollte gerade ihr Leben nach dem Schulabschluss beginnen. Usman war dreißig und hatte eine feste Stelle als Chemiker in einer staatlichen Fabrik. Der Mauerfall veränderte das Leben beider einschneidend und machte sie zu Bürgern zweiter Klasse im wiedervereinigten Deutschland, ohne erkennbaren Ausweg aus ihrer Lage. Beide konvertierten kurz nach dem Zusammenbruch des kommunistischen Regimes im Jahr 1989 zum Islam.

Ihre Geschichten handeln vom wechselvollen Leben jener Ostdeutschen, die sich im neuen Deutschland der frühen 1990er Jahre von marginalisierten „Ossis" in marginalisierte Muslime verwandelten. Eine eingehende Analyse der Biografien von Zehra und Usman zeigt, wie eng das private und das politische Leben deutscher Konvertiten miteinander verflochten sind und wie scheinbar persönliche Entscheidungen vor dem Hintergrund weitreichender politischer Transformationen eine neue Bedeutung gewinnen. Jede Auflösung und Vereinigung von Staaten bringt in unvorhersehbarer Weise Gewinner und Verlierer hervor und kann Menschen neue Möglichkeiten eröffnen, inmitten dramatischer Umbrüche ihr Leben in die eigene Hand zu nehmen. Beginnen wir zunächst mit einer kurzen Geschichte der DDR, ihres Verhältnisses zu Religion sowie des Schicksals von Ostdeutschen im vereinten Deutschland.

Die DDR

Die DDR wurde 1949 von der Sowjetunion in der Zone gegründet, die sie nach der Niederlage Deutschlands im Zweiten Weltkrieg besetzt hielt. Das neue Regime gründete sich auf sozialistische Ideale, ausgerichtet auf wirtschaftliche Entwicklung sowie wissenschaftlichen und sozialen Fortschritt (Pence und Betts 2011). Ein Bestandteil dieser Weltanschauung war der Atheismus; Religion und Wissenschaften galten als unvereinbar (Peperkamp und Rajtar 2007). Das Machtmonopol der Sozialistischen Einheitspartei Deutschlands (SED) umfasste eine vollständige Kontrolle von Wirtschaft und Medien und zielte außerdem darauf, das Arbeits- und Familienleben der Menschen zu reglementieren. Viele Bürger waren unzufrieden mit ihren Lebensbedingungen; in den ersten zwölf Jahren der DDR ging ein Viertel der Bevölkerung aus wirtschaftlichen und politischen Gründen nach Westdeutschland. Daraufhin verbot die SED die Auswanderung und errichtete Sperranlagen entlang der deutsch-deutschen Grenze; 1961 wurde die Berliner Mauer fertiggestellt. Wer zu fliehen versuchte, auf den wurde geschossen.

Nach monatelangem friedlichem Widerstand eines erheblichen Teils der Bevölkerung brach das DDR-Regime im Herbst 1989 zusammen. Am 18. März 1990 wurden die ersten freien Wahlen seit vierzig Jahren abgehalten; am 3. Oktober des Jahres schloss sich die DDR offiziell der Bundesrepublik an, obwohl ihre Bürger nicht die Wiedervereinigung gefordert hatten. Der Vereinigungsprozess löste bei vielen Ostdeutschen Unmut aus, deren Organisationen, Städte, Universitäten und schließlich Arbeitsplätze von Westdeutschen übernommen wurden. Schlimmer noch: Sie fanden sich in der Position Bürger zweiter Klasse wieder, die von oben herab behandelt und als „minderwertig, rückständig und faul" diffamiert wurden (Berdahl 1999, S. 162).

Viele Beobachter erwarteten nach dem Kollaps der DDR, dass in Ostdeutschland nicht nur die Konsumkultur, sondern auch die Religion aufblühen würde. Entgegen diesen Erwartungen ist die Region bis heute die areligiöseste der Welt – 50 Prozent der Bevölkerung glauben nicht an Gott, nur 25 Prozent sind Mitglieder einer Kirche (Frank 2007). Im Westen dagegen, wo nach 1945 unter amerikanischer, britischer und französischer Besatzung ein ganz anderes Verhältnis zur Religion bestanden hatte, gehören heute 80 Prozent einer Kirche an. In Westdeutschland wurde der Religion eine so wichtige Rolle in der Gesellschaft eingeräumt, dass sich sogar politische Parteien auf religiöser Grundlage bilden konnten – die von 1949 bis 1966 regierende CDU betont in ihrem Selbstverständnis „das christliche Verständnis vom Menschen und seiner Verantwortung vor Gott". Zudem förderte die Bundesregierung bestimmte Religionen wie Protestantismus, Katholizismus und Judentum. Der ausgeprägte Atheismus im heutigen Ostdeutschland lässt sich auf die Politik der SED zurückführen. In einer Umfrage von 1998 gaben dort 38 Prozent der vor 1930 Geborenen an, nicht an Gott zu glauben, während es in den Geburtsjahrgängen 1961 bis 1974 – also denjenigen, die in der DDR sozialisiert wurden – 70 Prozent waren. Bei den nach 1975 Geborenen, die erst nach dem Mauerfall das Jugendalter erreichten, fiel dieser Wert wieder auf 57 Prozent (Wohlrab-Sahr 2002, S. 224).[70]

Zehra und Usman, die zwei Personen, die in diesem Kapitel ausführlich vorgestellt werden, sind in der DDR aufgewachsen – und beide praktisch ohne jegliche Religion. Der Islam bot ihnen eine vollkommen neue Perspektive auf das Leben, eine Möglichkeit der Neuorientierung inmitten der sozialen Trümmer, die sie nach dem Mauerfall umgaben. Ich habe auch ostdeutsche Konvertiten kennengelernt, die erst nach 1989 groß geworden sind und keine großen Verschiebungen in ihrer sozialen Welt erlebt haben. Ähnlich wie Zehra und Usman sind sie jedoch in Familien aufgewachsen, in denen Religion so gut wie gar nicht existierte. Sie gehören zu einer neuen Generation in Ostdeutschland, die sich zunehmend für Religion oder allgemein Transzendenz interessiert.

---

70 Andere Untersuchungen wie die Allgemeine Bevölkerungsumfrage der Sozialwissenschaften sprechen für eine größere Offenheit jüngerer Ostdeutscher für religiöse Ideen, sofern sie außerhalb der Kirche vertreten werden, insbesondere für Themen wie das Leben nach dem Tod, Magie, Spiritualismus und Okkultismus (Frank 2007, S. 148). In Interviews mit Ostdeutschen, die nach dem Mauerfall groß wurden, haben Forscher eine „Abwendung von der strikt atheistischen Position" festgestellt, die unter ihren Eltern und/oder Großeltern weit verbreitet ist (ebd., S. 156).

Zehra

Ich traf Zehra in der Frauenlerngruppe im DMK, als sie gerade mit ihren vier Kindern und ihrem ägyptischen Mann aus einer Kleinstadt nach Berlin gezogen war. Wie sie einer Neukonvertitin hilfreiche Ratschläge für die Kinderziehung gab, beeindruckte mich. Zehra wirkte außerordentlich wortgewandt und patent und zeigte gegenüber der Frau, die sie gerade erst kennengelernt hatte, große Empathie. Als ich auf sie zuging, ihr von meinem Projekt erzählte und sie fragte, ob sie mit mir über ihre Erfahrungen sprechen wolle, schien sie begeistert und versprach, sich dafür einen Tag freizuhalten, an dem ihre Mutter ihre Kinder hüten würde.

Als Zehra mir ihre Adresse gab, war ich nicht überrascht, dass sie wie viele ostdeutsche Konvertiten im ehemaligen Ostteil der Stadt wohnt, in dem kaum Muslime leben. Während Muslime mit Migrationshintergrund ungern in diesen Bezirken wohnen, die für ihre unfreundliche Haltung gegenüber Migranten und dunkelhäutigeren Menschen bekannt sind, fühlen sich insbesondere Konvertiten aus der DDR wohler dort. Zehra sagte, sie sei dort hingezogen, weil ihre Mutter in der Nähe wohnt und es grüner und ruhiger sei als andere Stadtteile. Ihre Wohnung war üppig möbliert, aber trotz der vier Kinder aufgeräumt. Als ich ankam, machte sich Zehras Mutter gerade fertig, um mit den Kindern auf den Spielplatz zu gehen, damit wir ungestört sprechen konnten. Als ich mein Notizbuch auspackte, fing Zehra sofort zu erzählen an. Offenbar hatte sie sich auf das Interview gut vorbereitet.

„Ich bin als Atheistin aufgewachsen", erklärte sie und führte aus:

Meine Familie war völlig materialistisch; sie hat nur an das geglaubt, was sie sehen konnte. Gott war kein Gesprächsthema. Meine Familie war nicht gegen Gott, es war einfach nie die Rede von ihm. Wir sind zu Konzerten in die Kirche gegangen und auch zum Weihnachtsgottesdienst.[71] Aber nie, um zu beten, auch zu Hause haben wir nie gebetet.

Die einzige religiöse Person in Zehras Familie war ihre Großmutter. „Aber mit der Kirche wollte sie nie etwas zu tun haben", sagte Zehra. Beziehungen zur Kirche wurden in der DDR misstrauisch beäugt. Zuhause praktizierte sie ihren Glauben jedoch. Zehra erinnerte sich daran, wie ihre Großmutter vor dem Essen betete und ihr gezeigt hatte, wie man die Hände zum Gebet faltet. „Sie meinte immer, sie würde ihren verstorbenen Mann im Paradies wiedersehen.

---

71 Es ist bemerkenswert, dass Weihnachtsgottesdienste selbst in der atheistischen DDR abgehalten wurden und großen Zuspruch fanden.

> Dann haben wir alle gelacht und ihr gesagt: ‚Oma, es gibt kein Paradies!'" Zehra
> lachte bitter, als sie daran denken musste, wie sie sich über ihre Großmutter lustig
> gemacht hatten.

Sehr prägend für Zehras Leben war die politische Orientierung ihrer Familie, die das repressive DDR-Regime ablehnte:

> Meine gesamte Familie war gegen die marxistisch-leninistische Doktrin der DDR
> eingestellt. Mein Vater war Regimegegner und musste in den frühen 1960er Jahren
> fliehen. Ich wurde von meiner Mutter aufgezogen. Mein Onkel musste wegen seiner
> Ablehnung des Regimes ins Gefängnis. Auch ich war entschieden gegen den Staat.

Obwohl Vater wie Onkel einen Preis für ihre Dissidenz zahlen mussten, hatte Zehra keine Angst, ihre politischen Ansichten auszudrücken. Als Akt des zivilen Ungehorsams weigerte sie sich zum Beispiel, die Schuluniform zu tragen. Auch das hatte Folgen: Trotz guter Noten konnte sie kein Abitur machen und somit auch nicht studieren. Sozial wurde sie für ihre Haltung ebenfalls sanktioniert. Viele Menschen in ihrer Umgebung wollten nicht mit ihr in Verbindung gebracht werden; sie habe sich stets als Außenseiterin gefühlt, sagte sie.

Als Jugendliche begann sich Zehra nach Gruppen umzusehen, denen sie sich anschließen könnte. In einem politischen Klima, das sie als erstickend empfand, engagierte sie sich in mehreren Friedensinitiativen. Mit 13 Jahren trat sie einer Gruppe bei, die sich an Mahatma Gandhi orientierte. „Unsere Treffen fanden in der Kirche statt. Es ging aber immer nur darum, Opposition gegen das Regime zu organisieren. Der Name Gottes wurde kein einziges Mal erwähnt."

Zehra war Teil einer wachsenden Oppositionsbewegung, in der die evangelische Kirche zumindest als Treffpunkt eine Rolle spielte. Wie Daphne Berdahl bemerkt:

> In den 1980er Jahren entstanden in der DDR diverse Friedens- und Umweltbewe-
> gungen, die bei der evangelischen Kirche Unterschlupf fanden. Vereint durch ihre
> Ablehnung des internationalen Wettrüstens organisierten sie Friedensseminare, Kir-
> chenkongresse, Mahnwachen und Gottesdienste, bei denen aktuelle Lieder gesungen
> wurden. [...] Diese Proteste richteten sich zwar oft gegen die Regierungspolitik, ihr
> oberstes Ziel aber – der Weltfriede – war mit den offiziellen Werten des sozialisti-
> schen Regimes nicht unvereinbar. (1999, S. 77)

Zehra blieb aus politischen Gründen in der Opposition aktiv, zugleich entwickelte sie dort aber auch eine gewisse Beziehung zur Religion.

Der friedliche Widerstand, der schließlich im Ende des Regimes gipfelte, begann am 4. September 1989. Nach einem Friedensgebet in der Leipziger Nikolaikirche kam es zu einer ersten Großdemonstration, die von da an jeden Montag wiederholt wurde. Zehra nahm Woche für Woche daran teil. Die friedlichen Demonstrationen in Leipzig wurden immer größer – in einer Stadt mit 700.000 Einwohnern wuchsen sie auf 320.000 Teilnehmer an – und weiteten sich auf andere Städte aus. Die Bürger forderten Reisefreiheit und demokratische Wahlen. Schließlich überschlugen sich die Ereignisse: Die DDR-Behörden öffneten die Grenzen, am 9. November 1989 fiel die Berliner Mauer. Die Leipziger Demonstrationen gingen noch bis zu den ersten freien Wahlen im März 1990 weiter.

Inmitten dieser Umbrüche fand in Zehras Leben eine unerwartete Entwicklung statt. Als das Regime seine Visumspolitik gelockert hatte, konnte sie zehn Tage in den Westen reisen, um ihren Vater zu besuchen. Wie für viele DDR-Bürger war die erste Begegnung mit Westdeutschland ein Schock für sie: „Das erste, was mir ins Auge fiel, war die Werbung mit fast nackten Frauen überall. So etwas hatte ich noch nie gesehen. Ich war überrascht und auch recht traurig und enttäuscht. Mein Vater hat das sofort verstanden und meinte: ‚Das ist hier nicht der Goldene Westen, von dem man in der DDR spricht.'"

Zehras Rückblick auf ihre Eindrücke in Westdeutschland im Herbst 1989 mag durch ihre heutigen muslimischen Werte beeinflusst sein, besonders was die Präsenz von Frauenkörpern in der Werbung betrifft – FKK-Strände kannte sie als Ostdeutsche gewiss, eine solche Kommerzialisierung entblößter Körper dagegen nicht. Aber Zehra war bei weitem nicht die einzige Ostdeutsche, die den ersten Kontakt mit der Bundesrepublik als Schock und große Enttäuschung erlebte. John Borneman, der während der Wende von 1989 ethnografische Forschungen im geteilten Berlin unternahm, schreibt über die ersten Erfahrungen von DDR-Bürgern mit dem Westen: „Wer zurückkehrte, tat dies gewöhnlich mit einem verringerten Selbstwertgefühl, mit Zweifeln und Angst, mit dem Gefühl, von einer überlegenen Macht angegriffen worden zu sein." (1991, S. 3)

Durch die Begegnung mit Westdeutschland begann Zehra anders darüber zu denken, was ihr wichtig ist. „Mir wurde schnell klar, dass der Westen nicht das war, was ich wollte. Im Kommunismus waren wir nie glücklich. Wir hatten immer Angst und fühlten uns unsicher. Aber ich habe schnell begriffen, dass der Kapitalismus kein bisschen besser war." Ihr Vater wollte, dass Zehra bei ihm bleibt und ein Studium anfängt. Zehra aber wollte zurück: „Ich habe zu meinem Vater gesagt: ‚Ich will Teil der Opposition sein, die Leipziger Demonstrationen am Laufen halten, beim Sturz des Regimes dabei sein.' Ich wollte es mit eigenen Augen sehen und ich wollte ein Teil davon sein. Außerdem war der Westen nichts für mich."

Zehra denkt gerne an den Herbst 1989 zurück, als sie an der Revolution teilnahm, die zur Auflösung der DDR führte. Es war eine aufregende Zeit. Die mit dem Regime unzufriedenen Ostdeutschen hatten das Gefühl, endlich etwas Kontrolle über das eigene Leben zu gewinnen. Zu diesem Zeitpunkt forderten die Teilnehmer an der Revolution nicht die Abschaffung der DDR oder des Sozialismus – sie wollten endlich Reformen, einen wirklichen Sozialismus und Demokratie. Mit dem Fall der Mauer im November nahmen die Ereignisse jedoch eine unerwartete Wende. Wie Borneman pointiert bemerkt: Die Revolution von 1989 „begann mit der Hoffnung, die Regierung einer demokratischen Kontrolle zu unterstellen und der Existenz der DDR wieder einen Sinn zu geben. Sie endete damit, dass sich Westdeutschland den Nachbarstaat praktisch einverleibte." (ebd., S. viii)

Nach einigen Wochen der Euphorie herrschte unter Ostdeutschen eine kollektive Depression vor. Zehra erinnert sich, dass „wir nach dem Sturz des Regimes traurig wurden. Wir wollten nicht alle wie Westdeutschland sein. Plötzlich wurde alles teurer. Ich war zwanzig. Und ich dachte mir: ‚Um Gottes Willen, jetzt ist zwar das passiert, was ich wollte, aber was mit dieser Gesellschaft passiert, das wollte ich nicht.'" Grund für diesen rapiden Umschwung von Euphorie zu Verzweiflung, von Siegestaumel zum Gefühl einer Niederlage, „war ein beängstigendes Gefühl von Unterlegenheit, der Eindruck, dass alles, wofür sie eingestanden und gelebt hatten, ihre Opfer genauso wie ihre Befriedigungen, angesichts des westlichen Wohlstands wertlos war" (ebd., S. 33). Für die meisten Ostdeutschen hatte der Neuanfang ein schnelles Ende.

Borneman schildert die Situation eines ostdeutschen Freundes:

Der Mauerfall, das Ende des langen Eingesperrtseins, änderte nichts an Helmuts Gefühl, gefangen zu sein. Er verstärkte es noch. Helmut spürte einen umfassenden, beängstigenden Verlust an Kontrolle über seine Lebensumstände. Praktisch jede Gewissheit in der Welt der Ostdeutschen, von der politischen Struktur, die ihr Leben einrahmte, bis hin zu elementarsten Aspekten der Existenz – Preise, Mieten, ein sicherer Arbeitsplatz –, löste sich in Luft auf. (ebd., S. 180)

Wie Helmut wusste auch Zehra nicht, was sie mit ihrem Leben anfangen sollte. Mit zwanzig, als sie eigentlich erwarten durfte, eine berufliche Laufbahn zu beginnen, schienen ihr alle Wege versperrt. Kurz nach dem Mauerfall wurde sie depressiv:

Ich begann alles in düsteren Farben zu sehen. Als Ostdeutsche konnte ich nirgends Arbeit finden. In der DDR hatten wir nicht gelernt, wie man mit Computern umgeht. Das war ein erheblicher Nachteil. Ich hatte gerade mein Kunstgeschichtsstudium abgeschlossen und jetzt musste ich mir alles von Grund auf selbst beibringen. Die waren schon dabei, alle Ostdeutschen zu feuern und durch Westdeutsche zu ersetzen. Es gab keine DDR mehr, aber auch keine Alternative. Auf einmal waren wir im Vergleich zu den Westdeutschen Bürger zweiter Klasse. Stell' dir das mal vor: Plötzlich ist dein Geld wertlos, du bist arm, niemand will dich einstellen, du bist nichts wert.

Auf einmal stehst du vor dem Nichts. Es war absolut deprimierend. Ich hatte keinen Antrieb, irgendein Ziel zu verfolgen. Ich sah keinerlei Chancen für mich. Ich wurde richtig krank und konnte mich davon nicht wieder erholen. Ich kenne sehr viele Leute, die depressiv wurden.

Dieser Moment der Niedergeschlagenheit öffnete Zehra aber auch die Augen für neue Erkenntnisse über die Welt:

Ich war wirklich auf der Suche nach etwas. Ich hatte das Gefühl, dass sich die ganze Welt zum ersten Mal vor meinen Augen öffnet. Die DDR gab es nicht mehr und Westdeutschland war auch nicht das, was ich wollte, aber es musste da draußen doch noch was anderes geben. Ich hatte das Gefühl, dass mir die ganze Welt offensteht. Ich konnte hinreisen, wohin ich wollte, und ich musste die Welt sehen.

Zum Reisen fehlte Zehra das Geld, dabei hatten sie arabische Länder schon immer fasziniert:

Wir hatten keine Reisefreiheit in der DDR, aber ich hatte bestimmte Fantasien über arabische Länder, weil ich die Bücher von Karl May kannte. Ich hatte noch nie ein Kamel oder die Wüste gesehen, aber ich wollte diese Länder unbedingt sehen. Auch einen Muslim hatte ich in meinem ganzen Leben noch nicht gesehen. Eine der Sachen, die mir in Westberlin ins Auge fielen, waren Frauen mit Kopftüchern. Die habe ich mit großem Interesse angeschaut. Ich hatte das Gefühl, dass sie ihren Frieden haben. Besonders die älteren Frauen, die haben nicht so vergrämt ausgesehen wie ältere deutsche Frauen. Die schienen mir in ihren eigenen Welten glücklich zu sein.

Zehra interessierte sich damals für unterschiedliche Arten von Menschen und für unterschiedliche Religionen. Nicht nur der Islam, auch der Buddhismus schien ihr attraktiv. Alles weckte ihre Neugier. Sie wollte mehr über den Buddhismus erfahren und versuchte sogar zu meditieren. Im Kampf mit ihrer Depression faszinierten sie generell religiöse Menschen:

Ich habe mich gefragt, wo sie die Energie zum Beten hernehmen. Damals habe ich mich der Bewegung „Weltreligionen für den Weltfrieden" angeschlossen. Wir haben Sit-ins gegen den Irakkrieg abgehalten, der damals im Gang war, und gegen den Krieg in Bosnien. Für mich war das eine Religion ohne Konfession. Die zentrale Lehre der Bewegung lautete, dass man durch inneren Frieden zum Weltfrieden kommt.

Zehra konnte nicht in ein arabisches oder anderes islamisches Land reisen, aber nach der Vereinigung der beiden deutschen Staaten lernte sie Muslime kennen. Eines Tages kam ein türkischer Mann zum Treffen ihrer Friedensgruppe und setzte sich neben Zehra:

> Er fing an, Fragen über unsere Bewegung zu stellen. Ich habe versucht, es ihm zu erklären, aber er wirkte verwirrt. „Aber woran glaubt ihr?", hat er gefragt. Ich meinte, dass ich an den einen Gott glaube, aber nicht glauben kann, dass Jesus Christus unsere Sünden auf sich genommen hat. Das hat für mich noch nie Sinn ergeben. Es hat sich dann herausgestellt, dass er an der Volkshochschule einen Kurs über den Islam gibt, und zu dem hat er mich eingeladen. Ich bin hingegangen und wir haben unsere Diskussionen fortgesetzt. Eines Tages meinte er zu mir: „Du bist schon eine Muslimin. Du glaubst an den einen Gott und du glaubst, dass alle Propheten gleichrangig sind. Probier's doch mal aus."

Zehra nahm den Rat des Mannes ernst. Sie ging nach Hause und begann zu beten:

> Ich kam mir wie ein Kind vor. Mir hatte nie jemand beigebracht, wie man betet. Ich habe einfach angefangen, mit ihm zu reden: „Mein Gott, hilf' mir. Wenn du mächtig bist, dann zeig' es mir bitte." Ich wollte wirklich wissen, ob es einen Gott gibt. Muslim zu sein hat mich nicht interessiert. Nach meinen Gebeten hatte ich bestimmte Erfahrungen. Die kann ich hier nicht schildern. Das ist etwas zwischen mir und Gott. Aber ich habe damals verstanden, dass wir nicht allein auf der Welt sind. Ich konnte die Engel sehen, die unter uns leben.

Die Erfahrung des Betens und die Engelsvisionen änderten Zehras Leben dramatisch: „Es war eine unglaubliche mentale Öffnung. Ich konnte erkennen, dass wir nicht zufällig hier sind, sondern dass es eine Logik und einen Grund für unsere Existenz gibt." Das war nicht bloß eine abstrakte intellektuelle Veränderung, sondern hatte enorme Auswirkungen auf Zehras alltägliche Erfahrungen:

> Vorher habe ich mich über die Ungerechtigkeiten auf der Welt enorm aufgeregt. Ich habe immer gesagt, dass Hitler unter derselben Sonne gelebt hat und dasselbe Wasser getrunken hat wie jeder andere. Diese Tatsache hat mich wütend gemacht. Aber als ich erkannt habe, dass es einen Gott gibt, hat es mich nicht mehr geärgert. Ich wusste, dass Hitler in der anderen Welt für seine Vergehen büßen würde. Es gibt Verbrecher, die furchtbare Dinge tun, aber Gott wird ihnen ihre Strafe zukommen lassen. Das zu wissen, hat mir wirklich inneren Frieden verschafft. Vorher konnte ich keine Zeitungen lesen oder Radio hören, ohne dass es mir den Magen umgedreht hat. Ich konnte das Unrecht in Bosnien nicht ertragen. Aber jetzt ging es. „Gott wird sich um das alles kümmern", habe ich mir gesagt. Mir wurde klar, dass ich nicht dafür verantwortlich bin, was andere auf der Welt tun. Mir wurde klar, dass ich nur für mich und meine eigenen Fehler verantwortlich bin.

Da Zehra in einer atheistischen Gesellschaft aufgewachsen war, bestand die radikalste Veränderung in ihrem Leben nicht in der Begegnung mit dem Islam, sondern darin, dass sie nun den Gedanken eines Gottes annahm:

> In meinem eigenen Empfinden war das Wichtigste, was sich durch meine Konversion verändert hat, dass ich von der Existenz Gottes erfahren habe. Es gibt auch andere Sachen, die Leute beeindruckend finden – die Ausführungen über Meteorologie oder den Embryo im Koran zum Beispiel. Viele Leute werden dadurch überzeugt. Manche beeindruckt auch das Wunder des Koran, das komplexe numerische System, auf dem er beruht. Solche Dinge habe ich erst fünf bis zehn Jahre später zufällig in Kursen gelernt. Für mich war das nicht wichtig. Worauf es für mich ankam, war die Erkenntnis der Existenz Gottes.

Zehra ist daher nicht sofort zum Islam übergetreten. Als sie sich auf Gott konzentrierte, entwickelte sie auch am Christentum Interesse. Sie hatte Kunstgeschichte studiert und sah sich gerne gotische Kunst in Kirchen an. Sie und ihre Mutter hatten ein Haus in Brandenburg gemietet und Zehra verbrachte viel Zeit damit, alte Kirchen zu besichtigen und gotische Kunstwerke zu fotografieren. Gleichzeitig begann sie als Gasthörerin Theologieseminare an der Humboldt-Universität zu besuchen. Nachdem sie ausgiebig gotische Jesusbilder studiert und über theologische Fragen nachgedacht hatte, kam Zehra zu dem Schluss, dass diese leidende Figur nicht ihr Gott ist.

Als sie Seminare an der Humboldt-Universität besuchte, lernte Zehra in der Bibliothek einen deutschen Konvertiten zum Islam kennen. Das kurze und unerwartete Gespräch mit ihm wurde zu einem Wendepunkt auf ihrem Weg zum Islam. Er fiel ihr auf, weil er anders aussah als alle Menschen, die sie kannte. Normalerweise sprach Zehra nicht mit Leuten, die sie nicht kannte, aber sie spürte das Bedürfnis, sich zu ihm zu setzen und mit ihm zu reden. Es entwickelte sich zwischen den beiden sofort ein intensives Gespräch über Religion und Gott:

> Er hat sich erstmal entschuldigt: „Ich rede nie mit Menschen, die ich nicht kenne, besonders mit Frauen nicht. Aber ich hatte das Gefühl, dass du das Bedürfnis hast, mit mir zu sprechen." Dann hat er mich nach meinen Ansichten zu Gott gefragt. Ich meinte, dass ich an Gott glaube, aber nicht an die Kirche. Ich habe ihm von der Bewegung „Weltreligionen für den Weltfrieden" erzählt. Er meinte, dass es Namen wie Allah, Jesus usw. gibt, aber dass alle das Gleiche sind. Das habe ich sehr gern gehört. Als ich ihm erzählt habe, dass ich aus der DDR komme, hat er gefragt, wie ich den Westen finde. Ich meinte, dass im Westen Frauen benutzt werden. Ich habe ihn gefragt, was er ist, und er hat geantwortet, dass er Muslim ist. Er war zum Islam übergetreten, kurz nachdem er eine türkische Frau geheiratet hatte. Ich meinte ich zu ihm: Das ist doch eine Religion der arabischen Wüsten, wie er denn in Deutsch-

land ein Muslim sein könne. Er hat mir erklärt, dass Gott nicht ein alter Mann ist, der im Himmel hockt, kein Wesen, das wir verstehen können. Gott ist jenseits unseres Vorstellungsvermögens und hat nichts mit arabischen Wüsten zu tun, meinte er. Da habe ich geweint. Ich habe ihm erzählt, dass meine Eltern getrennt sind, dass ich keine Beziehung zu meinen Geschwistern habe, alle meine Beziehungen mit Männern in die Brüche gegangen sind und ich keine Freunde habe. Ich konnte niemandem trauen. Da hat er zu mir gesagt: „Gott liebt dich. Er wird dich willkommen heißen." Ich meinte zu ihm, dass ich zum falschen Zeitpunkt geboren wurde. Ich hätte vor zweihundert Jahren in Deutschland geboren werden müssen. Ich konnte nicht verstehen, warum ich zu dieser Zeit auf die Welt gekommen war, das war nichts für mich. Er meinte: „So ist das nicht. Gott hat dich für diese Zeit auf die Erde geschickt, nicht für das 18. Jahrhundert. Wir sind im Jahr 1990. Die Mauer ist gefallen. Die Gesellschaft ist restlos zusammengebrochen. Du hast sehr viel verloren. Das musst du akzeptieren." Ich war tief bewegt.

Dass ein westdeutscher Muslim ihr Leiden als Ostdeutsche, die durch die Wiedervereinigung ihr Land verloren hatte, anerkannte, rührte Zehra. Was er ihr sagte, brachte sie dazu, ihre Situation zu akzeptieren, anstatt sie zu verleugnen und sich ein anderes Leben zu wünschen:

Ich bin nach Hause gerannt. Vorher hatte ich meine Wohnung gehasst. Ich habe mich dort immer schlecht und einsam gefühlt. Zum ersten Mal in meinem Leben bin ich nach Hause gerannt, so als würde dort ein geliebter Freund auf mich warten. Ich hatte das Gefühl, dass ich dort diesmal nicht allein sein würde. Zum ersten Mal seit langer Zeit habe ich gelächelt. Nach dieser Erfahrung habe ich mir gesagt: Weißt du was, du bist schön. Du bist jetzt hier. Gott hat dich geschaffen, damit du hier und jetzt da bist. Ich habe die ganze Zeit gelacht. Ich habe mich im Spiegel angesehen, und es gefiel mir. Ich fand mein Haar schön, das ich immer zu dünn gefunden hatte. Ich fand mein Gesicht schön, das ich immer hässlich gefunden hatte. Ich fand meinen Körper schön, wo ich früher meine Beine zu dünn gefunden hatte, weshalb ich nur lange Röcke getragen hatte. Zum ersten Mal habe ich mich selbst akzeptiert und fand mich richtig hübsch. Ich konnte jetzt die Tatsache akzeptieren, dass ich 1969 in Ostdeutschland geboren war und die Zerstörung meiner Gesellschaft erlebt hatte.

Als Zehra sich selbst akzeptierte – als eine Ostdeutsche, deren Gesellschaft in Trümmern lag –, war sie bereit, Gott und den Islam vollständig anzunehmen. Aber sie wusste nicht, wo sie mehr über den Islam erfahren könnte. An deutschsprachige Informationen über den Islam zu kommen, war im Berlin der frühen 1990er Jahre nicht einfach: „Als ich vor zwanzig Jahren konvertiert bin, gab es nirgends Informationen auf Deutsch. Türken und Araber haben einem überhaupt nichts erklärt. Die meinten zu mir, da ich eine Frau bin, bräuchte ich nicht in die Moschee gehen. Ich hatte keine Ahnung, wo ich etwas über den Islam lernen könnte." Heute, meint Zehra, sei die Situation völlig anders: „Selbst wenn man wollte, könnte man die deutschsprachigen Vorträge über den Islam, die jeden Tag in Berlin stattfinden, gar nicht alle besuchen."

Zehra wendete sich an den türkischen Mann, der Volkshochschulkurse über den Islam anbot:

> Er hat mir empfohlen, mit dem Beten anzufangen. Und er hat mir die Adresse einer türkischen Familie gegeben und meinte: „Geh' da hin. Die werden dir beibringen, wie man betet." Aber erst sollte ich ein weißes Laken auf den Boden legen, mich hinknien und weinen, meinte er. Weine, weil du Gott gefunden hast, und begrüß ihn. Das habe ich getan. Ich habe lange geweint. Ich weiß noch genau, dass er nicht zu mir meinte, dass ich meinen Kopf bedecken soll.

Die türkische Familie, an die er sie vermittelte, adoptierte Zehra gewissermaßen. Sie nahm Zehra bei sich auf und war ausgesprochen gastfreundlich:

> Ich hatte keine Arbeit, keine Familie, keine Freunde. Diese Familie hat mir geholfen. Sie haben mir zu essen gegeben, sie haben mir gegeben, was immer sie konnten. Aber sie wussten nichts. Ich kam aus einer gebildeten Familie. Ich habe ihnen viele Fragen gestellt, aber sie konnten sie nicht beantworten. Damals waren Muslime in Westberlin sehr schlichte Leute.

Zehra bereitete sich nun darauf vor, zum Islam überzutreten. Aber erst wollte sie herausfinden, ob sie überhaupt in der Lage war, in jeder Hinsicht eine gute Muslimin zu sein. Besonders das Fasten bereitete ihre Sorge. Zehra fand, wenn sie nicht fasten könne, könne sie auch keine Muslimin sein. Als sie es das erste Mal versuchte, fand sie es extrem schwierig. Den ganzen Tag über fühlte sie sich schwach und unwohl. Als sie dies der muslimischen Familie berichtete, die sie adoptiert hatte, riet ihr eine Frau, Gott um Hilfe zu bitten. Sie wies Zehra an, frühmorgens aufzuwachen und Gott zu bitten, ihr im Tiefsten ihres Herzens die Kraft zum Fasten zu geben. Zehra befolgte den Rat. Erstaunt stellte sie fest, dass ihr das Fasten an diesem Tag tatsächlich viel leichter fiel. Sie hatte zwar noch Hunger und fühlte sich schwach, aber es war nun eine vollkommen andere Erfahrung. „An diesem Tag wurde mir klar, wie extrem schwierig es ist, ohne Glauben zu fasten. Aber wenn man Glauben hat und betet, macht das einen großen Unterschied. Für mich war das ein starker Beweis dafür, dass Beten wirkt. Das waren alles winzige, aber für mich sehr wichtige Schritte."

Ein anderes Thema, das sie Schritt für Schritt anging, war das Kopftuch:

Zuerst war ich völlig dagegen. Ich dachte mir: Was soll das? Das Kopftuch und das Gewand haben mich an die Uniformen erinnert, die wir in der DDR tragen mussten. Das habe ich damals nicht gemacht und dafür musste ich leiden. Warum sollte ich jetzt also etwas tragen, das für mich wie eine Uniform aussieht? Ich habe mir gesagt, dass es auf das ankommt, was ich in meinem Herzen fühle. Das Kopftuch brauche ich nicht.

Zehras Einstellung zum Kopftuch änderte sich bei einer kurzen Reise nach Istanbul, die sie mit einer neuen türkischen Freundin unternahm:

Wir sind zur Blauen Moschee gegangen. Ich hatte noch nie eine echte Moschee gesehen. Ich war sehr bewegt und wollte dort richtig beten. Also bin ich losgezogen und habe mir auf dem Markt an der Moschee ein Kopftuch gekauft. Ich hatte jetzt schon so viele Dinge getan, da wollte ich meinen Glauben auch öffentlich zeigen, also habe ich mein Haar bedeckt. Zuerst habe ich das Kopftuch nach hinten gebunden, wie einen Turban. Als ich es draußen getragen habe, hatte ich das Gefühl, dass die ganzen positiven Energien, die ich durch das Gebet bekam, bei mir geblieben sind. Weißt du, wie es Kinder beruhigt, wenn ihre Mutter ihnen durchs Haar streicht? So hat sich für mich das Kopftuch angefühlt. Ich hatte auch das Gefühl, dass fremde Blicke nicht an mir haften bleiben. Die ganzen neugierigen oder abschätzigen Blicke, die mir zugeworfen wurden, wenn ich es auf hatte, sind an dem Kopftuch einfach abgeprallt. Es hat mich geschützte.

Nach ihrer Konversion durchlebte Zehra eine Phase, die sie als „extrem, aber nicht radikal" bezeichnet:

Damals habe ich alles hinter mir gelassen. Ich habe keinen Alkohol mehr getrunken, mich von meinen Freunden abgewendet, alle meine Möbel weggegeben. Früher hingen an meinen Wänden viele Bilder von ägyptischen Göttern, von den Ausstellungen im Museum, in dem ich Führungen gemacht habe. Die habe ich alle weggeworfen. Die wegzuwerfen war mir besonders wichtig. Bei Kunst und Ästhetik geht es immer um die äußere Form. Das wollte ich nicht mehr. Früher war ich auch so einsam, dass ich immer mit denen geredet habe. Ich war nicht radikal, aber extrem. Das alles habe ich nur für mich gemacht. Ich würde niemals sagen, dass jeder so was tun sollte. Aber für mich war es richtig. Ich habe mir nur eine einzige Kalligrafie von einem muslimischen Künstler gekauft. Ich hatte einen Gebetsteppich und eine Matratze auf dem Boden, mehr habe ich nicht gebraucht. Meine gesamte alte Musik habe ich weggeworfen. Ich habe viel gefastet und viel gebetet. Heute kann ich das leider nicht mehr. Ich faste nur noch während des Ramadan und mache die vorgeschriebenen Gebete. Das war eine sehr spirituelle Zeit für mich. Ich habe nichts vermisst. Damals hatte ich sehr tiefe spirituelle Erfahrungen.

Zehras Erfahrungen als Neumuslimin waren allerdings nicht alle positiv. Ihr Vater zum Beispiel war sehr aufgebracht über ihre Entscheidung. Nach zwanzig Jahren in der westdeutschen Gesellschaft hatte er vermutlich eine antiislamische Einstellung angenommen:

> Mein Vater war völlig überrascht über meine Konversion. Er hatte immer meine Bildung gefördert, eine Bibliothek für mich angelegt. Er hat mir mitgeteilt, wie enttäuscht er ist, dass ich meine Laufbahn in der Kunstgeschichte nicht weiterverfolge. Seine Frau war besonders sauer auf mich. Wenn ich gebetet habe, hat sie sich vor mich hingestellt und über mich lustig gemacht. Religionen würden nur Unglück bringen und Konflikte verursachen, meinte sie: „Sieh' dir doch mal, was in Bosnien los ist; das kommt von der Religion." Da habe ich ihr gesagt, dass das ein Machtkampf ist, der nichts mit Religion zu tun hat. Ich meinte zu ihnen, dass Hitler oder Mao nicht religiös waren. Natürlich tun Leute Dinge im Namen der Religion. Aber das liegt nicht an der Religion.

Gleichzeitig war klar, dass Zehras Vater und ihre Stiefmutter nicht alle Religionen gleichermaßen ablehnten. Sie wendeten sich speziell gegen den Islam. „Meine Stiefmutter meinte auch: ‚Ich wünschte, du wärst Nonne geworden, dann würden wir uns vielleicht besser verstehen.' Da wollte ich von ihr wissen, was der Unterschied ist."

Zehn Jahre nach Zehras Konversion verschlechterte sich das Verhältnis zu ihrem Vater nochmals erheblich:

> Nach dem 11. September wurde mein Vater noch wütender und meinte, dass er nie wieder mit mir reden will. Ich habe versucht ihm klarzumachen, dass Terroristen Menschen sind, die vom rechten Pfad abgekommen sind, dass die Dinge, die sie im Namen des Islam tun, nicht islamisch sind. Der Zentralrat der Muslime gibt jedes Mal, wenn so was geschieht, eine Erklärung heraus, dass das nichts mit dem Islam zu tun hat. Aber wir werden von allen missverstanden. Das scheint unser Schicksal zu sein!

Nach dem 11. September verbot Zehras Vater ihr den Umgang mit seinen anderen Kindern. Er warf ihr vor, mit ihrem Kopftuch wolle sie sie bekehren.

Während der Vater auf Zehras Übertritt zum Islam und ihr neues Leben somit sehr harsch reagierte, zeigte die Mutter, eine Psychotherapeutin, wesentlich mehr Verständnis oder zumindest Respekt für ihre Entscheidungen. Dabei könnte es auch eine Rolle gespielt haben, dass ihr Vater nach zwanzig Jahren die in Westdeutschland herrschende antimuslimische Einstellung übernommen hatte, ihre Mutter dagegen in Ostdeutschland geblieben war, wo kaum Muslime leben. Als ich Zehra kennenlernte, hatte sie noch immer eine harmonische Beziehung zu ihrer Mutter.

> Als ich meine Mutter das erste Mal mit Kopftuch getroffen habe, wollte ich mich
> richtig gut anziehen. Ich habe mir ein neues weißes Kopftuch, eine rosa karierte Blu-
> se und ein langes blaues Kleid gekauft. Wir sind spazieren gegangen. Meine Mutter
> meinte: „Dieses Kopftuch, das du trägst, ist mir wirklich fremd." Ich habe versucht,
> ihr von meinen Erfahrungen zu erzählen, meinen spirituellen Erfahrungen. Ich habe
> ihr erzählt, wie ich Engel gesehen hatte. Meine Mutter ist Psychotherapeutin, des-
> halb meinte sie: „Diese Visionen hast du, weil du sehr einsam bist. Das ist ein psy-
> chologisches Problem." Aber sie meinte auch: „Weil du glücklich bist, bin ich auch
> glücklich." Später hat sie noch gesagt: „Ich bin so froh, dass du Glück und Frieden
> gefunden hast." Sie meinte, sie ist sich sicher, dass mir das ohne Religion nicht ge-
> lungen wäre.

Dass ihre religiösen Erfahrungen ein psychologisches Problem seien, fand Zehra
natürlich nicht, aber wie ihre Mutter denkt sie, dass sie ein sehr unglücklicher
Mensch wäre, hätte sie nicht den Islam entdeckt. Zehra meint, Muslimin zu sein
habe ihren Körper geheilt, ihr eine dauerhafte Beziehung mit einem Mann ermöglicht und einen Kinderwunsch bei ihr geweckt.

Der Islam bot Zehra eine neue Vision jenseits von Sozialismus und Kapitalismus. Mit ihrer Konversion stellte sie erneut die Normen infrage, so wie sie es als
Dissidentin in der DDR getan hatte, und wies im Namen einer tieferen Freiheit
Ideale zurück, die sie falsch fand. Muslimin zu sein erlaubte es Zehra, ihre Depression und Ernüchterung über die westdeutsche Gesellschaft hinter sich zu lassen –
doch als Kopftuch tragende Frau fand sie sich abermals in einer marginalisierten
Position wieder.

Usman

Ich traf Usman in derselben Moschee, in der ich Zehra kennenlernte. 1959 in Dresden geboren – zehn Jahre vor Zehra –, hatte er sich in der DDR besser eingerichtet,
als die Mauer fiel. Im wiedervereinigten Deutschland fühlten sich beide aber ähnlich verloren – und konnten nun den Islam als eine neue Vision kennenlernen. Ihr
neuer Glaube ermöglichte es ihnen, über die ost- und westdeutschen Kategorien
von Sozialismus und Kapitalismus hinauszublicken.

Usman wuchs in Dresden auf – früher eine malerische Stadt, durch alliier-
te Bombardierungen am Ende des Zweiten Weltkriegs jedoch völlig zerstört –,
wo er auch seinen Schulabschluss machte und eine Stelle als Chemiker in einer
staatlichen Fabrik fand. Wenige Jahre nach dem Mauerfall wurde der Betrieb geschlossen; Usman machte eine bezahlte Umschulung zum Kaufmann. Allerdings
erkannte er rasch, dass er in einer Zeit, da selbst jüngere Ostdeutsche keine Arbeit

fanden, keine Zukunftsperspektive hatte. Da er nun Sozialleistungen bezog, die zum Leben reichten, hatte er plötzlich viel freie Zeit und begann ausgiebig Bücher über Themen zu lesen, die ihn interessierten. Damals wollte er mehr über den Islam erfahren. „In den Medien war viel vom Islam die Rede, aber immer nur negativ", erzählte er mir, „ich wollte herausfinden, was es mit dieser Religion wirklich auf sich hat." Muslime kannte er damals noch nicht. Da es somit niemanden gab, dem er Fragen hätte stellen können, ging er in die Stadtteilbibliothek und lieh sich alle Bücher über den Islam aus. Was er dort las, überzeugte ihn; 1998 entschied er, Muslim zu werden. Andere Muslime lernte Usman erst kennen, als er kurz nach seiner Entscheidung zur Konversion nach Berlin umzog, weil ihm klar war, dass er die Gesellschaft von Glaubensgenossen brauchte.

Usman zog in den Wedding, einen bezahlbaren, aber heruntergekommenen Stadtteil, in dem einkommensschwache Deutsche und Migranten leben. Er begann alle ihm bekannten Moscheen zu besuchen, die deutschsprachige Aktivitäten anboten. Die puritanischsten Islamauslegungen begannen eine Anziehungskraft auf ihn auszuüben. Usman ließ sich einen Bart wachsen, begann eine *Jalabiyya* zu tragen und vertrat die Auffassung, der einzige Ort, an dem der Islam getreu seiner ursprünglichen Intentionen praktiziert werde, sei Saudi-Arabien. Obwohl er in einer salafistischen Moschee wahrscheinlich besser aufgehoben wäre, zog er den liberalen, an keine bestimmte Richtung gebundenen DMK vor, weil er es zu dessen Moschee nicht weit hat und sich dort im Lauf der Jahre einlebte. Usman provozierte die eher liberalen Redner in der DMK-Moschee gerne mit seinen puritanischen Auffassungen. Die Frauen dort verdrehten häufig die Augen, wenn sie ihn reden hörten, seine männlichen Freunde zogen ihn oft damit auf, dass er Zucht und Ordnung liebe, weil er im Osten aufgewachsen sei. Manche witzelten, Saudi-Arabien sei seine neue DDR.

Da Usman gewöhnlich lautstark auftrat, nahm ich an, dass ein Interview mit ihm kein Problem wäre. Doch der Gedanke machte ihn nervös. Als ich den Moscheeleiter David wegen des Interviews ansprach, wirkte Usman beunruhigt. Aufgeregt flüsterte er David etwas ins Ohr. David, ebenfalls ein Ostdeutscher, aber ein deutlich jüngerer, lebenslustiger und vertrauensvoller Mann, der nach der Wende groß wurde, lachte laut auf. „Nein, Usman", meinte er, „Esra arbeitet nicht für die deutsche Polizei und auch nicht für die CIA. Schau' mal, sie ist selbst Muslimin und will in den Vereinigten Staaten ein Buch über uns veröffentlichen. Du hast nichts zu verbergen, Usman, also sei nicht schüchtern." Widerwillig ließ sich Usman auf das Interview ein. Allerdings stellte sich heraus, dass im Büro der Moschee, wo wir uns treffen wollten, zur vereinbarten Zeit keine Mitarbeiter sein würden. Usman wurde wieder unwohl. Zu David gewandt sagte er: „Wenn niemand anderes in der Moschee ist, dann ist es nicht in Ordnung, wenn ich mich mit ihr hier treffe." David antwortete geduldig: „Erinnerst du dich an die Diskussion mit dem letzten Referenten hier über die islamischen Regeln, die zu beachten sind, wenn ein Mann und eine Frau zusammen in einem Raum sind?" Wenn eine Tür offen bleibe, sodass jemand hereinkommen kann, sei gegen unser Treffen nichts einzuwenden, erklärte er: „Lass' die Bürotür offen, schließ' sie nicht ab, und dann spricht nichts dagegen, dass ihr euch trefft." Schließlich willigte Usman ein, auch wenn ihn die Aussicht offenbar nicht in Begeisterung versetzte.

Als wir uns im Büro der Moschee trafen, achtete Usman darauf, dass die Tür weit offen war. Wir nahmen an den gegenüberliegenden Enden eines langen Konferenztischs Platz. Als wir uns das erste Mal im Gebetsraum der Moschee begegnet waren, hatte ich ein Kopftuch getragen, zum Interview erschien ich jedoch ohne. Usman war immer noch nervös. Er bat mich, ein Kopftuch aufzusetzen, denn auch das Büro gehöre zur Moschee. Ich kam seiner Bitte nach. Seine Angespanntheit hatte nicht nur damit zu tun, dass es trotz der offenen Tür an der Grenze zum religiös Unzulässigen war, mit einer Frau allein in einem Raum zu sein – er sah mich auch noch als eine Frau aus den Vereinigten Staaten, und dass Ostdeutsche einer bestimmten Generation nicht gut Englisch sprechen, ist eines der negativen Stereotype über sie. Usman hatte vorsorglich ein deutsch-englisches Wörterbuch mitgebracht. Sein Englisch war wesentlich schlechter als mein Deutsch – etwas, wodurch sich viele Ostdeutsche tatsächlich von Westdeutschen unterscheiden und was ihnen häufig unangenehm ist –, aber er wollte das Gespräch trotzdem auf Englisch führen. Als das nicht funktionierte, meinte er, wenn ich wolle, könnten wir auch Arabisch reden, das spreche er recht fließend. Ich erklärte ihm, dass ich praktisch überhaupt kein Arabisch kann, und konnte ihn schließlich davon überzeugen, dass ich im Deutschen zwar einen Akzent habe und Fehler mache, es aber ganz gut verstehe und ansonsten ja auf das Wörterbuch zurückgreifen könne.

Als wir endlich mit dem Interview anfingen, erläuterte Usman, dass er deshalb so angespannt sei, weil die Polizei deutsche Konvertiten mit Misstrauen beäuge. Wenige Jahre zuvor hatte es für großes Aufsehen gesorgt, als einige deutsche Konvertiten beim Horten von anschlagstauglichem Sprengstoff erwischt wurden. „Weißt du", klärte er mich auf, „ich habe früher als Chemiker in einer staatlichen Fabrik in Ostdeutschland gearbeitet. Ich habe Angst, dass mich die Polizei für einen Terroristen halten könnte. Und ich war mir sicher, dass du mich deshalb interviewen willst." Ich versicherte ihm, dass ich über sein früheres Berufsleben überhaupt nichts wusste und mich weder für Chemie noch für Terrorismus interessierte, sondern seine Ansichten über den Islam, Deutschland und sein Leben als deutscher Muslim hören wollte.

Nachdem er mir seine Begegnung mit dem Islam kurz geschildert hatte, wollte Usman vor allem über das schlechte Image sprechen, das sowohl sein neuer

Glaube als auch die DDR im neuen Deutschland haben. Beide Bilder entstünden durch politisch motivierte Kampagnen und seien ungerecht, meinte er. Laut Usman war das Leben in der DDR in vieler Hinsicht viel besser als im wiedervereinigten Deutschland – und deutlich näher an islamischen Idealen. Über dieses Thema hatte er offenkundig gründlich nachgedacht, sodass er seine Behauptung mit einer langen Liste von Beispielen untermauern konnte:

> Zunächst mal gab es in der DDR zwar Alkohol und Zigaretten, aber wenigstens keine Drogen. Weil das Geld nichts wert war, haben sich die Dealer nicht die Mühe gemacht, Drogen in die DDR zu schaffen. Es gab auch keine legale Prostitution, keine Pornografie, keine Werbung im Kinderfernsehen. Das Fernsehen heute ist eine Katastrophe. Den ganzen Tag lang sehen die Kinder da Gewalt, ständig sieht man nackte Menschen.

Das Wichtigste am DDR-Regime war für Usman, dass es wirkliche Strafen und daher Disziplin in der Gesellschaft gegeben habe. „Hier wird niemand für irgendetwas wirklich bestraft." Als er nach Westdeutschland kam, erfuhr er erstaunt, dass Muslime überdurchschnittlich oft im Gefängnis sitzen. Kriminalität und kriminelle muslimische Einwanderer seien zwei Dinge, die es in der DDR nicht gegeben habe, behauptete er.

Nachdem er mir diese vielen Probleme dargelegt hatte, klagte Usman darüber, dass er sich nicht offen äußern dürfe:

> Dann werfen sie dir vor, die DDR zu verherrlichen. Aber dieses negative Bild der DDR wird vom Staat geschaffen und gefördert. Wie kann es sein, dass in der DDR alles schlecht war und im Westen alles gut? Sehr vieles war besser, als man sich hier vorstellen kann. Die reden ständig über die Stasi. Jedes Land hat eine Geheimpolizei. Es gibt die CIA, es gibt die Geheimpolizei hier in Deutschland.

Tatsächlich machten sich selbst seine guten Freunde in der Moschee oft über Usmans Nostalgie für die DDR lustig. Selbst wenn sie ähnliche Vorstellungen darüber hatten, welche Werte eine gute Gesellschaft ausmachen, war niemand der Auffassung, dass es in der DDR besser gewesen sei.

Viele enttäuschte Ostdeutsche teilen Usmans „Ostalgie". Im Unterschied zu ihnen definierte er die DDR allerdings als eine Ordnung, die islamischen Regeln besser entsprochen habe. Nach 1989 drückte sich „in einer ganzen Reihe von rechtlichen, politischen und diskursiven Praktiken eine systematische Abwertung der ostdeutschen Vergangenheit aus, wodurch die Identität und Persönlichkeit von Ostdeutschen in ihren Fundamenten angegriffen wurde", bemerkt Berdahl (1999,

S. 163). Nachdem sie sich im Gefolge der Wiedervereinigung mehrere Jahre lang minderwertig gefühlt hatten, begannen manche Ostdeutsche jedoch die Vorstellung, dass im Westen alles besser sei, zu hinterfragen und entwickelten dabei ein ausgeprägtes ostdeutsches Bewusstsein.

Nach seinem Übertritt zum Islam verschmolzen für Usman die negativen westlichen Stereotype über Ostdeutsche und Muslime, da er von beiden persönlich betroffen war. „Die Leute lehnen uns ab, besonders uns Konvertiten", meinte er. „Sie nennen uns Radikale. Ist man radikal, wenn man nicht raucht, nicht trinkt und weite Kleidung trägt? Alles andere ist in diesem Land erlaubt." Usman erzählte mir, sein größter Traum sei es, in Saudi-Arabien zu leben: „Menschen sind nie vollkommen. Das ist nur Gott. Aber das islamische Leben in Saudi-Arabien ist näher an den Lehren des Koran und der Sunna." Dass Alkohol, Prostitution sowie die *Fitna* (Versuchung) durch gemischtgeschlechtliche Arbeitsplätze dort verboten sind, gefiel ihm. Er berichtete mir, dass er in der DDR in einem Büro mit Frauen arbeiten musste und dies eine Katastrophe für ihn gewesen sei; sofern Männer und Frauen getrennte Arbeitsplätze hätten, könnten sie aber im selben Unternehmen arbeiten. Usman lernte seit einer Weile Arabisch und meinte, dass er ein guter Reiseführer für deutsche Touristen in Saudi-Arabien wäre. Aber es fehlte ihm an Kontakten und er wusste nicht, wie er dort hinziehen und Arbeit finden könnte.

Usman lebte von Sozialhilfe. Seine Zeit verbrachte er damit, in mehreren Moscheen im Wedding deutschsprachige Vorträge über den Islam zu besuchen, Arabisch zu lernen, seine religiösen Pflichten zu erfüllen und sich um seine Mutter zu kümmern. Er war nie verheiratet. Usman vertraute mir an, wie gerne er eine saudi-arabische Frau heiraten und mit ihr in ihrer Heimat leben würde, aktiv zu verfolgen schien er dieses Ziel aber nicht. Wie Zehra fühlte er sich nach 1989 der Möglichkeit beraubt, ein produktives und angesehenes Mitglied der Gesellschaft zu sein, doch durch die Wiedervereinigung hatte er ganz unerwartet auch eine neue Religion und Weltanschauung gefunden, die es ihm ermöglichte, über die Ost-West-Dichotomie hinauszublicken. Und wie Zehra hatte er als Konvertit zum Islam einen weiteren Niedergang seines sozialen Status erlebt, sich aber auch eine neue Welt aufgebaut. In dieser Welt wurde für ihn ein Leben jenseits der bedrückenden Rolle des Ostdeutschen vorstellbar, der sich im wiedervereinigten Deutschland nie gut zurechtfinden wird.

Schluss

Der Übertritt von Ostdeutschen zum Islam ist ein spezifisches soziales Phänomen, das sich von der Konversion Westdeutscher unterscheidet. Dies gilt besonders für diejenigen, die unter dem autoritären DDR-Regime aufgewachsen sind und folglich nie mit muslimischen Einwanderern in Berührung kamen – anders als in Westdeutschland wurden keine Gastarbeiter für den wirtschaftlichen Wiederaufbau ins Land geholt. Die erste Begegnung mit Muslimen und dem Islam fiel für ostdeutsche Konvertiten häufig mit der Auflösung ihres Staates und ihrem Absinken auf einen zweitklassigen Status im wiedervereinigten Deutschland zusammen. Da Ostdeutsche wie Muslime in den Jahren nach dem Mauerfall noch stärker marginalisiert wurden, ergaben sich teilweise enge Kontakte zwischen ihnen, die niemand erwartet hatte.

Auf den ersten Blick mag es so scheinen, als hätten Ostdeutsche durch die Wiedervereinigung nur gewonnen, schließlich mussten sie vorher in einem repressiven, autoritären Staat leben, der seine Bürger durch ein Regime der Angst beherrschte. Hinzu kommt, dass die Kosten der Wiedervereinigung von Westdeutschland getragen wurden. Der asymmetrische Charakter der Vereinigung ließ unter Ostdeutschen jedoch das starke Gefühl eines Verlusts aufkommen, besonders unter denjenigen, die in der DDR aufgewachsen waren und sich für Arbeit und Leben in einem von westdeutschen Regeln und Maßstäben bestimmten Land nicht gewappnet fühlten. Eine andere Gruppe, deren Lage sich nach 1989 erheblich verschlechterte, waren Migranten, Flüchtlinge und Asylsuchende mit oftmals muslimischem Hintergrund. Einige Politiker erklärten nun öffentlich, „Ausländer" würden nicht mehr gebraucht und sollten nach Hause gehen. Nach der Wiedervereinigung erlebte ein rassistischer Nationalismus dramatischen Auftrieb. Neonazi-Gruppen traten in Aktion und wurden stärker, es gab eine Serie rassistischer Angriffe besonders auf Türken und Afrikaner (Partridge 2012). Zu den schlimmsten Gewalttaten zählten die Brandanschläge in Mölln im Jahr 1992 und in Solingen 1993, die drei bzw. fünf türkische Todesopfer forderten, sowie tödliche Angriffe auf Menschen afrikanischer Herkunft, darunter 1990 auf den angolanischen Arbeiter Amadeu Antonio Kiowa (1990). Neonazi-Gruppen finden ihre eifrigsten Anhänger häufig unter Ostdeutschen. Auch wenn die Entscheidung, mit dem nach 1989 erworbenen Minderwertigkeitskomplex dadurch umzugehen, dass man sich rassistischen Gruppen gegen Muslime anschließt, die verbreitetere ist, ist es bemerkenswert, dass andere Ostdeutsche es vorziehen, sich auf die Seite der Muslime zu stellen oder sogar selbst zum Islam überzutreten.

Forscher und andere Beobachter sind sich einig, dass Ostdeutsche vor wie nach dem Mauerfall vor allem unter dem Gefühl gelitten haben, materiell schlechter gestellt zu sein als Westdeutsche. In Muslimen aus der Arbeiterklasse fanden manche von ihnen nach 1989 überraschend eine Gruppe, die ihnen kein Minderwertigkeitsgefühl vermittelte und stattdessen neue Lebensweisen eröffnete. Wo diese erstaunliche Allianz funktionierte, konnten „Ossis" schlicht Deutsche sein und wurden als solche in den Moscheen aufgenommen. Unter Muslimen spielte es keine Rolle, dass sie nicht die richtige Kleidung trugen, nicht wussten, wie man in teuren Geschäften einkauft, und kein Englisch sprachen – allesamt Anzeichen, die ihre ostdeutsche Identität verraten. Die Muslime, die sie kennenlernten, wendeten sich ihnen zu und ermutigten sie, selbst den islamischen Glauben anzunehmen. Auch wenn sie die ostdeutschen Konvertiten vielleicht nicht vollständig in ihre Gemeinschaften integriert haben, versprachen sie ihnen einen neuen Sinn jenseits der westlich-kapitalistischen Konsumkultur, die ihnen versperrt war, einen geordneten Tagesablauf auch für Arbeitslose und Sozialhilfeempfänger, eine Gemeinschaft, die sie ungeachtet ihres DDR-Hintergrunds immerhin als Deutsche anerkannte, und ein zukünftiges Leben, in dem die Ungerechtigkeiten der bestehenden Welt überwunden sein würden. Muslim zu werden bot einer kleinen Zahl von Ostdeutschen die Möglichkeit, das doppelte Bewusstsein abzustreifen, das sie im wiedervereinigten Deutschland angenommen hatten, und einfach Deutsche zu sein.

Kapitel 4

Der Islam als eine Möglichkeit, Deutscher zu werden

„Wir sind die einzige islamische Jugendorganisation, die von Deutschen für Deutsche gegründet wurde", sagt Sümeyye, eine Freundin türkischer Abstammung, die in Deutschland geboren wurde und von Anfang an aktives Mitglied der Muslimischen Jugend Deutschland (MJD) gewesen ist. Die 1994 von dem deutschen Konvertiten Muhammad Siddiq Borgfeldt ins Leben gerufene Organisation ist zwar relativ klein, aber insofern bedeutend, als sie eine muslimische Jugendkultur fördert, die auf einer ausgeprägten deutschen Identität und Lebensweise beruht und zugleich die islamischen *Halal*-Regeln achtet.

Mit lediglich 1.200 offiziellen Mitgliedern setzt sich die MJD dafür ein, dass muslimische Jugendliche unterschiedlicher Herkunft gemeinsam neue Wege zu finden, ein aktiver und erwünschter Teil der deutschen Gesellschaft zu werden. Die jungen Mitglieder der Organisation beteiligen sich an Diskussionen darüber, wie Muslime und Migranten bei Wahlen repräsentiert werden können, organisieren Bildungsreisen nach Auschwitz, um die Bürde der deutschen Geschichte anzunehmen und über ihre Bedeutung für die heutige deutsche Gesellschaft zu sprechen, und veranstalten Silvesterfeiern und Hip-Hop-Konzerte, die islamischen Vorschriften entsprechen.[72] Viele gebürtig muslimische Mitglieder berichten, durch die MJD hätten sie angefangen, ihre deutsche Identität ohne Vorbehalte an-

---

72 Im heutigen Deutschland ist es eine verbreitete Überzeugung, dass Muslime sich nicht für die Geschichte des Holocaust interessierten und antisemitischer seien als andere Deutsche, obwohl weder die eine noch die andere Behauptung durch Forschungen belegt sind. Zu Bedeutung und Auswirkungen dieses Diskurses, vgl. Özyürek 2013.

zunehmen und sich primär als deutsch und nicht als türkisch oder arabisch zu definieren. Die Mitglieder der Organisation demonstrieren, dass eine islamische Lebensweise den deutschen Gegebenheiten vollkommen angemessen sein kann und eine muslimische Identität nicht im Widerspruch zur deutschen stehen muss. Anders formuliert: Muslim zu sein kann eine produktive Weise darstellen, deutsch zu werden – sowohl für gebürtige Deutsche wie auch für deutsche Konvertiten mit verschiedenen Migrationshintergründen.

Die Muslimische Jugend Deutschland

Viele Grundprinzipien der MJD beruhen auf denen ihrer Mutterorganisation Haus des Islam (HDI), die Siddiq 1982 festlegte. Siddiq war 16 Jahre alt, als er 1962 zum Islam übertrat. In der deutschen Nachkriegsgesellschaft als ein introvertierter Waise aufgewachsen, der mit dem Sinn des Lebens zu kämpfen hatte, lernte er den Islam durch arabische Studenten kennen. Nach seiner Konversion ging Siddiq in den Sudan und nach Saudi-Arabien, um mehr über seine neue Religion zu erfahren. Als er nach Deutschland zurückkehrte, gründete er das HDI mit Spenden saudi-arabischer Freunde, die gerne Geld für ein Zentrum gaben, das Deutsche über den Islam aufklären sollte. Obwohl das HDI sich anfangs an deutsche Konvertiten richtete, nahmen mit der Zeit mehr und mehr gebürtige Muslime an seinen Seminaren teil, um Möglichkeiten einer mit den Gegebenheiten in Deutschland zu vereinbarenden islamischen Lebensweise kennenzulernen. Siddiq vertrat von Beginn an die Auffassung, dass das islamische Gesetz nicht den deutschen Gepflogenheiten widerspricht. Zum Beispiel erklärte er einem Journalisten, dass man als Muslim bei jeder Bank in Deutschland ein zinsfreies Konto eröffnen könne, das gewöhnlich sogar günstiger sei. Ein anderes HDI-Mitglied meinte gegenüber demselben Journalisten, der Islam sei zwar ein universeller Glaube, in den vergangenen Jahren habe sich jedoch ein deutscher Islam herausgebildet.[73]

In ähnlicher Weise will die MJD jungen Muslimen dabei helfen, ein Leben zu führen, das islamisch ist und zugleich den Realitäten der Jugendkultur in Deutschland gerecht wird. Ein Gründungsmitglied berichtete mir, die Moscheen seien damals von der Kultur und Sprache bestimmter ethnischer Gruppen bestimmt gewesen. Zwar konnte man dort auch das Rezitieren des Koran und einige Grundregeln lernen, eine Organisation, die sich speziell an Jugendliche richtet und islamisches Wissen auf Deutsch vermittelt, gab es jedoch nicht. Die MJD-Gründer waren von der Muslim Youth in Großbritannien beeindruckt, eine Jugendorganisation, in der

---

73　Vgl. Wir brauchen muslimische Lehrerinnen, *Der Tagesspiegel*, 22. Januar 1999.

bewusst Englisch gesprochen wird. Nach mehreren Besuchen bei ihr riefen sie die MJD ins Leben. Dort sollte zwar Deutsch gesprochen werden, dennoch definierten sie sich anfangs nicht unbedingt als Deutsche – nach der Wiedervereinigung und mehr noch nach dem 11. September waren sie damit konfrontiert, dass eine Spannung zwischen islamischer und deutscher Identität heraufbeschworen wurde. Wie mir ein Gründungsmitglied erklärte:

> Am Anfang haben wir uns in erster Linie als Muslime verstanden und über die nationale Frage nicht groß nachgedacht. Aber als wir ständig gefragt wurden, ob wir Deutsche oder etwas anderes sind, war die selbstverständliche Antwort für uns: Deutsche. Die meisten von uns wurden hier geboren, haben Deutsch gesprochen und sich als Teil der deutschen Gesellschaft gefühlt. Aber das war nichts, worüber wir vorher viel nachgedacht hätten.

Am ersten Treffen des lokalen Kreises in Berlin nahmen 1994 rund 35 Jugendliche teil, zur ersten bundesweiten Jahresversammlung 1995 kamen zweihundert. In den folgenden Jahren wuchs die Organisation schnell, in dreißig Städten entstanden Ortsgruppen; zuletzt verzeichneten die Jahrestreffen schätzungsweise 1.200 Teilnehmer. Die MJD ist die einzige islamische Jugendorganisation, die in ganz Deutschland aktiv und unabhängig von allen Moscheevereinen ist. Auf ihrer Internetseite definiert sie sich als „deutsche, unabhängige, muslimische Jugendorganisation"; sie richtet sich an Menschen von 13 bis 30 Jahren und wird durch Mitgliedsbeiträge und Spenden finanziert. Als Ziele führt sie an, „muslimische Jugendliche [...] bei ihrer Identitätsfindung und Persönlichkeitsentfaltung zu unterstützen", ihre „deutsch-muslimische Identität" zu fördern und sie dazu zu motivieren, „sich gesellschaftlich zu engagieren".[74]

In erster Linie will die MJD Muslime in Deutschland dazu ermutigen, nicht nur bessere Muslime, sondern auch bessere Deutsche zu sein – ihre Mitglieder sollen stolz auf ihre Identität sein und keinen Widerspruch zwischen „deutsch" und „muslimisch" sehen. Es ist kein Zufall, dass sie nicht von einem türkischen oder arabischen Muslim, sondern einem deutschen Konvertiten gegründet wurde, der es für wichtig hielt, auf dem ethnisch zerklüfteten Feld des Islam in Deutschland einen neuen Raum zu schaffen, in dem zukünftige Generationen über ihre ethnischen Identitäten hinausgehen können und Möglichkeiten finden, zuallererst deutsche Muslime zu werden.

In einem Interview von 2010 betonte der damalige MJD-Vorsitzende Hischam Abul Ola den deutsch-muslimischen Charakter der Organisation. Auf die Frage,

---

74 Vgl. http://mjd-net.org/beispiel-seite/ueber-uns/. Zugegriffen: 7. Mai 2017.

was die MJD unter einer deutsch-muslimischen Identität verstehe und warum sie
ihr so wichtig sei, antwortete Ola:

> Sehr viele Jugendliche muslimischer Herkunft sehen sich zunächst gar nicht als
> Deutsche, sondern vor allem als Türken, Araber oder Bosnier. Aber die meisten von
> ihnen stehen irgendwann bewusst oder unbewusst vor Fragen: Wie weit bestimmt
> mich die Herkunft meiner Eltern in meinem Leben und in meinem Handeln? Welche
> Sitten und Bräuche der Mehrheitsgesellschaft habe ich mir angeeignet und begrüße
> sie auch in meinem Leben? Und dann kommt die Frage, wie diese Sitten und Nor-
> men mit meinem Islamverständnis zu vereinen sind … Eine deutsch-muslimische
> Identität hilft, diese Fragen zu beantworten: Sie trägt dazu bei, scheinbare Wider-
> sprüche aufzulösen und sich eine individuelle Identität aus den verschiedenen Ele-
> menten zusammenzubasteln. Dabei verstehen wir unter einer deutsch-muslimischen
> Identität, sich bewusst als deutscher Muslim zu sehen. Der Islam ist unsere Religion,
> Deutschland unsere Heimat, der wir uns verbunden und verpflichtet fühlen. Wir ma-
> chen deutlich, dass es für uns keine Alternative hierzu gibt, weil wir genau das sind:
> Deutsche Muslime. Das ist das Land, in dem wir geboren sind, dessen Werte, Bräu-
> che und Sprache wir kennen, wie keine anderen. Mit unserem Bewusstsein einer
> deutsch-muslimischen Identität sind wir hier den meisten Moscheevereinen ein paar
> Schritte voraus.[75]

Die MJD verfolgt ihr Ziel, gleichermaßen mit dem Islam wie mit der deutschen
Lebensweise vereinbare Praktiken zu entwickeln, mit vielfältigen Mitteln. Am
wichtigsten ist die Betonung der deutschen Sprache. Die meisten Moscheen in
Deutschland sind mit einer bestimmten ethnischen oder nationalen Gruppe wie
den Türken verbunden. Zwar wächst die Zahl deutschsprachiger islamischer Kontexte, sie sind aber noch immer eine Seltenheit und in den frühen 1990er Jahren
waren sie eine geradezu radikale Innovation. Siddiq und seine Freunde gehörten
zu den ersten, die das Bedürfnis danach erkannten: Da jüngere Generationen von
Muslimen Deutsch viel besser sprechen als die Muttersprache ihrer Eltern, brauchen sie einen deutschsprachigen Rahmen, in dem sie etwas über ihre Religion
lernen können. Aus eigener Erfahrung wusste Siddiq zudem, dass deutsche Konvertiten wie er und Muslime anderer Herkunft, die nicht automatisch einer ethnisch gebundenen Moschee angehören, auf deutschsprachige islamische Bildungsangebote angewiesen sind.

---

75   „Der Islam ist unsere Religion, Deutschland unsere Heimat", Interview mit Hischam
     Abul Ola, *Newsletter Jugendkultur, Religion und Demokratie* (Hrsg.: Ufuq.de),
     17/2010.

Wie binationale Ehen die Umma fördern

Junge Muslime in einem deutschsprachigen Kontext zusammenzubringen, hat vielfältige Folgen. Die wichtigste besteht darin, dass sich Menschen unterschiedlichster Abstammung, die in Deutschland leben und deren gemeinsame Sprache Deutsch ist, begegnen. Im Kontext der MJD mischen sich gläubige Muslime türkischer, arabischer, deutscher, bosnischer und anderer Herkunft und entwickeln eine Gruppenidentität als deutsche Muslime, die über die ethnischen oder nationalen Identitäten ihrer Eltern hinausgeht. Da sich die MJD primär an Jugendliche richtet, sind ihre Mitglieder in einem Alter, in dem sie nach Ehepartnern Ausschau halten. Sie lernen, religiöse Orientierung höher zu bewerten als ethnische Zugehörigkeit, sodass manche von ihnen zum Beispiel türkisch-arabische, arabisch-deutsche oder bosnisch-kurdische Familien gründen, in denen zwangsläufig deutsch gesprochen wird und deutsch-muslimische Kinder großgezogen werden.

Die MJD-Mitglieder, die ich kennenlernte, betrachteten binationale Ehen nicht als eine unbeabsichtigte Begleiterscheinung ihrer Organisation, sondern als etwas Erstrebenswertes. Viele von ihnen sind davon überzeugt, dass Familiengründungen über ethnische Grenzen hinweg dem Nationalismus entgegenwirken und unter Muslimen das Gefühl für die Umma stärken können. Sümeyye berichtete mir, dass es ihr nicht leichtgefallen sei, diesen Standpunkt anzunehmen. Sie erinnerte sich noch lebhaft daran, wie sie vor mehr als fünfzehn Jahren als junge Frau an einem MJD-Treffen teilgenommen hatte. Im Gespräch mit anderen weiblichen Mitgliedern kam das Thema Heirat auf – eines der Lieblingsthemen unter den Mädchen und jungen Frauen in der MJD – und Sümeyye entfuhr der Satz: „Aber wenn ich nicht einen türkischen Mann heirate, werde ich das Gefühl haben, dass ich mein eigenes Volk verraten habe." Alle anwesenden Frauen – auch Sümeyye selbst – waren überrascht, dass sie so etwas sagte. Der Kampf der MJD gegen Nationalismus und ethnische Identifikation, ja selbst der Kampf gegen Rassismus habe ihre Mentalität damals noch nicht wirklich geprägt, meinte Sümeyye. Sie erklärte mir, warum sie das selbst befremdete:

> Der Kampf gegen Rassismus war eines unserer Hauptthemen in der MJD. In Vorträgen haben wir erklärt, dass der Rassismus von Satan kommt. Satan meinte, dass er besser ist als Adam, denn Adam wurde aus Lehm erschaffen, er selbst aber aus Feuer. Das war für uns der Ursprung des Rassismus. Wir haben auch über den Satz des Propheten Mohammed gesprochen, dass es keinen Unterschied zwischen Arabern und Persern gibt. Immer haben wir betont, dass der Islam gegen Rassismus ist. Als Vorreiterorganisation für Jugendliche wollten wir mit der MJD die ersten sein, die Rassismus in den eigenen Reihen und in uns selbst bekämpfen.

> Ich hatte beschlossen, dass die Bekämpfung des Rassismus mein persönlicher
> Dschihad sein wird, mein persönlicher Kampf.

Als Teil des Bemühens, den eigenen Rassismus und Nationalismus zu bekämpfen,
entschied Sümeyye, dass sie nach Möglichkeit jemanden heiraten sollte, der nicht
türkisch ist. Schließlich wurde ein Halbägypter, der bei seiner deutschen Mutter
aufgewachsen und zum Islam übergetreten war, ihr Mann. Kennengelernt hatte
Sümeyye ihn in der MJD. Diese Ehe sei das Ergebnis ihres jahrelangen Dschihad,
ihres Kampfes, erklärte sie mir; in Gottes Augen müsse diese bewusst antirassistische Entscheidung besonders wertvoll sein. Sümeyye war klar, dass ihr Schritt
zugleich eine starke Botschaft für andere junge Türkinnen in ihrer westdeutschen
Heimatstadt sein würde – noch nie hatte sie von einer Türkin gehört, die einen
Konvertiten geheiratet hatte, und einen Mann, der nicht türkisch ist, würde kaum
eine heiraten. „Ich haben denen gesagt, dass ich einen ‚Ausländer' heiraten würde,
meint: einen Deutschen", erzählte Sümeyye stolz, „und dass es mir darauf ankommt, dass er ein Muslim ist."

MJD-Mitglieder mögen solche Ehen vorziehen, ihre ethnisch homogenen muslimischen Familien und andere Angehörige ihrer ethnischen Gruppe akzeptieren
sie jedoch nicht immer. Für gemischte Paare kann es auch schwierig sein, außerhalb der MJD Beziehungen zu knüpfen. Sümeyye hatte Glück, ihre Familienangehörigen akzeptierten die Ehe. Da sie im HDI verkehrten und ähnliche Werte
vertraten wie ihre Tochter, nahmen sie ihren Ehemann rasch an. Eine andere türkischstämmige Frau aus der MJD, die einen Araber heiratete, hatte es da weniger
leicht, wie sie der Ethnographin Synnøve Bendixsen erzählte:

> Viele Leute sagen, es sei gut, dass wir verheiratet sind, dass sie das respektieren, aber
> wir finden keine Freunde. Die türkischen Männer können mit ihm kein Türkisch
> reden, und Deutsch sprechen sie ungern. Wissen Sie, nach der Heirat rief mich die-
> ser Mann an, mit dem ich aufgewachsen, zur Schule gegangen und in der Moschee
> gewesen bin, und meinte, er hofft, dass ich mir das gut überlegt hätte [jemanden zu
> heiraten, der nicht türkisch ist], dass die so und so seien … und dass man bei Ägyp-
> tern nie wissen könne. Können Sie sich das vorstellen? Ich meinte zu ihm, dass ich 27
> Jahre alt bin und über diese Dinge gut selber nachdenken kann, also schönen Dank.
> (Bendixsen 2013, S. 239)

Aufgrund der besonderen Herausforderungen, vor denen ethnisch gemischte muslimische Familien in Deutschland stehen, ist die MJD für Kinder aus solchen Familien besonders attraktiv. Während meiner Forschung beim DMK stellte ich fest,
dass die Kinder der meisten deutschen Konvertitinnen, die gewöhnlich arabische
Väter hatten, in der MJD aktiv waren. Immer wieder wurde mir berichtet, dass der

ethnische Hintergrund dort keine Rolle spiele und sich die Mitglieder als deutsche Muslime aufeinander beziehen. Yasemin, 16 Jahre alt, Tochter einer deutschen Konvertitin, hellhäutig und blauäugig, schilderte mir, wie sie außerhalb der MJD häufig mit ethnischen Stereotypen konfrontiert sei. Neue Lehrer gingen davon aus, dass sie schlecht Deutsch spricht, und wenn sie jemanden kennenlerne, werde sie manchmal gefragt, warum sie ein Kopftuch trägt, wo sie doch Deutsche sei. In der MJD dagegen gebe es solche Blockaden nicht und werde sie als Muslimin und Deutsche akzeptiert, berichtete sie. Yasemin würde gerne einen arabischen Mann heiraten, der in seiner Familie mit dem Islam groß geworden ist. Sie selbst ist bei ihrer konvertierten deutschen Mutter aufgewachsen und hatte das Gefühl, dass sie alles erst von Grund auf lernen muss. An diesem Punkt schaltete sich Yasemins Mutter, mit der wir beisammen saßen, in das Gespräch ein. Als eine Deutsche, die sich von ihrem Ehemann aus Marokko geschieden hatte, erklärte sie ihrer Tochter: „Meine Liebe, du solltest jemanden heiraten, der hier aufgewachsen ist. Es könnte sehr schwierig für dich werden, mit jemandem Gemeinsamkeiten zu finden, der in einem arabischen Land groß geworden ist. Es gibt viele arabische Männer, die in Deutschland aufgewachsen sind."

Gesellschaftliches Engagement durch die MJD

Die MJD ermuntert ihre Mitglieder, unabhängig von ihren ethnischen Identitäten an der Gesellschaft insgesamt teilzunehmen. Wie Chaban Salih, früher Vorstandsmitglied der Organisation, erläuterte: „Wir rufen die Mitglieder dazu auf, zu Wahlen zu gehen und sich in Organisationen und Verbänden zu organisieren. Sie sollen vorbildliche Bürger sein und gute Gläubige. Wir wollen also das Gegenteil von einer Parallelgesellschaft." (Gerlach 2006, S. 142) Türkisch-deutschen Arbeiterkindern, deren Eltern nicht in Deutschland zur Schule gegangen sind, erleichtert die MJD-Mitgliedschaft tatsächlich ein solches Engagement. Dies wurde mir durch die Geschichte von Hasan klar, der als Sohn von Einwanderern aus Zentralanatolien in einer westdeutschen Kleinstadt aufwuchs.[76] Die MJD erweiterte Hasans soziale Netzwerke und Horizonte. Durch sein Engagement in der Organisation lernte er, sich in erster Linie als ein deutscher Muslim zu begreifen.

Obwohl ich Hasan schon lange kannte, hatte sich nie die Gelegenheit zu einem längeren Gespräch mit ihm ergeben. Als ich ihn mit der Bitte kontaktierte, mir etwas über seine Erfahrungen in der MJD zu erzählen, schlug er als Ort für ein

---

76 Als ich Hasan interviewte, war er Mitte dreißig und kein aktives Mitglied der MJD mehr, die dies als Jugendorganisation nur bis zum Alter von dreißig Jahren erlaubt.

Treffen das Jüdische Museum vor, wo er als einer der wenigen Guides arbeitete, die auf den Vergleich von Islam und Judentum spezialisiert sind.

Hasan beschrieb seine Eltern als typische konservativ-muslimische Gastarbeiter, die Tradition und Religion vermischten.[77] Als Junge hatte er an den Wochenenden eine Moschee der DITIB (Diyanet Isleri Turk Islam Birligi, dt.: Türkisch-Islamische Union der Anstalt für Religion besucht) besucht, die der türkischen Religionsbehörde untersteht; dort – in der einzigen Moschee der Stadt – wurde ihm beigebracht, wie man betet und den Koran auswendig lernt. Als er im Jugendalter war, zog seine Familie in eine etwas größere Stadt mit vier Moscheen um. Dort gefiel ihm die Görüş-Moschee besser als die der DITIB, denn „in der DITIB-Moschee wurde nicht diskutiert, der Islam wurde nicht auf das wirkliche Leben bezogen. Man konnte nur seine Gebete sprechen und den Koran rezitieren." Als er jünger gewesen war, hatte ihn dies nicht gestört, nun aber erwartete er mehr von einer Moschee:

> Ich kam zu der Auffassung, dass der Islam eine Antwort auf soziale Fragen haben muss und es nicht nur ums Beten gehen sollte. Die Görüş-Moschee war attraktiver für mich, weil dort über politische Themen gesprochen wurde, auch wenn es damals vor allem um die Türkei und [den islamistischen Ministerpräsidenten Necmettin] Erbakan ging. Ich kann nicht behaupten, dass ich die Gemeinde besonders mochte oder ihre Themen für meine Fragen besonders wichtig fand, aber es war trotzdem wesentlich interessanter als die DITIB-Moschee. Irgendwann hat mich das ganze Gerede über die Türkei und über die großartigen Osmanen ermüdet [lacht]. Mich hat mehr das Leben hier in Deutschland interessiert.

Als er 18 Jahre alt war und ihn keine der Moscheegemeinden in seiner Stadt zufrieden stellte, hörte Hasan vom HDI:

> Jemand erzählte mir von einer Organisation, die islamische Aktivitäten in deutscher Sprache anbietet. Ich habe dort sofort angerufen und wegen meines Alters meinten sie, dass ich zu einem MJD-Treffen gehen soll. Und so habe ich dann 1998, vollkommen auf eigene Initiative, zum ersten Mal am Jahrestreffen der MJD teilgenommen. Es war das dritte, etwa 250 junge Leute waren dort. Die Gruppe hat mich sofort begeistert. Du weißt ja, wie begeisterungsfähig Jugendliche sind [lacht]. Ich wollte sofort Mitglied werden. Ich fand es großartig, dass sie Deutsch reden. Die Leute hatten völlig unterschiedliche ethnische Hintergründe, aber allen ging es um den Islam. Ein anderer sehr wichtiger Aspekt für mich war, dass sehr viele von ihnen ihr Abitur machten. In meiner Stadt war ich der einzige Muslim, der später studieren wollte, und mit diesem Wunsch kam ich mir sehr allein vor.

---

77 Wie für den DMK (vgl. Kapitel 1) besteht auch für die MJD ein zentrales Anliegen darin, dass deutsche Muslime lernen, zwischen Religion und Tradition zu unterscheiden.

Hasan wurde zwar sofort Mitglied, aber erst mehrere Jahre später aktiv. Nach dem ersten großen Treffen, an dem er teilgenommen hatte, war er zunächst weiterhin in einer türkischen DITIB-Moschee ehrenamtlich tätig, indem er jüngeren Schülern bei den Hausaufgaben half – das Sinnvollste, was er in der islamischen Gemeinde seiner Stadt und für sie tun konnte. Später initiierte er dort Aktivitäten nicht im Namen, aber im Geist der MJD. Er organisierte monatliche deutschsprachige Veranstaltungen, zu denen er junge Leute aus türkischen und arabischen Moscheen einlud. Dabei wählte er Themen wie Islam und Demokratie, die ihm für Jugendliche interessant schienen. Die Veranstaltungen fanden nicht in Moscheen statt, sondern in Schulen – an einem neutralen Ort, unbelastet von bestimmten Vorstellungen, die über manche Moscheen bestehen. Hasan war klar, dass Türken ungern in arabische und Araber ungern in türkische Moscheen gehen und einige der Jugendlichen Moscheen am liebsten vollständig meiden.

Als ich ihn fragte, wodurch eine Veranstaltung dem Geist der MJD entspricht, erklärte Hasan, sie müsse deutschsprachig sein und den Geist der Umma ausdrücken, anstatt sich an eine bestimmte nationale Gruppe zu richten. Entscheidend sei außerdem, dass sie bei den Jugendlichen Interesse weckt. Hasan lud zum Beispiel Murad Hofmann zu einem Gespräch über Demokratie und Islam ein, Nadeem Ilays hielt einen Vortrag über den Ort von Muslimen in der deutschen Gesellschaft. Einmal lud er auch einen muslimischen Rapper ein, nicht für einen Auftritt – das hätten viele Muslime bei einer islamischen Veranstaltung unpassend gefunden –, sondern um seinen Weg zum Islam zu schildern.

Im Lauf der Zeit wurde Hasan aktiver in der MJD und nahm drei- oder viermal im Jahr an ihren Veranstaltungen teil. Bei einem dieser Treffen wurde er gebeten, im Rahmen ihrer jährlichen Auslandsreisen einen Türkeiaufenthalt zu organisieren. Hasan erklärte mir, dass die meisten Aktivitäten der MJD auf diese Weise organisiert würden: „Es hängt alles von der Fähigkeit und Initiative der Mitglieder ab. Wenn es jemanden gibt, der etwas kann und bereit dazu ist, wird er etwas organisieren. Die MJD hat keine Hauptamtlichen. Es ist eine ehrenamtliche Tätigkeit und auch ein recht kostspieliges Engagement" – besonders für Jugendliche, die fast alle aus Arbeiterfamilien stammen.

Der wichtigste Beitrag der MJD zu seinem Leben bestand für Hasan darin, dass er durch sie ohne irgendeinen Zwang ein Verhältnis zu seiner Existenz als türkischer Muslim, der in Deutschland geboren ist und lebt, finden konnte. „Ehrlich gesagt ist das nicht immer ein einfaches Leben", meinte er. „Zuhause reden deine Eltern von Deutschen als ‚Ungläubigen', aber irgendwie gehörst du auch hierher und willst Teil der Gesellschaft sein." Für Hasan ist die MJD eine der wenigen Organisationen, die Jugendlichen dabei hilft, diese unterschiedlichen Teile ihres Lebens ohne jeglichen Druck zusammenzubringen:

Die meisten anderen muslimischen Organisationen versuchen gar nicht, diese Konflikte konstruktiv zu lösen. Einige sagen den Leuten, dass sie um jeden Preis an ihren türkischen Wurzeln festhalten sollen. Andere sagen ihnen, wenn sie gute Muslime sein wollen, müssten sie den Kontakt mit dem Rest der Gesellschaft auf ein Minimum beschränken. Ich finde diese Strategien weder befriedigend noch friedvoll.

Von 2004 bis 2006 nahm Hasan an einem islamischen Bildungsprogramm der MJD teil. Die Seminare fanden alle vier bis sechs Wochen statt, jedes Mal in einer anderen deutschen Stadt.[78] Hasan sagte, es sei wichtig für ihn gewesen, jungen Muslimen aus ganz Deutschland zu begegnen. Dadurch verstand er, was sie alle gemeinsam haben und was eine deutsch-muslimische Jugend ausmacht. Gleichzeitig lernte Hasan, was das Spezifische daran ist, Deutschtürke zu sein, und wie sich deutsche Araber und Bosnier von Deutschtürken und voneinander unterscheiden. Zum Beispiel erfuhr er zum ersten Mal, dass es verschiedene Arten des muslimischen Betens gibt und alle legitim sind.

Durch die MJD konnte Hasan ein Gefühl der Verbundenheit mit anderen Muslimen nicht nur in Deutschland, sondern auch in Europa entwickeln. Er wurde Mitglied eines europaweiten muslimischen Studentenverbandes und fuhr nach Brüssel, um die MJD zu vertreten. Auch im interkonfessionellen Dialog wurde Hasan aktiv. Er meinte, die Begegnung mit religiösen Jugendlichen anderen Glaubens sei eine Erfahrung gewesen, die ihn wirklich verändert habe. „Wenn man als gläubiger Muslim in Deutschland aufwächst", bemerkte er, „bekommt man leicht den Eindruck, man sei zusammen mit seinen muslimischen Freunden der einzige, dem Religion etwas bedeutet. Durch die MJD habe ich christliche und jüdische Jugendliche kennengelernt und sehr aufschlussreiche Gespräche mit ihnen über Religion und das eigene religiöse Leben in Deutschland geführt."

„Die MJD hat mir als jemandem, der in einer westdeutschen Kleinstadt als türkisches Arbeiterkind geboren wurde – von Eltern mit wenig Bildung –, wirklich meine Welt erweitert", erzählte mir Hasan. „Sie hat es mir ermöglicht, Teil der Gesellschaft zu sein, und mir ein großartiges Forum für Diskussionen über Fragen von Gesellschaft, Religion und Politik geboten." Hasan räumt ein, dass er nicht immer mit allem einverstanden ist, wofür die MJD eintritt. Ihre Interpretation des Islam zum Beispiel ist für seinen Geschmack etwas zu konservativ, doch „in jeder Organisation wird es etwas geben, womit man nicht völlig übereinstimmt. Ins-

---

78 Ein anderes MJD-Mitglied, das von Anfang an in der Organisation aktiv war, erklärte mir, die vielen Fahrten seien kein Selbstzweck, sondern schlicht notwendig, weil sie so wenige seien. Dennoch förderten die ständigen Reisen durch Deutschland bei Mitgliedern wie Hasan ein umfassenderes Bewusstsein dafür, deutsche Muslime zu sein.

gesamt war es eine tolle Erfahrung, Mitglied der MJD zu sein." Durch seine Beziehungen in der MJD fand Hasan Arbeit bei einer US-Organisation in Berlin, die Veranstaltungen über muslimische Minderheiten organisieren wollte. Auch den Teilzeitjob als Guide im Jüdischen Museum Berlin, den er neben der Arbeit an seiner Dissertation über Islamophobie in Deutschland ausübte, verdankte er seinen Netzwerken in der deutschsprachigen muslimischen Szene, die auf die MJD zurückgehen. Durch die MJD konnte Hasan über die türkisch-islamische Gemeinde in seiner Kleinstadt hinausgehen und sich auf Muslime in ganz Deutschland und Europa ebenso wie auf andere religiöse Gruppen beziehen.

Jenseits des Gefühls, Teil einer Minderheit zu sein

Ein anderes MJD-Mitglied türkischer Abstammung – eine Freundin, die ich seit mehr als zehn Jahren kannte – erzählte mir, wie ihr die Organisation bei der Überwindung des Gefühls geholfen hat, einer Minderheit in Deutschland anzugehören. Ceydas Weg zur MJD verlief teilweise parallel zu Hasans, aber auch anders. Während dessen Eltern traditionelle anatolische Muslime waren, hatten Ceydas ein etwas höheres Bildungsniveau als der durchschnittlich türkische Gastarbeiter und stammten aus der wohlhabenderen, weniger religiösen Westtürkei. Dies gab ihnen ein gewisses Gefühl der Überlegenheit gegenüber anderen türkischen Gastarbeitern und ihrer Art der Glaubensausübung. Den Islam entdeckten sie nach der Geburt ihrer Kinder in Deutschland, doch die Gesellschaft in den typischen türkischen Moscheen fanden sie nicht befriedigend. Deshalb waren sie froh, als sie vom HDI erfuhren, einer Organisation gebildeterer Muslime, deren Islamverständnis nicht von anatolischen Traditionen geprägt ist.

Als Jugendliche wurde Ceyda von ihren Eltern ermuntert, in der gerade gegründeten MJD aktiv zu werden. Ceyda meinte, ihre Eltern hätten befürchtet, dass sie sich in den türkischen Moscheen mit ihren oftmals strengen Lehrern und einem Unterricht, der weitgehend aus Auswendiglernen besteht, langweilen würde. Sie erinnerte sich noch daran, wie sich ihre Eltern große Mühe gaben, damit sie und ihr Bruder die Moschee als einen Ort erleben, an dem man gerne Zeit verbringt und sogar Spaß haben kann. Als die beiden klein waren, nahm sich ihr Vater oft Zeit, um mit ihnen in der Moschee zu spielen. Die Gründung der MJD, einer konservativen muslimischen Organisation, die sich an Jugendliche in Deutschland wendet, muss für Ceydas Eltern eine erfreuliche Nachricht gewesen sein.

Ceyda misst der MJD entscheidende Bedeutung dafür bei, dass sie heute eine überzeugte, praktizierende Muslimin ist, nicht nur weil sich die Organisation an den Bedürfnissen von Jugendlichen orientiert, sondern auch aufgrund ihrer

Deutschsprachigkeit. Obwohl Ceyda einwandfrei Deutsch und Türkisch (wie auch Englisch und Arabisch) spricht und sich daher in rein deutschen und rein türkischen Gruppen gleichermaßen mühelos bewegen konnte, erinnert sie sich noch sehr genau, dass sie nie das Gefühl mochte, einer Minderheit anzugehören. Seit ihrer Kindheit wollte sie Teil der Mehrheitsgesellschaft sein – jemand, der ganz selbstverständlich zu Deutschland gehört. Gleichzeitig wollte sich Ceyda nicht von ihrer Herkunft abwenden, sondern sie zu einem legitimen Teil des gesellschaftlichen Lebens in Deutschland machen. Als wir eines Abends ein langes, intensives Gespräch führten und sie von diesen komplizierten Gefühlen erzählte, die sie seit ihrer Kindheit hatte, fiel ihr plötzlich ein, wie sie mit zwölf, dreizehn Jahren nachts aufblieb, um türkische Popmusik zu hören und sich an einer deutschen Übersetzung der Texte zu versuchen. Ceyda hielt kurz inne und meinte dann, sie habe es damals als eine Pflicht empfunden, die Lieder ins Deutsche zu übersetzen. Erstaunt darüber, dass die Texte von Popsongs eine Art Bürde für sie waren, bat ich sie, dies genauer auszuführen. Nachdenklich sagte Ceyda: „Ich hatte das Gefühl, dass diese Lieder, die ich so gern mochte, nur dann real, legitim und wertvoll sein können, wenn sie – auf Deutsch formuliert werden." Sie kicherte und erinnerte sich, dass sie auch in die andere Richtung übersetzt hatte. Mit zwölf hatte sie für einen Jungen aus ihrer Klasse geschwärmt, der aus einer christlichen deutschen Familie stammte. Aber wenn sie sich in ihrem Tagebuch Begegnungen mit ihm ausmalte, war er Muslim und hieß Bilal – ein verbreiteter Name unter Konvertiten. Als sie älter wurde, erfüllte sich Ceyda ihren Kindheitstraum, zwischen ihrer muslimischen Welt und der deutschen Kultur zu übersetzen. Sie wurde aktives Mitglied einer Organisation, die dem Ziel verpflichtet ist, islamisches Wissen zu übersetzen, den Islam auf Deutsch zu praktizieren und ihn – wichtiger noch – zu einem integralen Bestandteil der deutschen Gesellschaft zu machen. Und wie in ihren Tagträumen als Zwölfjährige heiratete Ceyda schließlich einen deutschen Konvertiten.

Schon als 16jährige ging Ceyda in türkische Moscheen in ihrer Stadt und bat um die Erlaubnis, den türkischen Mädchen und jungen Frauen dort das Leben Mohammeds auf Deutsch zu erklären. Aufgrund eigener Erfahrungen und von Ratschlägen aus der MJD war sie davon überzeugt, dass sie in Deutschland aufgewachsenen jungen Frauen auf diese Weise besser dabei helfen könnte, die eigene Religion zu verstehen und anzunehmen. So bescheiden diese Bitte klingen mag, so schwierig war es, sie vorzubringen und auf ihr zu beharren. „Aus vielen Moscheen wurden wir hinausgeworfen", erzählte mir Ceyda lachend. In einer türkischen Moschee wurde ihr gesagt: „Hör' mal, wir holen uns diese Lehrer [*hocas*] aus der Türkei, damit sie der jüngeren Generation etwas über Religion beibringen. Willst du etwa behaupten, dass das Unsinn ist?" Ceyda wurde stattdessen gebeten, die

Ausführungen der weiblichen *hocas* ins Deutsche übersetzen, wenn sie den Eindruck hatte, dass ihnen manche mangels Türkischkenntnissen nicht folgen können. Für Ceyda war das keine Lösung: Das Problem sah sie nicht nur in der Sprache, sondern auch im Unterrichtsstil und den Themen. Die aus der Türkei geholten Lehrer wussten nichts über das Leben der in Deutschland aufwachsenden Türken. Die schlechtesten Erfahrungen machte Ceyda in Moscheen, die von der MHP, der türkischen „Partei der Nationalistischen Bewegung", finanziert werden. Eigentlich schienen sie Ceyda gut geeignet für ihr Vorhaben, denn die großen Gebäude werden häufig wenig genutzt. Doch als sie dort um einen Raum für deutschsprachigen Islamunterricht bat, wurde sie über die Gefahr aufgeklärt, dass sie durch ihren deutschsprachigen Islamunterricht eine Deutsche werden könnte. Mehr Glück hatte sie schließlich bei den Görüş-Moscheen, deren Imame trotz überwiegend türkischer Gemeinden an einen universalen, nicht exklusiv türkischen Islam glauben. Sie wollten zwar zuerst die Bücher sehen, mit denen sich Ceyda auf ihren Unterricht vorbereitete, erlaubten ihr aber schließlich die Nutzung ihrer Moscheen. Ceyda organisierte dort viele Jahre lang wöchentliche Veranstaltungen, bis sie aus ihrer Heimatstadt wegzog.

Als sie die von ihr geleiteten Gruppen beschrieb, bekam Ceyda funkelnde Augen. Da ich weiß, wie temperamentvoll und unterhaltsam sie ist, konnte ich mir gut vorstellen, dass die zufällig in ihren Unterricht geratenen jungen Frauen dort ganz neue Erfahrungen machten. Bei den wöchentlichen Zusammenkünften wurde nicht nur über strikt religiöse Themen gesprochen. „Wir haben auch viel über gesellschaftliche Fragen geredet", sagte Ceyda. Wenn man in Deutschland über den Islam spricht, kommt man ihrer Meinung nach ganz von selbst auf die Frage, wie Muslime in Deutschland leben. Die Sprache, in der Religiöses in türkischen Moscheen behandelt wird, hält Ceyda für so antiquiert, dass deutsch-türkische Jugendliche sie nicht verstehen und auf ihre eigenen Erfahrungen beziehen können. „Wenn es zum Beispiel in der Schule um die Evolutionstheorie geht, wissen sie ausgehend von dem, was sie in der Moschee lernen, keine Antwort darauf. Erstens verstehen sie nicht wirklich, was ihnen in der Moschee gesagt wird, und zweitens übersetzt sich das nicht in ihre Erfahrungen außerhalb der Moschee." Ceyda fuhr fort:

> Bei unserem ersten Treffen habe ich mich mit den Mädchen vorne im Raum auf den Boden gesetzt. Weiter hinten saßen ältere türkische Frauen und haben uns misstrauisch angeschaut, weil sie unsere Gespräche nicht verstanden haben. Ich bat die Mädchen, einen diskreten Blick auf die langen Gesichter der älteren Frauen zu werfen und mir zu sagen, was sie über das Verhältnis von Islam und Glück denken. Die Mädchen waren begeistert, dass wir uns in der Moschee auf Deutsch unterhielten – eine Sprache, die ihre Mütter nicht verstehen und durch die sich sofort von ihnen

unterscheiden. Ich habe ihnen gesagt, wenn sie versuchen, die Botschaft des Islam wirklich zu begreifen, anstatt nur Passagen aus dem Koran auswendig zu lernen, dann würde ihnen das ein Lächeln ins Gesicht zaubern. Dann habe ich über die Bedeutung der al-Fatiha gesprochen, der Eröffnungssure, die alle Muslime auswendig lernen müssen, aber die nur wenige Türken verstehen. Die Mädchen waren auf Anhieb begeistert. Wir haben unsere wöchentlichen Treffen jahrelang fortgesetzt.

Das größte Problem an einem türkischsprachigen Islam in Deutschland sieht Ceyda darin, dass es die Religion zu einem abgetrennten Wissensbereich macht, der nicht mit alltäglichen Fragen vermittelt werden kann: „Was in der Moschee passiert, lässt sich nur sehr schwer damit zusammenbringen, was außerhalb passiert." Ceyda kennt viele Frauen, die sich deshalb von der Gesellschaft absondern und nur noch in ihren türkischsprachigen Kreisen bewegen. Andere sind Teil der Mehrheitsgesellschaft geworden und haben sich von ihrer Religion abgewendet.

Ceyda hatte noch mehr vor. Schon früh war es ihr Ziel, ein islamisches Leben zu führen und gleichzeitig der deutschen Gesellschaft anzugehören. Heute ist sie stolz darauf, die Buchhaltung einer kleinen Firma zu leiten, die einem christlichen Deutschen gehört. Der Eigentümer störe sich vielleicht deshalb nicht an ihrem Kopftuch, weil er als Mitglied einer unabhängigen protestantischen Gemeinde selbst ein religiöser Mensch sei, vermutet Ceyda. Beim ersten Bewerbungsgespräch meinte er, Integration sei eine Frage von Zusammenarbeit, nicht von Kleidungsstücken. Ceyda erfüllt es mit Stolz, dass ihr Leben so ist, wie sie es sich gewünscht hat. Ihre beste Freundin in ihrer Heimatstadt ist eine christliche Deutsche, die sie seit dem Gymnasium kennt, auch die Kinder der beiden sind gute Freunde. Sie wünsche sich, dass es ganz normal ist, wenn ihr Sohn beim Spielen mit anderen Kindern kurz zum Beten zur Seite geht, meinte sie zu mir. Ihr zehnjähriger Sohn, der uns schweigend zugehört hatte, sagte: „Aber natürlich ist das normal, Mama. Warum sollte es denn nicht normal sein?" Ceyda war sichtbar glücklich und zufrieden.

Halal-Unterhaltung

Ein Bereich der muslimischen Kultur in Deutschland, den die MJD zweifellos verändert hat, ist die Freizeit – als Wegbereiterin dessen, was eines ihrer Mitglieder „*Halal*-Unterhaltung" genannt hat. Im Einklang mit den Bedürfnissen muslimischer Jugendlicher war die MJD die erste Gruppe, die bewusst Brücken zwischen der deutschen Jugendkultur und einer islamischen Lebensweise gebaut hat. „Spaß und Islam?", lautete eine provokative Frage auf ihrer Webseite – und die Antwort „Ja, bitte!". Im Verständnis der MJD lässt sich beides durchaus verbinden: bei Konzerten mit muslimischen Rappern, Hip-Hop-Workshops, Silvesterfeiern,

„Farb-Schlachten" und Gruppenfahrten in Deutschland oder ins Ausland. Bei einem MJD-Treffen, an dem ich teilnahm, wurden Videos von Sketchen über lästige Verhaltensweisen in der Moschee geschaut – über Leute, die beim Gruppengebet zu langsam sind, vor dem Moscheebesuch nicht duschen oder bei Vorträgen unruhig herumlaufen. Ein Sketch, bei dem sich die versammelten MJD-Mitglieder vor Lachen ausschütteten, fing mit dem Motto an: „Weil Lachen *halal* ist!" Ein solcher Ansatz, der Spaß und Islam verbindet, ist einzigartig für die MJD oder war es zumindest bis vor gut zehn Jahren. Vorher waren islamische Gemeinden in Deutschland nicht besonders einladend für Jugendliche und assoziierte man den Islam kaum mit Vergnügen.

In den letzten Jahrzehnten konnte man im Islam weltweit einerseits eine zunehmende Strenge und Lustfeindlichkeit und andererseits eine wachsende globale Konsum- und Spaßkultur beobachten. In seinem Aufsatz „Islamism and the Politics of Fun" fragt Asef Bayat, warum sich puritanische Bewegungen wie die Taliban in Afghanistan, die Wahhabiten in Saudi-Arabien und die Mullahs im Iran so vehement gegen Muslime – besonders Jugendliche – wenden, die sich amüsieren. Er führt diesen „Anti-*fun*-damentalismus" auf das Streben nach Machterhalt zurück: „Es geht nicht unbedingt um die Störung der moralischen Ordnung, sondern um die Schwächung von Hegemonie, des Machtregimes, auf dem bestimmte Elemente der Moral und der politischen Autorität beruhen." (Bayat 2007, S. 435) Vielleicht ist es kein Zufall, dass die globale muslimische Jugendkultur, die in Opposition zur vorherrschenden islamischen Gesellschaft steht und zugleich ein integraler Teil von ihr sein will, sich gerade im Westen zum Spaß bekennt, nach Bayat „eine Metapher für den Ausdruck von Individualität, Spontaneität und Leichtigkeit, bei der Freude das zentrale Element ist" (ebd., S. 434). Anders als die von Bayat erörterten Fälle orientieren sich spaßfreundliche muslimische Jugendkulturen wie die MJD nicht an dem, was hegemonial ist, sondern stellen sowohl die moralische und politische Autorität der deutschen Mehrheitsgesellschaft als auch die traditionellen Machtstrukturen der islamischen Gemeinden infrage.

Wissenschaftler haben oft die konsumorientierten Aspekte der neuen globalen islamischen Kultur hervorgehoben: Es gibt heute islamische Cafés und Restaurants (Houston 2001; Deeb und Harb 2013), eine islamische Modeindustrie (Gökarıksel und Secor 2009), islamische Comedy (Bilici 2010), islamisch gekleidete Barbie-Puppen (Kupinger 2009) und islamische Musik (Abdel-alim 2006). Häufig wird diese Kultur mit dem Aufstieg einer frommen muslimischen Mittelschicht im Zeitalter des Neoliberalismus in Verbindung gebracht (Deeb und Harb 2013). Patrick Haenni (2009) sieht in der neuen „muslimischen Konsumgesellschaft" eine produktive Spannung zwischen einem marktförmigen individualistischen Hedonismus und dem Bedürfnis, der eigenen Religiosität einen wahrnehmbaren Ausdruck zu geben. Diese Spannung wird ihm zufolge durch die Möglichkeit aufgelöst, zwischen verschiedenen islamischen Waren zu wählen, durch die verschiedene islamische Lebensstile ausgedrückt werden können.

Bei der Einführung dieser globalen konsumorientierten islamischen Kultur nach Deutschland hat die MJD eine führende Rolle gespielt. In den Büros der Organisation bekommt man islamisch gekleidete Barbies („Razanne"), gelatinefreie Gummibärchen, CDs von weltweit berühmten Musikern wie Sami Yusuf und Amir Khaled sowie T-Shirts, Handtaschen und Schlüsselanhänger der deutschen Firma Style Islam mit englischen Slogans wie „I love my Prophet", „Keep Smiling: It is Sunnah", „Ummah Girl" und „Hijab: My Right, My Choice, My Life". Ein MJD-Mitglied erzählte mir, wie er und seine Freunde die islamische Jugendkultur rund um die Welt verfolgen: Komiker wie die US-amerikanische Stand-up-Truppe „Allah Made Me Funny", Graffiti-Künstler, erfolgreiche Athleten, Intellektuelle wie Native Dean und die dänische Musikgruppe Outlandish. Die MJD ist Teil dieser locker verbundenen weltweiten Jugendbewegung, die den Islam als *hip* und *cool* darstellt.

Wie in der mehrheitlich muslimischen Welt ist die von der MJD angeführte islamische Jugendkultur in Deutschland konsumorientiert. Das zentrale Spannungsverhältnis besteht hier aber meines Erachtens anders als im Nahen Osten nicht zwischen Bescheidenheit und Konsumhaltung, sondern eher zwischen Frömmigkeit und einer deutschen bzw. europäischen Identität und Lebensweise. Das Neue für viele junge Muslime in Deutschland, besonders für MJD-Mitglieder, ist nicht ein wachsender Wohlstand, wie ihn ihre Schwestern und Brüder beispielsweise in der Türkei genießen, sondern das ausdrückliche Ziel, zu Deutschland zu gehören. Wie Salih formulierte: MJD-Mitglieder wollen fromme Moslems und zugleich „vorbildliche Bürger" Deutschlands sein.

Deutschlands erster *Halal*-Rapper

Die Lebensgeschichte und Kunst von Ammar114, der im Umkreis der MJD als erster in Deutschland „muslimischen Rap" produziert hat, ist das beste Beispiel dafür, wie die Organisation bestimmte Elemente der deutschen Jugendkultur in den Islam einzuführen versucht und wie diese Verbindung sowohl für die Mehrheitsgesellschaft als auch für die muslimischen Gemeinden eine Herausforderung darstellt. Ammar wurde 1979 als Kind christlicher Eltern in Äthiopien geboren; 1983 kam er als Vierjähriger nach Deutschland.[79] Als er als 15jähriger in der Frankfur-

---

79 Die Angaben über Ammar114 beruhen auf der Biografie, die sich auf seiner Webseite findet: http://www.ammar114.de/index.php?article_id=30.

ter Rap- und Hip-Hop-Szene aktiv wurde, lernte er einige Muslime kennen – der erste war ein kroatischer Konvertit –, von denen ihn grundsätzlich und besonders in seiner Entscheidung für die Konversion niemand so stark beeinflusste wie sein Produzent Sayfoudin, der als Sohn einer Italienerin und eines Marokkaners nach vielen Verfehlungen zum Islam gefunden hatte.[80] Ammar beeindruckte die Tatsache, dass Sayfoudin ein aufrichtiger Gläubiger, aber auch im weltlichen Leben und der Hip-Hop-Szene aktiv war. Nach vielen Gesprächen mit ihm trat er 1999 im Alter von zwanzig Jahren zum Islam über.

Nach seiner Konversion nahm Ammar den Namen Ammar114 an, eine Anspielung auf die 114 Suren oder Abschnitte des Koran. Auf seiner Webseite erklärt er, kurz danach habe er spontan seinen ersten islamischen Rap-Song „Allah vergib mir" geschrieben. Später produzierte er ein ganzes Album und war überrascht, wie viel Aufmerksamkeit es erhielt. Ebenfalls kurz nach der Konversion lernte er den MJD-Gründer Siddiq kennen, wie er ein Konvertit, der von seiner Musik tief bewegt war und ihn zu Treffen der MJD einlud.

Siddiq war bereits von Ammars erstem Song persönlich berührt, aber sich sicherlich auch der Kraft von Hip-Hop bewusst, Jugendliche zum Islam zu führen.[81] Die Bedeutung von Ammar besteht vor allem darin, dass er maßgeblich eine neuartige *Halal*-Unterhaltung in Deutschland begründet hat, die jungen praktizierenden Muslimen Zugang zu Rap und Hip-Hop eröffnet, ohne islamische Regeln zu verletzen. Ammars Beitrag zu dieser Unterhaltungskultur schilderte mir das MJD-Mitglied Huseyin, der sich auch mit der türkisch-islamischen Szene in Deutschland auskennt. Er erinnerte sich noch gut daran, wie Ammar zum ersten Mal bei einer MJD-Veranstaltung als muslimischer Rapper auftrat: „Wir waren zweihundert Leute beim Jahrestreffen, alle hatten sich hingesetzt. Jemand kam auf die Bühne und machte die Ansage, dass ‚gleich ein Bruder auftreten wird. Er wird rappen. Bitte bleibt ruhig auf euren Stühlen sitzen.'" Huseyin musste laut lachen, als er die Szene beschrieb. „Stell' dir das vor – das war wie Folter für uns! Gleich wird einer rappen, aber mehrere Hundert Jugendliche sollen ruhig bleiben! Natürlich haben wir uns auf den Stühlen im Rhythmus der Songs etwas bewegt. Da griff einer zum Mikro und sagte: ‚Bitte nutzt diese Situation nicht aus. Bleibt ruhig!'"

Damals fand Huseyin die Situation lustig, doch wenn er heute darauf zurückblickt, was sich seitdem verändert hat, findet er sie absurd und unvorstellbar:

---

80   Vgl. „Gutes über die Texte vermitteln", Interview in *Islamische Zeitung*, 25. Juni 2004.

81   Forschern zufolge bringt die Hip-Hop-Kultur marginalisierte Jugendliche in der ersten Welt zusammen und spielt der Islam eine zentrale Rolle für sie: „In den 1990er Jahren entstand islamischer Hip-Hop als die Sprache der Unzufriedenen." (Aidi 2002)

Diese Geschichte zeigt sehr gut, wie anders es damals war. Einen Sänger auf einer islamischen Veranstaltung auftreten zu lassen, war vor zehn Jahren unerhört. Besonders Gitarren waren undenkbar. Heute tritt bei fast jeder großen muslimischen Veranstaltung ein Sänger auf. Die Songs sind sehr lebendig, die Rhythmen tanzbar. Das einzige, was man nicht tut, ist aufstehen und tanzen. Man kann sagen: Die MJD hat es erreicht, dass es in Deutschland heute möglich ist, Musik als *halal* zu betrachten. Die Regeln, die sie damals für *Halal*-Unterhaltung aufgestellt hat, lauteten unter anderem: Kein Alkohol, kein Tanzen, kein Fluchen und natürlich Geschlechtertrennung im Publikum. Was diese Kriterien erfüllte, galt als *halal*.

Dass die MJD Ammar entdeckte und umgekehrt, war kein Zufall. Als Ammar konvertierte, gab es keine anderen muslimischen Jugendgruppen, die Deutsch sprachen und ethnisch gemischt waren. Alle anderen Gruppen verständigten sich auf Türkisch oder Arabisch und hätten einen konvertierten äthiopisch-deutschen Rapper wohl kaum begrüßt. Ammar und die MJD sprachen im wörtlichen wie übertragenen Sinn dieselbe Sprache. Er schloss sich der Organisation an, schrieb ihre halboffizielle Hymne „Ich bin dabei" und veröffentlichte zahlreiche weitere Alben.

„Die ethnisch Marginalisierten des Westens – historisch vor allem Schwarze, heute aber auch Latinos, amerikanische Ureinwohner sowie arabische und südasiatische Minderheiten – werden vom angeblichen Universalismus und der ‚Farbenblindheit' der islamischen Geschichte und Theologie angezogen und behaupten ihre Zugehörigkeit zur transnationalen islamischen Gemeinschaft der Umma, womit sie den weißen Westen infrage stellen oder aus ihm ‚austreten'", schreibt Hishaam Aidi (2003, o. S.). In den Vereinigten Staaten (Aidi 2002, 2003, 2011), Frankreich (Swedenburg 2001) und Großbritannien ist ein Trend zu einem antirassistischen, konversionsorientierten islamischen Hip-Hop unübersehbar.[82] In Deutschland besteht ein ähnlicher, aber schwächerer Trend; die meisten Hip-Hop-Künstler und Rapper haben einen muslimischen Hintergrund und neben Ammar gibt es in der Szene weitere Afrodeutsche, die zum Islam konvertiert sind.[83] Ein

---

82 Islamischer Hip-Hop als antirassistische Solidaritätsbewegung von dunkelhäutigeren Menschen ist besonders in Frankreich wahrnehmbar; die bekanntesten Beispiele dafür sind Akhenaton (Philippe Fragiona, geb. 1968) und Diam's (Mélanie Georgiades, geb. 1980; vgl. Veiel 2010), die zwar unterschiedliche Genres und Stilrichtungen repräsentieren, aber beide Kinder von Einwanderern sind und nach ihrem Einstieg in die Hip-Hop-Szene konvertierten.

83 Es gibt drei weitere bekannte deutsche Rapper, deren Konversion zum Islam öffentlich bekannt ist: M. Bilal, vormals Manuellsen, ist ghanaischer Abstammung und trat 2010 zum Islam über; der Deutsch-Kanadier Kollegah konvertierte gut zehn Jahre früher. Beide haben ihre musikalische Karriere nach dem Übertritt zum Islam fortgesetzt und

Motiv vieler muslimischer Rapper ist die Unzufriedenheit mit der deutschen Gesellschaft, auch wenn sie dabei häufig selbst rassistische Stereotype über Schwarze und Muslime als gewalttätig, kriminell und sexistisch reproduzieren.[84] Einige von ihnen stellen ihren islamischen Glauben in den Mittelpunkt und nutzen Musik zu seiner Verbreitung, darunter eine Handvoll Konvertiten nichtdeutscher Herkunft. Ammar114 ist ein besonders gutes Beispiel dafür, wie ein deutsch-migrantischer Konvertit zum Islam eine neue Stimme und eine neue Perspektive auf die deutsche Gesellschaft finden kann, anstatt aus ihr „auszutreten".

Als Ziel definiert Ammar114 auf seiner Webseite, durch Musik Brücken zwischen Muslimen und deutscher Mehrheitsgesellschaft zu bauen. Seine Songs beinhalten schlichte Einladungen zum Islam: „Willst du wissen, was Islam ist / Schlag' den Koran auf und lies / Dort findest du mehr / als Hölle und Paradies." Er rappt über Frieden und Gerechtigkeit und betont das Gemeinsame des Islam und anderer Religionen: „Du nennst ihn Gott / Ich sag' Allah." In anderen Songs spricht er zu gebürtigen Muslimen über Gewalt, Ehrenverbrechen und Terrorismus. Aber vor allem nimmt Ammar in Stücken wie „Im Namen der Demokratie" eine kritische Haltung zum deutschen Nationalismus ein. In „Wir sind Deutschland", dem Song, der ihn außerhalb muslimischer Kreise berühmt gemacht hat[85], geht es um Rassismus in Deutschland:

Du bist, er ist, sie ist, wir sind Deutschland!
Du bist, er ist, sie ist, wir sind Deutschland!
Ich habe keine deutschen Eltern, bin im Ausland geboren,
doch ich bin hier in diesem Land groß geworden.
Ich hab mitgefroren, mitgeschwitzt und miterlebt,
ja, dieses Land hat mich geprägt.
Ich bin einer von vielen, die sich hier zu Hause fühlen,
die hier zu Hause sind wie ein blondes Kind.
Wir sind Deutsche, auch wenn wir anders aussehen. [...]
Wir sind Deutschland, denn wir haben miterlebt, mitgeprägt und mitbewegt.
Wir sind Deutschland, ja, wir sind ein Teil davon.

---

sind offenbar nicht Teil eines Konvertitenmilieus. Der dritte bekannte konvertierte Rapper hieß Deso Dogg; er nannte sich später Abou Maleeq und schloss sich der radikal-islamistischen Szene an (vgl. Kapitel 5).

84 Vgl. Murat Güngör, Ganz verliebt ins Ghetto-Klischee, *die tageszeitung*, 2. August 2007.

85 Das Stück fand große Verbreitung; der Text wurde in das Ethik-Lehrbuch für den Gymnasialunterricht (Jahrgangsstufe 5 und 6) in Sachsen aufgenommen (*Abenteuer Ethik*, Verlag C.C. Buchner).

Es ist Zeit, dass wir endlich volle Rechte bekommen. [...]
Es ist Zeit, dass ihr das versteht,
uns als Bürger und nicht mehr als Gäste seht. [...]
Wir sind Deutschland,
unsere Kinder sind hier geboren. [...]
Wir haben deutsche Freunde, deutsche Kollegen,
deutsche Geschwister, die an unserer Seite beten.
Wir zahlen deutsche Steuern, haben investiert,
in den deutschen Staat, der uns jetzt attackiert,
uns nicht respektiert, uns die Rechte nimmt.
Wir sollen uns integrieren, obwohl wir Deutsche sind,
auch wenn wir dreißig Tage fasten und in die Moschee gehen,
kein Schweinefleisch essen, fünfmal am Tag beten gehen,
jeden Freitag der Predigt des Imam lauschen,
zum Feiern kein Bier, sondern schwarzen Tee brauchen.
Wir sind Deutschland, ja, wir sind ein Teil davon.
Es ist Zeit, dass wir endlich unsere Rechte bekommen.

Besonders aufschlussreich an dem Text ist, dass Ammar114 diese kritischen Aussagen über den deutschen Nationalismus als äthiopischer Migrant oder Afrodeutscher vortragen könnte, dies aber stattdessen als deutscher Muslim tut. Das „Wir" in dem Song bezieht sich nicht auf irgendwelche Migranten oder nichtweißen Deutschen, sondern auf muslimische Deutsche. Zwar spricht er durch den Verweis auf blonde Deutsche die Rassifizierung von Migranten an, kommt danach aber schnell wieder auf das Thema Islam zurück.

Ähnlich geht Ammar im Song „Liebe Schwester" vor, in dem er Musliminnen ermutigt, am Kopftuch festzuhalten, so schwierig es im deutschen Kontext auch sein mag. Dabei spricht er die Geschichte des deutschen Rassismus an und erklärt, dass nach den Juden und Schwarzen nun die Muslime rassifiziert würden:

Sehen sie nicht wie sie Unrecht betreiben,
mit ihren Vorurteilen gehen sie nur nach Äußerlichkeiten.
Früher war es der Jude mit der Hakennase
oder der schwarze Mann mit der Negervisage.
Heute haben sie's auf uns Muslime abgesehen,
manchmal frage ich mich,
warum wir uns immer im Kreis drehen.
Ist es wirklich so wichtig, wie du aussiehst,
was du anziehst, ob du Jude bist, Muslim oder Christ?

Ammar114 bestätigt exemplarisch Aidis These, dass „vormals unsichtbare, unhörbare und unzufriedene Individuen durch die Annahme des Islam ein Gefühl von Identität und Zugehörigkeit zu einer Zivilisation gewinnen, die sie als eine organisierte, kämpferische und ruhmreiche sehen, die der Westen sehr ernst nimmt" (2002) Anders als die von Swedenburg und Aidi beschriebenen Hip-Hop-Künstler und antirassistischen Konvertiten gehen Ammar114 und andere deutsche Konvertiten allerdings härter mit migrantischen Muslimen ins Gericht als mit der Mehrheitsgesellschaft. In dem 2008 veröffentlichten Song „Fünf 32" formuliert Ammar114 eine offene Kritik an delinquenten muslimischen Jugendlichen in Deutschland. Wie er selbst erläuterte:

> „Fünf 32" steht für einen Vers im Koran, worin man folgendes lesen kann: ‚Wenn jemand einen Menschen tötet, so ist es, als hätte er die ganze Menschheit getötet; und wenn jemand einem Menschen das Leben erhält, so ist es, als hätte er der ganzen Menschheit das Leben erhalten.‘ Eine klare Aussage, die sich jeder gläubige Muslim zu Herzen nehmen sollte. In der ersten Strophe geht es um Jugendkriminalität. Ich nehme Stellung zu den U-Bahn-Schlägern aus München und zu der gesamten Problematik.
> In der zweiten Strophe geht es um Ehrenmord. Ich beginne die Strophe mit einer wahren Geschichte, die in Garching bei München stattgefunden hat. Die dritte Strophe beschäftigt sich mit dem Thema Terror. Alles Begriffe, die in der Öffentlichkeit oft mit dem Islam in Verbindung gebracht werden.
> Mit diesem Song will ich klarstellen, dass es nicht der Islam ist, der Menschen zu grausamen Taten wie z.B. Jugendkriminalität, Ehrenmorden und Terror aufruft. Im Gegenteil: Der Islam verneint und verbietet ausdrücklich derartig Abscheuliches. Dieses Lied soll dazu beitragen, Vorurteile abzubauen und falschen Vorstellungen entgegenzutreten. Ich will jeden ansprechen, der eine falsche Vorstellung vom Islam hat, egal ob Muslim oder Nichtmuslim.[86]

Ammar, viele der weiter oben vorgestellten Konvertiten und auch MJD-Mitglieder meinen, dass muslimische Einwanderer nicht den Ansprüchen des Islam gerecht werden. Während er ihren Glauben würdigt und anerkennt, dass sie in Deutschland mit Marginalisierung und Rassismus konfrontiert sind, ist Ammar zugleich kritisch gegenüber ihren Verfehlungen und stark bemüht, sie von dem aus seiner Sicht wahren Islam zu trennen. Auch wenn sich die Entscheidung zur Konversion nicht auf eine politische Stellungnahme reduzieren lässt, ist es wichtig zu erkennen, dass globale Diskurse über einen Gegensatz zwischen Islam und Westen durchaus

---

86 „Islam verbietet Gewalt". Interview mit Rapper Ammar114 (2008), http://de.qantara.de/inhalt/interview-mit-rapper-ammar114-islam-verbietet-gewalt. Zugegriffen: 4. Mai 2017.

beeinflussen, wie sich Individuen in dieser Kluft positionieren. Die Hip-Hop- und Rap-Kultur, ein Feld des Ausdrucks für marginalisierte Jugendliche in den Metropolen, ist zu einem Ort geworden, an dem solche Jugendlichen dem Islam begegnen und zu einem Glauben mit universalistischer Botschaft übertreten, wenngleich er sein Versprechen, Rassismus zu überwinden, nicht immer einlöst. Die Texte von Ammar114 zeigen, dass der Übertritt zum Islam ihm das Gefühl der Zugehörigkeit zu einer kritischen Menge gibt, die in Opposition zur deutschen Mehrheitsgesellschaft stehen kann. Gleichzeitig können Mitglieder einer Organisation wie der MJD, deren Philosophie auf die Überwindung ethnischer Identitäten und nationaler Traditionen zielt, als Muslime einen Platz innerhalb der deutschen Nation einnehmen, der es ihnen ermöglicht, sich artikulieren, und so deren Grenzen erweitern. Der Preis dafür besteht allerdings mitunter darin, dass „traditionelle" Muslime bei dieser Neudefinition nationaler Werte ausgeschlossen werden.

Die politische Kontroverse um die MJD

Jede Darstellung der Organisation, die die politische Kontroverse um sie aussparen würde, bliebe unvollständig. Trotz oder vielleicht gerade wegen ihres dezidiert deutschen Selbstverständnisses stellt die MJD für die Behörden ein Rätsel dar und hat widersprüchliche Reaktionen von großem Lob bis zu Sanktionierung hervorgerufen.[87] 2002 erhielt sie Fördermittel des Bundesministeriums für Familie, Senioren, Frauen und Jugend für das antirassistische Projekt „TA'RUF/Kennenlernen!", bei dem junge Muslime an Berliner Schulen gehen sollten, um mit migrantischen Jugendlichen zu sprechen. In der Presse wurde das Projekt unter der Überschrift „Muslimischer Verein missioniert in Schulen"[88] angegriffen, wodurch die MJD in den Fokus der Öffentlichkeit rückte. Als ein Journalist auf ihrer Webseite antisemitische und antiamerikanische Aussagen entdeckte, entschuldigten sich Vertreter der Organisation umgehend und erklärten, Teile der Webseite stünden den Mitgliedern offen, die dort unmoderiert Beiträge posten könnten; die betreffenden Texte wurden gelöscht und der Zugang der Mitglieder zur Webseite eingeschränkt. Dennoch zog das Bundesministerium seine Unterstützung zurück und das Projekt war beendet. Mehr noch: Die MJD stand nun im Verdacht, Beziehungen zur Muslimbruderschaft zu unterhalten, und geriet ins Visier des Bundesamtes für Verfas-

---

87 Ausführlich zum politischen Skandal um die MJD: Bendixsen 2013, S. 42–54.

88 So der *Tagesspiegel*, 6. November 2003. Bendixsen schreibt, ein Teilnehmer des Projekts habe ihr berichtet, dass die Presse von einem Lehrer an einer der beteiligten Schulen eingeschaltet worden sei (2013, S. 43).

sungsschutz (BfV).[89] „Ein Mitglied der Schura [Vorstand] von 2004 ist der Bruder von Ibrahim el-Zayat, dem Vorsitzenden des Vereins ‚Islamische Gemeinschaft in Deutschland', der laut dem Bundesamt für Verfassungsschutz eine Vertretung der Muslimbruderschaft in Deutschland darstellt" (Bendixsen 2013, S. 44).

Das BfV ist ein Nachrichtendienst mit besonderer politischer und symbolischer Macht. Seine Aufgabe besteht darin, sicherzustellen, dass niemand das 1949 unter alliierter Besatzung verabschiedete Grundgesetz gefährdet oder gegen es verstößt. Ursprünglich gegen Neonazis und die DDR gerichtet, wird sein Auftrag heute wie folgt definiert:

> Das Grundgesetz (GG) für die Bundesrepublik Deutschland gewährt den Bürgerinnen und Bürgern eine Vielzahl von Freiheitsrechten. Sie stehen als Grundrechte auch Personen zu, die unsere freiheitliche demokratische Grundordnung ablehnen. Eine klare Grenze ist allerdings dort zu ziehen, wo diese Rechte dazu missbraucht werden, die freiheitliche demokratische Grundordnung zu untergraben und damit das Fundament dieser Freiheitsrechte zu beseitigen. Die leidvollen Erfahrungen mit dem Ende der Weimarer Republik haben dazu geführt, dass im Grundgesetz das Prinzip der wehrhaften oder streitbaren Demokratie verankert ist. (Bundesministerium des Innern 2013, S. 16)

Das BfV beobachtet heute Rechts- und Linksextremisten, Islamisten, extremistische Bestrebungen von Ausländern und die Scientology-Kirche und veröffentlicht seine Erkenntnisse über sie in jährlichen Berichten. 2012 verfügte es über einen Etat von € 209 Millionen und beschäftigte 2.757 Mitarbeiter (ebd., S. 12). Zur Informationsbeschaffung setzt die Behörde auf Überwachung und Infiltration, sie hat aber keine polizeilichen Befugnisse wie etwa das Recht zu Festnahmen und Verhören (ebd. S. 18). Ewing schreibt: „Verfassungsschutz wirkt als das Idiom eines kollektiven Gewissens, das der Überwachung aufrührerisch-militanter und undemokratischer Tendenzen jedweder Art verpflichtet ist."

Da er das kollektive deutsche Gewissen symbolisiert, hat es gravierende Konsequenzen, wenn der Verfassungsschutz eine Organisation unter Beobachtung stellt, selbst wenn er keine konkreten Beweise gegen sie findet. Der Fall der MJD zeigt dies deutlich. Nicht nur verlor sie ihren Status als gemeinnützige Organisation, sie wurde auch als suspekt gebrandmarkt, sodass andere Gruppen nicht mehr zur Zusammenarbeit mit ihr bereit waren. Ihr veränderter Status hatte aber nicht nur politische, sondern auch finanzielle Folgen: Unter Beobachtung durch das BfV

---

89 Bendixsen bemerkt, aus dem Protokoll der Bundestagsdebatte über den Fall gehe hervor, dass über solche Beziehungen zwischen der MJD und der Muslimbruderschaft keine klaren Informationen vorlagen (2013, S. 44).

gestellt, konnte die MJD für ihre Projekte keine staatlichen Fördergelder mehr bekommen, zugleich musste sie aufgrund der Aberkennung ihrer Gemeinnützigkeit mehr Steuern zahlen. Zudem haben Mitglieder von Gruppen und Organisationen, die vom BfV beobachtet werden, Schwierigkeiten, die deutsche Staatbürgerschaft zu bekommen; sie können von der Polizei vernommen werden und sie gelten bei staatlichen und privaten Organisationen nicht als legitime Gesprächspartner bei öffentlichen Diskussionen über gesellschaftliche Themen.

Das BfV ist dafür kritisiert worden, dass es weder die für die Anschläge des 11. September verantwortliche Terrorzelle noch den rechtsextremen Nationalsozialistischen Untergrund, der von 2000 bis 2006 neun Migranten ermordete, aufgedeckt hat. Muslime und Wissenschaftler haben die nachlässige, ungerechtfertigte Weise kritisiert, in der das BfV Vorwürfe gegen islamische Gruppen erhebt. Als ich einen ehemals führenden MJD-Vertreter traf, hatte er gerade erfahren, dass ein weiteres Projekt – diesmal ging es um psychologische Beratung für muslimische Häftlinge – nach langwierigen Planungen und Gesprächen als nicht förderungswürdig beurteilt worden war. Er wirkte frustriert und meinte:

> Ich finde das Grundgesetz großartig und stimme völlig mit ihm überein. Aber die Logik des Bundesamtes für Verfassungsschutz verstehe ich nicht. Wir können keine Förderung für irgendein Projekt bekommen, weil wir unter seiner Beobachtung stehen. Wie kann ich angesichts dessen jungen Muslimen sagen, dass wir wirklich ein Teil dieser Gesellschaft sind und sie zu ihr beitragen sollen?

Dass in einem Land, in dem Muslimen regelmäßig ein Mangel an Integrationsbereitschaft, gesellschaftlicher Partizipation und Deutschkenntnissen vorgeworfen wird, eine der wenigen Organisationen, die diesen Werten verpflichtet ist, auf fragwürdiger Grundlage als suspekt etikettiert wird, ist in der Tat eine Ironie. Konservative muslimische Organisationen, die den Gedanken eines mit der deutschen Identität vereinbaren muslimischen Lebens fördern, gelten als Sicherheitsrisiko.

Schluss

Die deutsche Politik in puncto Minderheiten und Mehrheit ähnelt dem, was Viswanathan (1998, S. 5) für Indien und Großbritannien im späten 20. Jahrhundert beschrieben hat. Religiöse Minderheiten können ihre Minderheitenposition weder vollständig annehmen noch vollständig aufgeben und sie können auch nicht gänzlich verschwinden (Mufti 1995). Wie in der Einleitung erörtert, erklären deutsche Politiker heute zwar emphatisch, dass Muslime als Bürger in Deutschland leben können, deren Religion oder islamische Identität werden jedoch nicht akzeptiert. Die Mitglieder der MJD versuchen auf diese Herausforderung zu reagieren, indem sie zeigen, dass man zugleich konservativer Muslim und vorbildlicher deutscher Bürger sein kann. Sie sind bereit, ihre ethnischen Identitäten als Araber, Türken, Bosnier oder Inder in den Hintergrund zu rücken, heben stattdessen nachdrücklich ihre deutsche Identität hervor und versuchen, deren Vereinbarkeit mit einer konservativen muslimischen Lebensweise zu demonstrieren.

Mitglieder der MJD konnten ihre deutsche Identität umfassend akzeptieren, als sie lernten, den Islam universell zu definieren – als etwas, das von seinen türkischen und arabischen Wurzeln abgelöst werden kann. Die MJD predigt und praktiziert einen deutschen und jugendlichen Islam, einen, der Spaß machen kann. Sie entscheidet sich bewusst für die deutsche Sprache und versucht Freizeitaktivitäten „normaler" deutscher Jugendlicher *halal* zu gestalten oder Alternativen zu ihnen zu finden; sie holt ganz unterschiedliche Muslime aus ihren ethnischen Enklaven und bringt sie schlicht als deutsche Muslime zusammen. Durch solche Praktiken sind gebürtige Muslime überhaupt erst Teil der deutsch-muslimischen Gemeinschaft und schließlich der deutschen Gesellschaft insgesamt geworden. Durch die MJD finden türkische und arabische wie auch konvertierte Muslime unterschiedlicher Abstammung Wege, ein Teil der deutschen Gesellschaft zu sein und sich als solcher auszudrücken, und definieren sich zugleich als deutsche Muslime.

Diese neue deutsch-muslimische Identität hat jedoch ihren Preis. Wie die in den vorherigen Kapiteln behandelten Konvertiten definieren auch MJD-Mitglieder die Praktiken ihrer türkischen, arabischen oder bosnischen Eltern als traditionell, rückständig und nicht unbedingt islamisch – und somit als schwer vereinbar mit deutschen Werten. Im Zuge des Einschlusses der islamischen Identität in das Deutsche werden ethnische Identitäten und Praktiken, die als traditionell gelten, als wertlos betrachtet und zurückgelassen.

Wahrscheinlich erkennt der Verfassungsschutz in der MJD gerade deshalb eine Bedrohung der deutschen Ordnung, weil sie die Kategorien „deutsch" und „muslimisch" so erfolgreich verschmolzen hat. Man könnte sogar die These wagen, dass MJD-Mitglieder genau wie deutsche Konvertiten in den Augen des Staates schuldig sind, die Unterscheidung zwischen Angehörigen der Nation und Fremden durcheinanderzubringen. Als Feinde im Inneren wahrgenommen, die die deutsche Gesellschaft schädigen könnten, müssen sie folglich unter ständiger Beobachtung stehen.

Kapitel 5

Salafismus – die Zukunft des europäischen Islam?

Um zur berüchtigten salafistischen Al-Nur-Moschee zu kommen – angeblich die radikalste in ganz Berlin –, muss ich zweimal umsteigen. Als ich an der Haltestelle Neukölln aussteige, sehe ich ein Spalier aus Polizeibeamten, die Jugendliche mit dunklen Haaren und hellbrauner Haut mustern; die deutschen Schäferhunde, die sie dabei haben, sind Drogenspürhunde. Ich gehe an ihnen vorbei und muss lange auf die S46 warten, die nicht so oft fährt. Mit ihr fahre ich dann nach Königs Wusterhausen, eine alte Industriegegend im Osten der Stadt. Als sich der Zug an diesem Sonntagnachmittag meiner Haltestelle nähert, hat er sich mit Gruppen junger Männer und Frauen um die zwanzig gefüllt, die offenbar dasselbe Ziel haben: einen Vortrag des charismatischen Predigers Abdul Adhim Kamouss. Bunt glitzernde Kopftücher verteilen sich im Wagen, einige Frauen tragen aber auch lange schwarze Gewänder und überdimensionierte schwarze Kopftücher, manche Handschuhe und Gesichtsschleier. Mir fallen die großen blauen Augen im schmalen Sehschlitz eines schwarzen Niqab auf. Die Männer wirken sportlich, sie tragen Jeans und Turnschuhe. Manche haben eine Kappe auf, dünne Schnurrbärte oder üppige, lange Bärte, die vom parfümierten Bartöl glänzen. Die Bärte haben alle möglichen Farben: schwarz, blond und sogar rot.

Als wir durch die trostlosen, leeren Straßen an verfallenen Fabrikgebäuden vorbei zur Moschee laufen, ändert sich das Bild plötzlich. Vor dem Gebäude stehen Männer, begrüßen sich, die jüngeren werfen den Frauen verstohlene Blicke zu. Gruppen junger Frauen gehen Arm in Arm beschwingt zum Eingang und versuchen – nicht immer mit Erfolg –, die Blicke der Männer nicht zu erwidern oder zu kichern. Im kleinen Moscheeladen ist Hochbetrieb, Frauen kaufen *Halal*-Gummibärchen – mit Gelatine von Rindern, die in der Türkei nach islamischem Gesetz geschlachtet wurden –, junge Männer suchen Energy Drinks.

Wie die benachbarten Gebäude ist die Al-Nur-Moschee ein altes Büro- und Lagerhaus mit schmuckloser Betonfassade. Der einzige Hinweis auf seine Nutzung ist ein weißes Schild mit dem grün-roten Schriftzug „Die Islamische Gemeinschaft e.V. in Berlin – Al Nur Moschee", darüber ein zweites auf Arabisch. Ich folge den Frauen in unseren Eingang. Wir gehen in den zweiten Stock, den Frauenbereich, der durch einen eigenen Eingang vollständig von dem der Männer getrennt ist. Mehr als hundert Frauen sind gekommen. Sie sitzen auf dem Teppich, der den ganzen Boden bedeckt und dessen Muster die in Reihen angeordneten und nach Mekka ausgerichteten Plätze zum Beten anzeigt. An den Wänden hängen große weiße Kopftücher und weite weiße Gewänder, in die junge Frauen, die mit relativ enggeschnittener Kleidung gekommen sind, vor dem Gebet schlüpfen.

Freiwillige geben sich alle Mühe, die Kinder im Spielraum zu halten, die aber schließlich im ganzen Raum umherlaufen, während Babys über den weichen Teppich krabbeln. Ein paar Frauen gehen auf und ab und erinnern die Schwestern daran, nicht zu essen, ihre Kinder zu füttern oder zu telefonieren, sich ruhig zu verhalten und Neulinge freundlich zu empfangen. Heidi, eine slowenische Konvertitin, fragt mich, ob ich wegen meiner Konversion hier sei. „Nein", antworte ich. „Ich bin schon Muslimin. Ich bin wegen meiner Forschungen hier." Heidis Lächeln versteinert. Dafür bräuchte ich die Genehmigung der Verwaltung, sagt sie. Ich nicke – „Natürlich!" –, aber da ertönt schon der Ruf zum Gebet und die Frauen begeben sich nach vorne, um ihre Plätze für das Gruppengebet einzunehmen. Manche beeilen sich, noch schnell die bei der Ankunft vorgesehenen Gebete zur Begrüßung der Moschee fertigzusprechen. Heidi achtet darauf, dass alle wie durch die Linien auf dem Teppich vorgegeben in ordentlichen Reihen sitzen. Sie erteilt Anweisungen auf Deutsch: „Fuß an Fuß, Schulter an Schulter. Lasst Satan nicht zwischen euch!" Dann nimmt sie ihren Platz ein. Als das aus dem Gebetsraum der Männer übertragene „Allahu Akbar" (Gott ist groß) des Imam erschallt, wird es still im Raum, abgesehen von den Kindern, die sich jetzt laut austoben und herumlaufen können, weil ihre Mütter sich auf etwas anderes konzentrieren. Wir heben alle gleichzeitig unsere Hände auf Ohrenhöhe und sammeln uns für das Nachmittagsgebet (ʿ*Asr*).

Während der große Flachbildfernseher flimmert, suchen sich alle einen bequemen Platz, an dem sie mit Freundinnen zusammensitzen können. Jetzt wird der Vortrag aus dem Männerraum übertragen. Den Sonntagsunterricht hält Abdul Adhim ab, ein junger Prediger marokkanischer Herkunft, der an der Technischen Universität Berlin Elektrotechnik studiert und mit einer deutschen Konvertitin verheiratet ist. Die Vorträge werden auf Video aufgezeichnet, um sie in den Frauenbereich zu übertragen, und teilweise auf der Webseite der Moschee veröffentlicht.[90]

Ich bin nicht die einzige Beobachterin in der Moschee. Charmant lächelnd gibt Abdul Adhim bekannt, dass ein CNN-Team anwesend ist, um die Konversion von Deutschen zum Islam zu dokumentieren. Der Fernsehsender hatte verpasst, wie in der Woche zuvor gleich zehn Menschen konvertierten. Diese Woche sind es vier Männer und zwei Frauen, die öffentlich erklären werden, dass es nur einen Gott gibt und Mohammed sein Gesandter ist.

Abdul Adhim ist an diesem Tag etwas offensiver als sonst. Nachdem er den Koran rezitiert hat, kommt er direkt auf sein Thema zu sprechen: „Alle hier, die keine Muslime sind, lade ich heute zum Islam ein, bevor es zu spät ist. Es gibt in dieser Welt nur zwei Wege. Ein Mensch ist entweder gläubig oder ungläubig. Wollt ihr der Untertan menschlicher Ideen sein oder der Untertan Gottes?"

Als erfahrener Missionierer in Deutschland weiß Abdul Adhim, dass es unter den Zuhörern atheistische Tendenzen geben könnte. Deshalb versucht er zu zeigen, dass der Glaube an Gott rational begründet werden kann:

> Ich kann euch sehen, aber was hinter dieser Wand ist, das kann ich nicht sehen. Ich kann riechen, was neben mir ist. Aber was hinter dieser Wand ist, kann ich nicht riechen. Meine Sinne und mein Verstand sind begrenzt. Wenn ihr das akzeptiert, könnt ihr an einen Gott glauben, den ihr nicht sehen oder mit euren fünf Sinnen wahrnehmen könnt. Das nennt man Glauben. Und das ist der Weg zu Gott. Kommt zum Islam.

Dann wendet er sich an etwaige Christen im Publikum, indem er predigt, dass der Islam das Christentum einschließt – zumindest bedient er sich dieser Rhetorik. „Liebe Brüder", setzt er an,

> der Islam ist die endgültige Religion. Mit seinem Auftauchen wurden alle anderen Religionen ungültig. Der Gedanke der Dreifaltigkeit ist laut dem Islam falsch. Er wurde vier Jahrhundert nach Jesu Tod erfunden. Er ist eine menschliche Erfindung. Die islamische Perspektive auf Jesus ist die richtige. Wir lieben und verehren ihn als einen Propheten. Aber er ist nicht Gottes Sohn. Viele Verse im Koran warnen uns vor einem Fehler, nämlich andere Wesen außer Allah für Gott zu halten. Es kann keine Vermittler zwischen der Menschheit und Gott geben. Wir Muslime lieben Jesus als einen Propheten, aber wir übertreiben es nicht und nennen ihn nicht den Sohn Gottes.

---

90 Vgl. www.al-nur-moschee.de. Zugegriffen: 15. Mai 2017.

Nachdem er seine Hauptpunkte deutlich ausgesprochen hat, kommt Abdul Adhim zu dem Thema, das das CNN-Team am meisten interessiert – die Ausbreitung des Islam in Europa. Er vergleicht sie mit der frühen Islamisierung der arabischen Welt, um zu zeigen, dass zwischen Arabern und Europäern kein Unterschied besteht außer ihrem Glauben:

> Der Prophet Mohammed hatte Visionen, dass sich der Islam weltweit ausbreiten wird. Niemand konnte sich vorstellen, dass eine Religion, die zuerst zu den wilden, barbarischen Arabern kam, die so arm, so dumm waren, sich so weit verbreiten würde. Innerhalb von dreißig Jahren hat der Islam sie gebildet und zivilisiert. Können wir heute sagen, dass der Islam in Europa ist? Die Antwort ist: Ja! Deshalb schreiben sie ständig über uns in den Zeitungen. Deshalb sind heute unsere Gäste von CNN hier. Sie sind hier, weil sie anerkennen, dass wir hier sind! Allah ist anwesend. Ob es ihnen gefällt oder nicht, die Menschen erkennen das Licht des Islam, trotz der Lügen, dass der Islam eine Religion des Terrorismus, eine Religion der Gewalt ist. Das ist alles Propaganda, denn sie haben Angst vor der Kraft des Islam, so viele Menschen zu gewinnen. Liebe Brüder und Schwestern, genau so war es im 7. Jahrhundert. Damals waren es die Jungen und die Armen, die den Islam schnell angenommen haben. Heute ist es genauso. Also hört nicht auf die Ungläubigen, die euch in die Irre führen wollen. Wir haben eine einfache Antwort für sie. Der Islam ist eine lebendige und kraftvolle Religion, er ist Teil des täglichen Lebens. Im Islam gibt es keinen Unterschied zwischen den Menschen, außer ihrer Frömmigkeit.

Im Anschluss an Abdul Adhims Predigt sprechen sechs Personen die *Schahada* und treten zum Islam über. Abdul Adhim kümmert sich zunächst um die Männer, bevor er in den Frauenbereich kommt. Sie sollten glücklich sein, sagt er den neuen Konvertitinnen, denn nicht jeder habe das Glück, diesen Weg zu finden. Er empfiehlt ihnen, nach Hause zu gehen und zu duschen, um sich von all ihren Sünden zu reinigen, und das tägliche Ritualgebet *Salāt* zu sprechen. Falls sie nicht wüssten, wie das geht, sollten sie einfach offen zu Gott sprechen und ihm sagen, dass sie zu ihm gekommen sind. „Ihr seid jetzt rein, wie Neugeborene ohne jede Sünde", erklärt er. „Heute ist euer Geburtstag. An diesen Tag solltet ihr euch erinnern, nicht an euren eigentlichen Geburtstag." Danach sprechen die Frauen zuerst auf Deutsch und dann auf Arabisch Abdul Adhim die Worte nach, dass es nur einen Gott gibt und Mohammed sein Gesandter ist. Anders als die Männer, die ihre neuen Glaubensbrüder mit kräftigen „Allahu Akbar"-Rufen begrüßt haben, klatschen die Frauen leise – mit den Handrücken, wie im Salafismus vorgeschrieben – und umarmen die Konvertitinnen mit Tränen in den Augen.

Fast jedes Mal, wenn ich am gut besuchten Sonntagsunterricht in der Al-Nur-Moschee teilnahm, folgten zwei bis sechs Menschen Abdul Adhims einfacher und direkter Einladung, zum Islam überzutreten. Diese Konvertiten waren gebürtige

Deutsche, Migranten aus Russland, Osteuropa, Afrika und Lateinamerika oder Menschen gemischter Abstammung in allen nur denkbaren Kombinationen. Viele waren noch recht jung – etwa zwischen achtzehn und Ende zwanzig – und von muslimischen Freunden oder Partnern in den Islam initiiert worden.

Warum finden so viele deutschsprachige Menschen die mutmaßlich konservativste und radikalste Moschee in Berlin so attraktiv? Warum ziehen Salafisten – angeblich die muslimische Gruppe, die sich am stärksten isoliert – mit solchem Erfolg Nichtmuslime an? Wieso können sie so gut mit der Vielfalt in ihren Moscheen umgehen – in einer Gesellschaft, in der sich gebürtige Deutsche und Deutsche mit Migrationshintergrund gewöhnlich eher wenig mischen? Und vor allem: Wie wirkt sich dies auf die Praxis des Islam in Deutschland aus?

Eine wachsende Zahl von Veröffentlichungen versucht, den Aufstieg des Salafismus in Europa während der letzten Dekade zu erklären. Da ethnografische Forschung unter abgeschotteten salafistischen Gruppen, insbesondere militanten (Hemmingsen 2011), schwierig ist, folgt die wissenschaftliche Literatur überwiegend einer funktionalistischen Logik, die das Bekenntnis zum Salafismus auf einen Ausweg für Menschen mit schwachen gesellschaftlichen Bindungen reduziert. Dabei stützt sie sich stark auf den Gedanken der Entfremdung, wie Frazer Egerton (2010) überzeugend zeigt. Wissenschaftler argumentieren, die heranwachsende Generation europäischer Muslime fühle sich entfremdet, weil sie wirtschaftlich benachteiligt und rassistisch diskriminiert werde (Kepel 1997; Sayyid 2003). Infolgedessen wenden sich junge Menschen demnach dem Salafismus oder anderen islamistischen Bewegungen zu, die „gezielt mit ihrem Gefühl spielen, Opfer von Rassismus, Ausgrenzung und Vereinsamung im Westen zu sein" (Roy 2004, S. 309). Der Salafismus biete Jugendlichen eine Möglichkeit, gegen die Mehrheitsgesellschaft zu rebellieren, die sie ablehnt (Cesari 2007; Roy 2004; Coolsaet 2011). In den Worten eines französisch-muslimischen Wissenschaftlers: Er ist „eine Exit-Strategie, entwickelt von jungen Muslimen, die sich der französischen Gesellschaft nicht anpassen können oder wollen" (Adraoui 2009, S. 374). Andere Forscher deuten die Hinwendung zum Salafismus als Ausweg aus der Identitätskrise, die sie jungen europäischen Muslimen – zerrissen zwischen der Identität ihrer ethnischen Gruppe und der des Landes, in dem sie leben – zuschreiben. Als Salafisten können sie demnach diese Kluft überbrücken und beides sein, sei es marokkanisch und niederländisch (Koning 2009), türkisch und deutsch, algerisch und französisch oder pakistanisch und britisch. Sie fühlen sich als Teil von etwas Größerem (Hamid 2009), der Umma, und folglich weniger marginalisiert.

Besonders für Muslime mit Migrationshintergrund ist dies sicher ein Teil der Erklärung. Viele gebürtige Muslime, die sich dem Salafismus anschließen, sind Schulabbrecher, ehemalige Straftäter oder Drogenabhängige, und ich konnte beobachten, dass sie als Salafisten – oder auch durch die Annahme einer anderen Islamauslegung – häufig in der Lage waren, ihr Leben in Ordnung zu bringen: Sie überwanden ihre Drogensucht und wendeten sich von der Kriminalität ab, viele gingen auch auf die Schule zurück, machten einen Abschluss, gründeten eine Familie und fanden Arbeit. Anders gesagt: Der Salafismus gibt seinen Anhängern nicht nur ein Überlegenheitsgefühl gegenüber Nichtmuslimen und nichtsalafistischen Muslimen, sondern kann ihnen – zumindest den Männern – auch bei der Verbesserung ihres gesellschaftlichen Status helfen. Dennoch behaupte ich, dass ein solches funktionalistisches Denken Salafisten letztlich pathologisiert: Es zeichnet sie als Menschen, denen etwas fehlt, was andere Mitglieder der Gesellschaft haben, und reduziert die Auseinandersetzung mit salafistischen Moralvorstellungen auf einen schlichten Instrumentalismus. Insofern ähneln derartige Erklärungen älteren Theorien über religiöse Konversion, die die einzelnen Konvertiten pathologisieren. Die Forschung über den Salafismus in Europa tendiert dazu, den Psychologismus von Konversionsstudien auf eine ganze Generation zu übertragen. Problematisch an dieser Art von instrumentalistischer Logik ist vor allem, dass sie „den militanten [und nichtmilitanten] Salafismus nicht als eine kohärente philosophische und politische Alternative begreift" (Egerton 2010, S. 460).

Für unser Thema noch wichtiger ist, dass die These einer entfremdeten Generation von Muslimen nicht erklären kann, warum sich auch Konvertiten für den Salafismus entscheiden. Gebürtig deutsche und deutschsprachige Konvertiten machen nach meiner Schätzung mindestens 30 Prozent der Gemeinde der Al-Nur-Moschee aus. Unabhängig davon, ob sie einen deutschen, russischen oder afrikanischen Hintergrund haben, sind es ehemalige Christen, die soziologisch gesehen durch den Übertritt zum Islam wenig zu gewinnen, ja sogar viel zu verlieren haben. Warum also ist der Salafismus, jene Form des Islam, die bei den deutschen Behörden am stärksten im Verdacht von Radikalisierung und Terrorismus steht und deren Mitglieder sich am stärksten von der Mehrheitsgesellschaft isolieren, für Konvertiten zum Islam in Deutschland am attraktivsten?

In diesem Kapitel biete ich eine Alternative zu der generationsspezifischen Entfremdungs- und Deprivationsthese an, indem ich mich auf die theologischen Aspekte des Salafismus konzentriere, die im wiedervereinigten Deutschland Nichtmuslime anziehen. Meine These lautet, dass bestimmte Charakteristika, besonders der Fokus auf Konversionen, der Literalismus und eine antikulturalistische, antinationalistische Einstellung, den Salafismus für viele Deutsche unterschiedlichster Herkunft reizvoll machen. In dieser Hinsicht funktioniert er ähnlich wie der Evangelikalismus und die Pfingstbewegung: Er bietet Menschen spirituelle und psychische Erfüllung – Aspekte, die in der Forschung über den heutigen Islam und besonders den Salafismus zumeist weitgehend übersehen werden. Diese Züge des Salafismus, der sich als frei von menschlicher Interpretation und unabhängig von nationalen Traditionen darstellt, sind es meines Erachtens, die im antimuslimischen Kontext Deutschlands gut funktionieren. Konvertiten zum Salafismus lernen, dass sie viel bessere Muslime seien als jene, die nationalen Traditionen folgen, und sie nicht mit traditionellen Muslimen verkehren müssen, um ihrem neuen spirituellen Pfad zu folgen.

Salafismus in Deutschland

Von Außenstehenden Salafisten genannt, bezeichnen sich die Mitglieder der Bewegung selbst eher als Anhänger des Koran und der Sunna (*Ahlu Sunna*). Der heutige Salafismus lässt sich zu dem von Ibn Abd al-Wahhab (1703–1792) vertretenen islamischen Puritanismus zurückverfolgen, der im frühen 20. Jahrhundert die offizielle Ideologie der saudischen Monarchie wurde. Prägend sind ferner Denker wie der Ägypter Muhammad 'Abduh (1849–1905) und der Iraner Jamal al-Din al-Afghani (1839–1897) sowie die Muslimbruderschaft.[91] Indem er in neuere Kontexte vordringt und durch zahlreiche Konversionen wächst, nimmt er neue und mitunter widersprüchliche Züge an. Die Anschläge des 11. September führten zu weiteren Spaltungen im Salafismus, wobei sich die allermeisten seiner Anhänger gegen eine solche Gewalt aussprachen. Heute weist die weltweite Bewegung nur einen lockeren Zusammenhalt auf. Sie umfasst verschiedene Zweige und Interpretationen, etwa den apolitischen Quietismus, den Dschihadismus und neuerdings die politische Partei al-Nur in Ägypten.[92]

Ungeachtet seiner Popularität unter Neumuslimen ist der Salafismus in Deutschland eine recht kleine Bewegung. Schätzungen zufolge sind nur dreißig der 2.500 Moscheen und Gebetshäuser im Land salafistisch orientiert. Sie repräsentieren zwei- bis fünftausend Gläubige.[93] Ich behaupte, dass die überwiegende Mehrheit dieser Menschen keine dschihadistische Orientierung aufweist, wenngleich mitunter auch Dschihadisten manche der Moscheen besuchen, so etwa die Sauerlandgruppe, eine kleine Zelle, die 2007 während der Vorbereitung eines Sprengstoffanschlags verhaftet wurde (Özyürek 2009). Die radikalsten dschi-

---

91   Zur Geschichte und heutigen Gestalt des Salafismus: Meijer 2009.

92   Wiktorowicz (2006) zufolge gibt es drei Arten von Salafisten: Quietisten, politisch orientierte und Dschihadisten.

93   Diese Zahlen werden im Bundesverfassungsschutzbericht für 2011 genannt; vgl. A Growing Following in Germany: The Dangerous Success of Radical Young Clerics, *Spiegel Online* (International), 22. Februar 2012.

hadistischen Salafisten finden im Internet zueinander und treffen sich in Privatwohnungen. Führende Vertreter der Al-Nur-Moschee, namentlich Abdul Adhim, haben sich klar gegen Gewalt ausgesprochen. Als älteste salafistische Moschee in Berlin, die eine Zeit lang einen als Radikalen verdächtigen Imam hatte, wird sie jedoch weitaus häufiger in der Presse erwähnt als jede andere Moschee der Stadt. Wie bei allen Moscheen in Deutschland muss man kein formales Mitglied sein, um sie zu besuchen. Sowohl die Gemeindemitglieder wie die Imame sind auch in anderen deutschsprachigen Moscheen anzutreffen. Während die überzeugtesten Salafisten nur Moscheen ihrer Glaubensrichtung besuchen, habe ich insgesamt ein hohes Maß an Flexibilität beobachtet.

Im Bemühen um neue Mitglieder unterscheidet sich der Salafismus nicht nennenswert von anderen fundamentalistischen Bewegungen, die sich global ausbreiten, insbesondere dem Evangelikalismus und der Pfingstbewegung, und wie allen weltweit expandierenden Religionen kommen ihm vor allem „Missionen und Migrationen" (Beyer 2006) zugute. Nichtmuslimische Deutsche lernen den Islam zunächst durch eine enge Beziehung zu einem gebürtigen Muslim kennen und stoßen dann bei Internetrecherchen auf salafistische Moscheen. Alle Konvertiten, denen ich dort begegnet bin, hatten die Al-Nur-Moschee und den Salafismus erst entdeckt, nachdem sie Muslim geworden waren oder dies zumindest in Erwägung zogen. Eine Konvertitin, die selbst seit Jahren missionierte, berichtete mir, in den vergangenen fünfzehn Jahren ihres Lebens als Muslimin habe sie noch nie jemanden getroffen, der aufgrund salafistischer Missionierungsarbeit zum Islam übergetreten sei. Salafisten sind dafür bekannt, dass sie in belebten Gegenden Informationsstände aufbauen und kostenlos den Koran oder Broschüren über ihre Religion an Passanten verteilen. Meine Forschung zeigt, dass sie ihren Erfolg nicht solchen ungezielten Missionierungsbemühungen verdanken, sondern der Tatsache, dass sie auf verständliche deutschsprachige Internetseiten und auf deutschsprachige Angebote in ihren Moscheen Wert legen – die noch immer eine Seltenheit sind. Dem Salafismus gelingt es nicht unbedingt, gebürtige Deutsche für den Islam zu gewinnen; vielmehr kommt er nach erfolgter Konversion ihren Bedürfnissen als deutsche Muslime entgegen.

Salafismus im Kontext globaler Fundamentalismen

In den vergangenen Jahrzehnten hat eine Reihe von Wissenschaftlern versucht, die zentralen Aspekte unterschiedlicher weltweit erstarkender Fundamentalismen zu definieren (Lawrence 1989; Keddie 1998; Lehmann 1998; Riesebrodt 1998; Nagata 2001). Dabei wurden auch strukturelle Ähnlichkeiten zwischen christlichfundamentalistischen und salafistischen Diskursen herausgearbeitet (Zeidan 2003; Henson und Wasserman 2011). Dieser Vergleich lässt sich auf mehrerlei Weise ziehen. Um die Attraktivität des Salafismus für nichtmuslimische Deutsche zu erklären, sind vier Aspekte, die er mit christlichen Fundamentalismen teilt, am wichtigsten: das Werben um Konvertiten, die Ablehnung von Traditionen, der Literalismus und der Bruch mit traditionellen religiösen Hierarchien. Alle vier Aspekte, so meine These, machen den Salafismus für Neumuslime interessant, zumal in einem Land, in dem der Islam zunehmend rassifiziert wird. Insbesondere die Betonung eines antitraditionalistischen Verständnisses islamischer Lehren in der salafistischen Theologie erleichtert es Menschen, die nicht an Traditionen orientiert sind, den Islam anzunehmen und sich gegenüber gebürtigen Muslimen als die besseren Gläubigen zu fühlen.

Das Werben um Konvertiten

Salafisten folgen dem Beispiel der ersten Muslime, indem sie Menschen zum Islam rufen. Dieses Anliegen teilen zwar alle Muslime, Salafisten scheinen sich aber dadurch auszuzeichnen, dass sie darin den Kern der islamischen Botschaft sehen. Fast alle anderen sunnitischen Moscheen in Deutschland repräsentieren eine bestimmte nationale Gruppe; auch wenn sie der Theorie nach für Muslime anderer Nationalität offen sind, schließen sie sie in der alltäglichen Praxis aus, insbesondere wenn sie eine Sprache wie das Türkische verwenden. Salafisten wenden sich dagegen auf Deutsch an neue Muslime. 2012 initiierten sie eine Kampagne, bei der der Koran in deutscher Übersetzung kostenlos an belebten Straßenecken verteilt wurde – eine Praxis, die keine andere muslimische Gruppe je gewählt hatte, aber von evangelikalen Christen weltweit bekannt ist, die die Bibel gratis verteilen. Auf ihren Internetseiten und in Facebook-Gruppen wie „Einladung zum Paradies" gestalten Salafisten ihre Botschaft einfach und einladend. Dort finden sich deutschsprachige Reden von Predigern arabischer wie deutscher Abstammung, am wichtigsten sind aber die vielen Videos von Deutschen, die in salafistischen Moscheen zum Islam übertreten.

Die Ablehnung von Tradition

Der Erfolg von Salafisten bei der Werbung neuer Muslime ist nicht nur eine Frage der Sprache. Auch ihre Ablehnung von Tradition und insbesondere von Nationalismus trägt wesentlich dazu bei, dass Konvertiten aus nicht traditionell orientierten Gruppen sich bei ihnen heimisch fühlen. Zwar sind auch andere im vorliegenden Buch behandelte Gruppen antitraditionalistisch eingestellt, der Salafismus ist in dieser Hinsicht aber am extremsten und lehnt außerdem den Gedanken eines auf die Lebensrealitäten in Deutschland abgestimmten Islam ab. Salafisten treten für ein Verständnis des Islam ein, das nach ihrer Überzeugung von jedweder *Bid'a* oder Neuerung gereinigt ist, also von jeder Veränderung von Kultur und Tradition nach den ersten drei Generationen von Muslimen. Mit anderen Fundamentalisten verbindet sie ein spezifisches Verhältnis zur Zeit: Von Interesse ist für sie allein deren Beginn, die Gegenwart und das Ende der Zeit (Harding 2001). Alles, was zwischen dem Beginn der Zeit und heute geschehen ist, gilt als unwichtig. Für Salafisten ist das meiste, was Muslime seit der idealisierten Ära der ersten drei Generationen getan haben, darüber hinaus nicht nur irrelevant, sondern schlecht oder zumindest nicht wünschenswert. In diesem Sinn haben die muslimischen Gemeinschaften seit jener Zeit dem Islam sogar geschadet und sind ihre Praktiken aus Sicht des reinen Glaubens problematisch.

Aus diesem Grundsatz folgt die Ablehnung der blinden Nachahmung (*Taqlid*) der vier Rechtsschulen (*Madhahib*), die nach den ersten drei Generationen entwickelt wurden. In der heutigen muslimischen Welt ist jede der vier Schulen in bestimmten Regionen vorherrschend und dadurch mit den dortigen Nationalitäten verbunden – die hanafitische Rechtsschule zum Beispiel in der Türkei, den Turkrepubliken Zentralasiens und auf dem Balkan, die mālikitische im Großteil Nordafrikas, die hanbalitische in Saudi-Arabien und die schafitische in Ostafrika, Indonesien und Kurdistan. Auch ethnisch oder national gebundene Moscheen in Deutschland folgen der im Herkunftsland ihrer Gemeinde jeweils akzeptierten Rechtsschule. Aus diesen Ländern lassen sie sogar Imame kommen, die nur in einer der Schulen ausgebildet sind.

Salafisten argumentieren, anstatt blind den vier Rechtsschulen zu folgen, sollten sich Muslime auf den Koran und den Hadith stützen und ihre individuellen Interpretationen (*Idschtihād*) anwenden – natürlich nur im Rahmen der strengen und literalistischen salafistischen Methodik (*Manhaj*). Damit brechen Salafisten den Zusammenhang zwischen ethnischen oder nationalen Gruppen und Rechtsschulen auf. Um ein guter Salafist zu sein, ist es folglich irrelevant, ob jemand Türke, Araber, Japaner oder Deutscher ist. Im Gegenteil: Bislang ein guter türkischer Muslim gewesen zu sein, kann dies sogar erschweren, denn wer mit Traditionen groß geworden ist, die durch eine der Rechtsschulen begründet wurden, muss viel von seinem bisherigen Wissen aufgeben.

Literalismus

Der uneingeschränkte Literalismus der Salafisten ist ein wesentlicher Aspekt ihres Fundamentalismus, der es ermöglicht, beim Werben um nicht traditionell orientierte Menschen die Verbindung von Kultur und Religion aufzulösen. Alle Sunniten stimmen überein, dass Koran und Hadith die Grundlagen ihrer Religion beinhalten und ihnen die höchste Autorität zukommt. Salafisten unterscheiden sich von anderen Sunniten durch die Überzeugung, dass in diesen Schriften alles explizit gesagt und wörtlich zu nehmen ist. Laut Wissenschaftlern wie Roel Meijer liegt die wirkliche Kraft des Salafismus nicht in seiner Politik, sondern in dieser strikten Ausrichtung auf die Reinheit der Lehre. Sie ermögliche „eine Stärkung von Menschen, indem ihnen ein universelles alternatives Modell für Wahrheit und soziales Handeln angeboten wird, und sei es nur in der passiven Form einer Ablehnung bestehender religiöser, kultureller und politischer Systeme" (Meijer 2009, S. 13).

Literalismus und Reinheit der Lehre bergen das Versprechen, dass jede Frage eines Muslims mit absoluter Gewissheit aus islamischer Perspektive beantwortet werden kann, gleich wann und wo sie gestellt wird. Bernard Haykel (2009, S. 36) meint, dass „die Behauptung religiöser Gewissheit […] einen Gutteil der Anziehungskraft des Salafismus sowie seines scheinbar grenzenlosen Vermögens erklärt, Belege aus den heiligen Schriften anzuführen. Ein typisches Argument von Salafisten lautet, dass sie ihre Ansichten im Unterschied zu anderen Muslimen ausschließlich auf solide Textbelege aus der Offenbarung gründen, und wann immer sie ein Urteil oder eine Meinung äußern, führen sie die entsprechenden Verse oder Überlieferungen an."

Eine solche Gewissheit scheint für viele Neumuslime in Deutschland besonders wertvoll zu sein. Die meisten von ihnen berichten, nach der Konversion einen tiefen inneren Frieden gespürt zu haben. Als ich Zeit mit neuen Konvertiten verbrachte, beobachtete ich aber auch oft eine gewisse Anspannung in ihrem alltäglichen Bemühen, ihre neuen religiösen Pflichten in einer nicht darauf ausgerichteten Gesellschaft zu erfüllen. Die vielen Regeln und Rituale, die es zu lernen gilt, die zahlreichen Gebete, die sie auf Arabisch auswendig können müssen, und der Wunsch, das Arabische möglichst schnell zumindest so gut zu beherrschen, dass sie den Koran rezitieren können, bedeuten häufig eine Überforderung. Viele berichten, das Schlimmste am Leben als neuer Konvertit sei das Gefühl, mit Informationen aus konkurrierenden Quellen bombardiert zu werden, während systematische Informationen auf Deutsch rar gesät seien.

Die meisten älteren Konvertiten erinnerten sich noch an die Intensität ihres Glaubens und eine erdrückende Informationsflut in der ersten Zeit. Eine Frau, die acht Jahre zuvor konvertiert war, meinte nostalgisch lächelnd: „Ich habe damals so viel in meinen Kopf hineingezwungen, dass ich alles schon wieder vergessen hatte, wenn ich abends ins Bett ging." Unmittelbar nach der Konversion existiert häufig der Drang, das eigene Leben umfassend zu verändern und sich von allen nichtislamischen Elementen zu reinigen. Viele, wenn auch bei weitem nicht alle, nehmen einen neuen islamischen Namen an, kleiden sich anders, geben alte Freundschaften auf und löschen sämtliche oder zumindest die unangemessene Musik auf ihrem iPod. In dieser ersten Phase besitzt der Salafismus nach meinen Beobachtungen am meisten Anziehungskraft. Viele Freunde, die in den 1990er Jahren zum Islam übergetreten waren, erzählten mir, der Salafismus habe sie damals aufgrund seiner klaren Weltanschauung und seiner Offenheit gegenüber Neumuslimen angesprochen. Manche von ihnen sind später zu weniger strikten Interpretationen des Islam übergegangen. Mehrere Männer und Frauen erwähnten, dass sie nach einigen Jahren entspannter wurden und nicht mehr alles so eng sahen. Iman zum Beispiel dachte daran zurück, wie sie anfangs niemals Männern die Hand gab. „Heute, nach vielen Jahren als Muslimin", erklärte sie mir, „raubt es mir nicht mehr den Nachtschlaf, wenn sich das nicht vermeiden lässt, ohne unhöflich zu sein. Ich weiß heute besser, wo ich keine Kompromisse machen kann und wo schon, wenn ich muss. Das Wichtigste ist für mich zu wissen, dass ich die richtige Absicht habe."

Aamal gab mir einen Einblick in die Unsicherheit neuer Muslime. Ich lernte sie nur wenige Monate nach ihrer Konversion kennen, kurz bevor sie ihren afghanischen Partner heiratete. Früher war sie mit einem Thailänder verheiratet und praktizierende Buddhistin gewesen. Wir begegneten uns beim Samstagsvortrag des DMK, den sie im Internet entdeckt hatte. Aamal wirkte etwas verwirrt und angestrengt und hatte eine lange Liste von Fragen. Sie hatte viele Moscheen in ihrer Gegend aufgesucht und nach deutschsprachigen Aktivitäten und Materialien gefragt. Ihre Handtasche war voll mit Broschüren in verschiedenen Sprachen und den Skripten, die sie dort bekommen hatte.

Die erste Vortragspause war zeitlich auf das Mittagsgebet (*Dhur*) abgestimmt. Als wir uns aufreihten, schaute Aamal die ganze Zeit auf ihre Nachbarinnen. Nach dem Gebet ging sie zur Vorbeterin und fragte, wo sie bei der Verbeugung (*Ruku*) die Hände platzieren solle – man habe ihr gesagt, auf den Oberschenkeln, aber hier und in ein paar anderen Moscheen habe sie bemerkt, dass die Frauen ihre Hände auf die Knie legen. Die Vorbeterin, eine ältere Konvertitin, lächelte verständnisvoll. Sie versuchte Aamal zu beruhigen, indem sie ihr versicherte, über solche Details solle sie sich nicht zu viele Gedanken machen, das Wichtigste sei ihre Absicht. „Aber", fügte sie hinzu, „bei der *Ruku* legt man seine Hände über die Knie". Aamal nickte ernst. Dann fragte sie nach der richtigen Stellung der Füße zwischen den zwei *Sujuds* (Niederwerfungen). Die Vorbeterin antwortete: „Da gibt es verschiedene Traditionen, und so Gott will sind sie alle in Ordnung." Aamal hörte ihr aufmerksam zu, doch ihr besorgter Gesichtsausdruck blieb.

Nach dem Vortrag lud Selda, die vor mehr als fünfzehn Jahren als junges Mädchen konvertiert war, Aamal und mich auf einen Tee zu sich nach Hause ein. Als wir uns in Seldas kleinem, aber aufgeräumten Wohnzimmer niederließen, sagte Aamal, als sie heute gehört habe, dass man mit Essen im Mund nicht beten dürfe, sei sie fast gestorben – neulich habe sie ein Stück Schokolade im Mund gehabt, als sie ihr Gebet begann. Nach einer kurzen angespannten Pause fügte sie beherzt hinzu: „Aber wisst ihr was, ich bin nicht gestorben!"

Aamal erklärte uns, dass sie nicht gleich alles glaubt, was ihr jemand sagt: „Ich muss etwas schwarz auf weiß sehen, bevor ich es glaube." Sie holte den Stapel Broschüren aus ihrer Tasche, blätterte ihn rasch durch und fand, was sie gesucht hatte – ein Informationsblatt aus einer pakistanischen Moschee, auf der einen Seite auf Urdu, auf der anderen auf Deutsch, dazwischen verstreut arabischer Text. Demnach war es *haram* (verboten), dass Frauen Henna auf ihre Hände auftragen. „Die Frau, die heute den Vortrag gehalten hat, hatte Henna auf den Händen", meinte Aamal. „Und ihr sagt mir, dass ich alles glauben soll, was sie sagt?" Selda erwiderte, sie habe gehört, dass Henna in Ordnung sei, Nagellack aber nicht, auch wenn sie das Aamal nicht schriftlich zeigen könne: „Ich glaube, es geht darum, dass mit Henna noch eine Waschung möglich ist, weil das Wasser die Haut berührt. Mit Nagellack geht das nicht. Aber wenn du bereit bist, ihn vor jeder Waschung zu entfernen, kannst du Nagellack tragen. Acrylnägel aber nicht, denn die kannst du nicht entfernen." Nach dieser Aufklärung in Sachen Maniküre fuhr Selda fort:

> Aber wir kennen nicht immer die Überlegungen hinter dem, was uns gesagt wird. Es kann sein, dass manche Sachen für uns als Konvertiten wichtiger sind. Nehmt die Sache mit der Schokolade. Vielleicht finden es Leute, die von klein auf fünfmal am Tag gebetet haben, einfach, sich auf ihr Gebet zu konzentrieren, und vielleicht müssen wir als Konvertiten besonders achtgeben, dass wir nicht abgelenkt sind. Ich persönlich finde es manchmal schwer, mich zu konzentrieren.

Auch fünfzehn Jahre nach ihrer Konversion wisse sie oft nicht, welche Informationen maßgeblich sind, erklärte Selda:

> Manche Leute werden dir sagen: Fernsehen ist *haram*, auf dem Sofa sitzen ist *haram*, ein Kleid zu tragen, das dir gefällt, ist *haram*, dir etwas zu kaufen ist *haram*. Sie werden so viel als *haram* bezeichnen, dass du überhaupt nichts mehr machen kannst! Ich persönlich versuche, mich an den Rat der Imamin zu halten. Was sie sagt, leuchtet mir ein und das behalte ich im Kopf.

Aamal und Selda waren sich einig, dass man gebürtige Muslime, besonders Türken, nicht zu ernst nehmen sollte. „Ich bin erst seit ein paar Monaten Muslimin und ich weiß jetzt schon so viel mehr als meine türkischen Freunde", bemerkte Aamal. „Die lesen nichts. Alles was sie wissen, wissen sie vom Hörensagen." Um Aamal zur Konversion zu gratulieren, hatte eine türkische Freundin ihr einen Schmuckanhänger mit der arabischen Aufschrift „Allah" geschenkt. Aamal war außer sich: „Wieso weiß eine Muslimin nicht, dass man nichts am Körper tragen soll, wo Gottes Name draufsteht?" Selda stimmte ihr begeistert zu und erzählte, viele türkische Freunde von ihr wüssten nichts oder – schlimmer noch – hielten sich an falsche Informationen. Eine türkische Freundin habe nicht gewusst, wie man betet, obwohl sie ein Kopftuch trägt. Sie selbst habe es ihr dann beigebracht, behauptete Selda. „Ja, wenn es um islamisches Wissen geht, kann man sich auf Türken meistens nicht verlassen", meinte sie.

Da Aamal angestrengt wirkte, versuchte ich sie zu beruhigen. Ich meinte, dass ich zwar nicht die beste Ratgeberin sei – schließlich gehörte ich doch zu diesen unwissenden Türken, war in einer nichtpraktizierenden Familie aufgewachsen und nie formell über islamische Praktiken unterrichtet worden –, es aber für sinnvoll hielte, wenn sie es langsam angehe und sich nicht zu viele Sorgen mache. Ich erzählte ihr auch, dass ich von Neumuslimen gehört hatte, die so überfordert waren, dass sie den Islam wieder vollständig aufgaben. Aamal war damit nicht einverstanden: Sie wollte gleich alle Regeln lernen und sie genauestens befolgen. „Denn der Satan in mir", erklärte sie, „ist sehr stark". Sie erzählte, früher habe sie knappe, sexy Kleidung getragen, sich stark geschminkt und sei in Nachtclubs gegangen. An ihrem Körper waren noch die Spuren ihres vorislamischen Lebens sichtbar: ein Nasenring, ein Kristallimplantat in einem vorderen Zahn und Permanent Make-up an Augenbrauen, Wimpern und Lippen. Sie rieb sich das Gesicht und zeigte uns dann ihre sauberen Hände, um zu demonstrieren, dass sie nicht geschminkt war. Aamal meinte, sie gerate leicht in Versuchung. Vor einem Monat hatte ihr Bruder sie besucht. Den ganzen Tag lang erzählte er ihr, dass es keinen Gott gebe und sie albern sei. Er trank ein Bier nach dem anderen und Aamal, die früher selbst gerne Bier getrunken hatte, sagte sich, eine halbe Flasche sei halb so wild, davon werde sie nicht betrunken. Also trank sie wieder Bier – und hatte danach die ganze Nacht lang Alpträume und sah sich in der Hölle.

Als ich mit Aamal zu tun hatte, nahm sie an Aktivitäten im DMK teil und ging nicht in salafistische Moscheen. Doch gerade Konvertiten wie ihr, die sich von widersprüchlichen Informationen überfordert fühlen und gebürtige Muslime aus der wenig gebildeten Unterschicht für keine verlässliche Quelle halten, bieten solche Moscheen befriedigende Antworten und einen einladenden Kontext. Gemäß ihrer literalistischen Einstellung beantworten sie sämtliche Fragen mit Verweis auf Koran und Hadith. Neuere wie ältere Konvertiten, die ich in salafistischen Moscheen traf oder die früher eine salafistische Phase durchlaufen hatten, erzählten mir, dass sie eine solche Betonung der Quellen befriedigend fanden. Der Literalismus und die Klarheit des Salafismus sowie seine Neigung, seine Anhänger von allem abzuschneiden, was für eine islamische Lebensweise als inakzeptabel gilt, scheint die Verunsicherung, die viele Neumuslime wie Aamal fühlen, teilweise zu lindern.

Der Bruch mit traditionellen religiösen Hierarchien

Ein damit verbundener für Konvertiten attraktiver Aspekt des Salafismus ist sein vergleichsweise demokratischer Umgang mit religiöser Bildung. Im traditionellen Islam wird diese sehr hierarchisch gestaltet, Neumuslime haben praktisch keinen Zugang zu Autoritätspositionen. In Deutschland besteht nicht einmal die Möglichkeit einer formellen Ausbildung zum Imam; die meisten Imame kommen aus Ländern wie der Türkei, Bosnien und Marokko. Ihre Ausbildung erfolgt gewöhnlich in relativ jungem Alter und häufig sind sie Staatsangestellte der Länder, aus denen sie geholt werden. Salafisten dagegen bieten jedem, der den Islam studieren und eine führende Funktion einnehmen möchte, einen einfachen Weg. Diese Praxis entspricht ihrer Auffassung, dass jeder Muslim in der Lage sein sollte, die heiligen Schriften zu studieren und das für *Ijtihad* (individuelle Interpretation) erforderliche Niveau zu erreichen. Da er auf einer eng definierten Textgrundlage und einer Reihe binärer Gegensätze beruht – Einheit Gottes (*Tauhīd*) versus „Beigesellung" anderer Figuren (*Schirk*), Treue zum Vorbild des Propheten (*Sunna*) versus Orientierung an einer der islamischen Rechtsschulen (*Taqlid*) –, minimiert der Salafismus deutlich den menschlichen Handlungsspielraum und Geist, wenn es Fragen aus einer islamischen Perspektive zu interpretieren gilt (Wiktorowicz 2006). Haykel bemerkt, es sei „verblüffend, wie vergleichsweise einfach es unter Salafisten ist, eine Autoritätsfigur zu werden. Als Interpretationsgemeinschaft sind die Salafisten im Gegensatz zu anderen muslimischen Traditionen des Lernens sogar relativ offen, ja demokratisch." (2009, S. 36)

Der rasche Aufstieg Pierre Vogels vom Neukonvertiten zum öffentlichen Gesicht der Bewegung in Deutschland zeugt von diesem nichthierarchischen und demokratischen Charakter salafistischer Bildungsstrukturen. Vogel, früher Jugendmeister im Amateurboxen, trat 2001 im Alter von 23 Jahren zum Islam über. In autobiografischen Videos schildert er, wie ihn einige der Muslime, die er durch seine Boxkarriere kennenlernte – vor allem ein Amerikaner und später ein Türke –, beeindruckten. Kurz nach seiner Konversion ging er nach Mekka, um Arabisch zu lernen und den Islam zu studieren. Als er 2006 zurückkehrte, konnte Vogel fließend arabisch sprechen und hatte sich den Koran und die Hadtih nach der salafistischen *Manhaj* angeeignet. Zu praktisch jedem Thema konnte er lange Passagen auf Arabisch zitieren und direkt ins Deutsche übersetzen, um die korrekte islamische Einstellung darzulegen. Vogel übernahm auch das mutmaßliche Erscheinungsbild der frühen Muslime: Er schor sich den Kopf, ließ sich einen Vollbart ohne Schnauzer wachsen und begann *Jalabiyya* und Kappe zu tragen.

Kurz nach seiner Rückkehr aus Mekka begann Vogel auf Deutsch in der salafistischen Al-Nur-Moschee zu predigen. Seitdem ist die Moschee der wichtigste Anziehungspunkt für eine neue Generation junger männlicher Konvertiten geworden.

Vogel legte wenig später eine eigene Facebook-Seite an, auf der er Dutzende von Videos seiner Predigten in der salafistischen Tradition postete.[94] Er ruft Ungläubige auf, den Islam anzunehmen, und gebürtige Muslime, bessere Gläubige zu werden. Vogel erklärt auch, wie man im deutschen Kontext für den Islam missioniert (*Da'wa*). In Interviews betont er, er sei optimal geeignet, jungen Menschen Rat zu geben und sie zum Islam zu rufen, denn da er früher selbst wie sie gelebt habe, könne er ihnen versichern, dass ein frommes Leben und die Ehe viel besser seien als Nachtclubs, Trinken, Drogen und Abenteuer mit Frauen. Im Mittelpunkt seiner Facebook-Seite stehen mehrere Hundert Videos, die junge deutsche Männer beim Übertritt zum Islam zeigen.[95]

Salafismus als Weg zur Radikalisierung

Auch wenn die große Mehrheit der Salafisten in Deutschland keine Politik betreibt und den Einsatz von Gewalt für religiöse Ziele ablehnt, gibt es in der größeren Gruppe von Muslimen, die manchen der salafistischen Prinzipien folgen, kleine Gruppen radikaler Dschihadisten. Aus offenkundigen Gründen lassen sie sich sehr schwer studieren: Sie sind winzig und agieren klandestin, zudem findet die Radikalisierung von Menschen, die zunächst extreme Weltanschauungen übernehmen und dann mit militanten dschihadistischen Zellen in Kontakt geraten, eher durch das Internet als in Moscheen statt. Während meiner Forschungen bin ich deshalb keiner einzigen Person, die sich als Dschihadist definierte, sondern ausnahmslos Menschen begegnet, die die Taten von Dschihadisten verabscheuten. Da der dschihadistische Terrorismus jedoch eine kleine Unterabteilung der salafistischen Bewegung darstellt und zu dieser Szene auch Konvertiten gehören, wird er hier kurz erörtert.

Obwohl Forschungen zeigen, dass Menschen nicht in Moscheen, sondern eher als isolierte Individuen im Internet zu extremem Gedankengut finden, stehen salafistische Moscheen in Deutschland seit mehr als zehn Jahren unter staatlicher Überwachung. Marc Sageman (2011), einer der profiliertesten Experten für islamische Gewalt, bemerkt, nach Belgien – sein Spezialgebiet – sei nicht ein einziger ausländischer Extremist eingereist, um Menschen für Terrorgruppen zu rekrutieren. Vielmehr schließen sich immer wieder Personen freiwillig und gänzlich aus eigenem Entschluss der Sache des Dschihadismus an. Der Deutsch-Kosovare

---

94   Vgl. https://www.facebook.com/PierreVogelOffiziell. Zugegriffen: 5. Mai 2017.

95   Vogel wird vom Verfassungsschutz beobachtet, weil er im Verdacht steht, ein Hassprediger zu sein und Verbindungen zu dschihadistischen Gruppen zu unterhalten. Er bestreitet beide Vorwürfe und bietet jedem, der in den mehreren Tausend von ihm ins Internet gestellten Videos eine Hasspredigt entdeckt, 1.000 Euro.

Arid Uka, der 2011 als 21jähriger den ersten islamisch motivierten Terrorakt in Deutschland durchführte, indem er zwei auf dem Weg nach Afghanistan befindliche US-Soldaten tötete und zwei weitere schwer verletzte, handelte vollkommen allein. Er hatte unmittelbar davor einen Propagandafilm gesehen, den ein Freund auf Facebook gepostet hatte und in dem angeblich die Vergewaltigung muslimischer Frauen durch US-Soldaten zu sehen ist – in Wirklichkeit stammten die Szenen aus Brian De Palmas Spielfilm *Redacted* (2007).[96]

Guido Steinberg beschreibt in seinem Buch *Al-Qaidas deutsche Kämpfer*, dass Uka sich eigenständig mit der dschihadistischen Ideologie und Politik beschäftigt hatte, ohne Anleitung durch religiöse Autoritäten oder Anführer: „Nach wenigen Monaten war Uka bereit, im Irak oder in Afghanistan in den Kampf zu ziehen, später verriet er aber seinen Vernehmern – zu deren Verwunderung –, er habe nicht die nötigen Kontakte gehabt. Daher habe er sich nach dem Vergewaltigungsvideo entschlossen, allein zu handeln und Amerikaner zu töten, die nach Afghanistan unterwegs waren." (2014, S. 12) Auf der Grundlage des Vernehmungsprotokolls bemerkt Steinberg, Uka habe nicht vorgehabt, aus Afghanistan zurückkehrende Soldaten zu töten. Deshalb fragte er erst, ob sie auf dem Weg nach Afghanistan seien, bevor er sie umbrachte.

Auch wenn sich im Westen lebende Personen offenbar gänzlich auf eigene Initiative dschihadistischen Gruppen anschließen, wäre es falsch, die internationalen Faktoren auszublenden, die die Entwicklung solcher Gruppen und die Wahl ihrer Anschlagsziele bestimmen. So hält Steinberg fest, dass Dschihadisten in Deutschland erst nach dessen Intervention in Afghanistan in Erscheinung traten und mit ihren Aktionen Druck auf die Bundesregierung ausüben wollten, ihre Truppen von dort abzuziehen. Vereinzelte Dschihadisten verfolgen die internationale Szene durch radikales Material im Internet wie das Propagandavideo, das Uka gesehen hatte, und beziehen von dort auch ihre Ideen für potenzielle Angriffsziele. „Viele erklärten, das Leid, das westliche Streitkräfte den afghanischen Muslimen zugefügt haben, sei ein Hauptmotiv gewesen, sich den Dschihadisten anzuschließen" (ebd., S. 29). Zwischen 2007 und 2010 gingen daher mehrere Dutzend junge Männer und Frauen aus unterschiedlichen deutschen Städten nach Afghanistan, um sich dort dem Dschihad anzuschließen. 2009 gründeten sie sogar die erste ausschließlich deutsche Dschihadisten-Gruppe, die Deutschen Taliban Mudschahidin (ebd., S. 48).

---

96   Der Spielfilm *Redacted* (Drehbuch und Regie: Brian De Palma) befasst sich mit dem Massaker, das US-Soldaten 2006 im irakischen Mahmudiyya verübten. Bei den Internationalen Filmfestspielen von Venedig 2007 wurde er für seine Regie mit dem Silbernen Löwen ausgezeichnet.

Einige Wissenschaftler und Sicherheitsexperten weisen auf die hohe Zahl von Konvertiten unter denjenigen hin, die sich dschihadistischen Gruppen anschließen. Robert Leiken behauptet zum Beispiel, dass „ein deutscher Muslim, der Konvertit ist, mit achtzig Mal höherer Wahrscheinlichkeit Dschihadist wird als einer, der von Geburt an Muslim ist" (2011, S. 236), und begeht dabei den offenkundigen Fehler, anzunehmen, dass alle gebürtigen Muslime auch praktizierende seien – was für Konvertiten tatsächlich gilt. Damit stellt er Konvertiten pauschal unter Verdacht, obwohl nur eine Handvoll von ihnen Dschihadisten sind – vielleicht ein paar Dutzend von mehreren Zehntausend.

Wichtig zu betonen ist hier, dass die Motive für den Beitritt zu dschihadistischen Gruppen unterschiedliche sind: „hierzu zählten neben Abenteuerlust der Wunsch, der als korrupt wahrgenommenen Gesellschaft des Heimatlandes den Rücken zu kehren, die Verlockung, das Leben der ersten Muslime in Mekka und Medina im 7. Jahrhundert nachzuahmen, sowie Hass auf die Vereinigten Staaten, Deutschland und deren Verbündete. In allen Fällen, in denen der Verlauf der Radikalisierung ermittelt wurde, spielten aber auch nicht muslimische Interventionen in muslimischen Ländern eine maßgebliche Rolle." (ebd., S. 48f.)

Die Geschichte eines afrikanisch-deutschen Konvertiten zum Islam, der ein salafistischer Dschihadist wurde, verdeutlicht einige der oben erörterten Dynamiken. Denis Mamadou Cuspert wurde 1975 als Kind einer deutschen Mutter und eines ghanaischen Vaters in Kreuzberg geboren. Sein Vater verließ die Familie, als er ein Baby war, und er wuchs mit einem afroamerikanischen Stiefvater auf, einem ehemaligen Offizier der US Army. Er war sehr streng und hatte brutale Erziehungsmethoden, Cuspert hatte viele Konflikte mit ihm.[97] Nach harten Jahren mit seinem Stiefvater kam Cuspert bis 1995 in eine Einrichtung für schwer erziehbare Kinder.[98] Danach gelang es ihm, seine Energien in Rapmusik zu kanalisieren; Cuspert wurde in der deutschen Rap-Szene als Deso Dogg bekannt. Seine Stücke schilderten das „Ghetto"-Leben in Kreuzberg mit Bildern, die er dem afroamerikanischen Rap entlehnte: Straßengewalt, Kriminalität, Konfrontationen zwischen Polizei und rassifizierten Gruppen. In Deso Doggs Videos waren Kreuzberger Gangs zu sehen, die aus Schwarzen, Türken und Arabern bestehen.[99] Seine Musik hatte auch eine politische, antirassistische Seite; in Interviews erklärte Deso Dogg,

---

97   In einer Ansprache, die er nach seiner Konversion in der Moschee hielt, schilderte Cuspert, wie ihn sein Stiefvater schlug, und zeigte eine der großen Narben, die davon geblieben waren.

98   Zu Cusperts Lebensweg, vgl. Eric Schmitt, German Officials Alarmed by Ex-Rapper's New Message: Jihadism, *New York Times*, 31. August 2011.

99   Vgl. etwa das Video „Willkommen in meiner Welt" (2009).

er rappe über die rassistische Gesellschaft, in der er aufgewachsen sei: „Ich bin mit Rassismus groß geworden. Obwohl meine Mutter Deutsche ist, haben mich manche Lehrer ‚Neger' genannt und alle muslimischen Jugendlichen schlecht behandelt."[100]

Nach einem Autounfall im Jahr 2010, als seine musikalische Karriere einen Knick erlitten hatte, gab Deso Dogg bekannt, dass er zum Islam konvertiert sei und seinen Namen geändert habe, zunächst in Abou Maleeq und dann in Abu Talha al-Almani.[101] Er wurde schnell Teil der salafistischen Szene und verkehrte unter anderem mit Pierre Vogel. In dieser Phase missionierte er mit vielen Reden in salafistischen Moscheen, die auch im Internet veröffentlicht wurden. Nach der Konversion schien sein Interesse an den Realitäten in Deutschland nachzulassen und er machte Anzeichen, das Land verlassen zu wollen. In einem Interview vom November 2010 bezeichnete der Ex-Rapper Berlin als eine Metropole der „Kuffar" (Ungläubigen) und bekundete seinen Wunsch, sich islamischen Mudschaheddin in Afghanistan, Tschetschenien oder Somalia anzuschließen. 2012 lernte er das österreichische Al-Qaida-Mitglied Mohamed Mahmoud kennen, der gerade aus dem Gefängnis entlassen worden war. Offenbar durch diese Verbindung gelangte Cuspert zur radikalsten Fraktion des Salafismus. Der Ton seiner islamischen Reden änderte sich nun. Anfangs hatte er in Videos sehr emotional über seine Selbstveränderung gesprochen. Einem Narrativ der Erlösung folgend, schilderte er das „schlechte Leben", das er seit seiner Jugend geführt hatte, und wie er sich trotz Erfolg und Geld unbefriedigt und leer gefühlt hatte. Dabei wurde er oft von seinen Gefühlen überwältigt und musste weinen. Wenig später herrschte in Cusperts Videos ein anderer Tonfall vor: Er begann deutschsprachige islamische Gesänge (*Naschids*) anzustimmen, feierte Osama bin Laden und rief Muslime auf, sich dem Dschihad anzuschließen.[102] In einem Video drohte er Deutschland mit weiteren Anschlägen; seitdem wurde er von den Behörden observiert. Trotz Überwachung konnte Cuspert aus Deutschland ausreisen: Mit mehreren Dutzend deutschen Salafisten und dem erwähnten Mohammed Mahmoud ging er zunächst nach Ägypten

---

100 Zit., nach Schmitt, German Officials Alarmed (wie Anm. 96).

101 Deso Doggs Konversion war vermutlich keine plötzliche Entscheidung, in seinen Videos tauchten bereits Mitte der 2000er Jahre islamische Motive wie rituelle Waschungen und Tattoos von Alis Schwert auf. Vgl. etwa das Video „Das ist die Realität" (2006), www.youtube.com/watch?v=xIEV5XyKJI4. Zugegriffen: 6. Mai 2017.

102 In dem Stück „Mujahid lauf" heißt es zum Beispiel: „Mujahid lauf, Mujahid kämpf! Guck' wie der Kafir stirbt und brennt! [...] Allah hat versprochen, der Sieg wird kommen. [...] Unser Ziel ist die Scharia, bis der Tod zu uns kommt!" Vgl. Florian Flade, Islamistische Kampflieder auf den Index gesetzt, *Die Welt*, 16. März 2012.

und dann nach Syrien, um sich der salafistischen Al-Nusra-Front anzuschließen.[103] Zum Zeitpunkt der Fertigstellung dieses Buches befand sich Cuspert noch immer in Syrien; ein im Internet kursierendes Video zeigte ihn in Kampfmontur und mit Gewehr in den syrischen Bergen. An einem Teich sitzend und glücklich mit dem Wasser spielend, ruft Cuspert darin die Muslime zum Dschihad auf und feuert Schüsse in die Luft. Die deutschen Behörden haben die Befürchtung geäußert, dass sich Aktivisten wie Cuspert noch weiter radikalisieren und militärische Techniken lernen, die sie später für Terroranschläge in Deutschland nutzen könnten.

Zu bedenken ist, dass Deso Dogg zu einem Zeitpunkt zum Salafismus konvertierte, als die Bundeswehr in Afghanistan zunehmend aktiv wurde und Dschihadisten über das Internet deutsche Kämpfer zu rekrutieren versuchten, um Druck auf Deutschland auszuüben. Hinter den meisten offenen Aufrufen zum Dschihad, die auf Deutsch im Internet zirkulierten, stand Mahmoud.[104]

Der Bruch mit traditionellen Muslimen

Mit ihrem Bemühen, die Lebensweise der ersten drei Generationen von Muslimen nachzuahmen und die heiligen Schriften wörtlich zu befolgen, gehen Salafisten zu Muslimen auf Abstand, die aus ihrer Sicht von diesem Pfad abgewichen sind. Grundlage dafür ist das Prinzip von Loyalität und Lossagung (*Al-Walā' wa-l-barā'*), das Muslime zur Distanzierung von vermeintlichen Glaubensgenossen, die nicht fromm genug sind, aufruft. Ein wahrer Gläubiger muss nach salafistischer Auffassung seine Feindschaft gegenüber muslimischen „Götzendienern" zeigen. Ihr charakteristisches Äußeres – die Männer tragen Vollbärte, Kappen, *Jalabiyyas* und knöchelfreie Hosen, die Frauen verschleiern häufig ihr Gesicht – zählt zu den wirkungsvollsten Demonstrationen ihrer Differenz zu anderen muslimischen Gruppen in Deutschland. Häufig meiden Salafisten auch gemeindeübergreifende Veranstaltungen wie das jährliche Sportfest Muslim Cup und den Tag der offenen Moschee in Berlin, der Nichtmuslimen den Islam näherbringen soll – dass Männer und Frauen zusammensitzen oder Frauen, selbst vollverschleiert, Sport treiben, entspricht nicht ihrer Vorstellung gebührlichen islamischen Verhaltens. Stattdessen schaffen sie abgegrenzte, enge Gemeinschaften und wahren Distanz zu anderen Gruppen von Muslimen.

Auch Konvertiten und Muslime, die zum Salafismus übergehen, müssen folglich Situationen meiden lernen, die im Verständnis ihrer neuen Glaubensrichtung inakzeptabel oder unerwünscht sein könnten. Nach meinen Beobachtungen in

---

103 Vgl. Europäische Islamisten zunehmend in Syrien, *Tagesspiegel*, 22. Februar 2013.

104 Vgl. In Search of „True Islam": Salafists Abandon Germany for Egypt, *Der Spiegel Online* (englische Ausgabe), 13. August 2012.

salafistischen Moscheen in Berlin wird Neulingen zwar nie ausdrücklich gesagt, dass sie sich von nichtsalafistischen Familienangehörigen und Freunden fernhalten sollen, und werden sie grundsätzlich zu Respekt vor ihren Eltern angehalten – die ihnen erteilten Ratschläge für das alltägliche Leben führen aber de facto zur Isolierung von ihrem bisherigen Umfeld einschließlich Familie und Freunden. Neumuslime wollen häufig wissen, ob es in Ordnung ist, wenn sie mit ihren Familien Weihnachten, Ostern oder Geburtstage feiern, an Taufen oder Beerdigungen teilnehmen oder bei einem Abendessen anwesend sind, bei dem Alkohol getrunken wird. Imame und andere Ratgeber in salafistischen Moscheen erklären dann oft, es sei zwar grundsätzlich nicht falsch, beispielsweise an einem Weihnachtsessen teilzunehmen, in der Praxis aber nicht ratsam, da die Familie dabei Götzendienst treibt oder Alkohol trinkt. Auf die Frage, ob es akzeptabel sei, die Kinder auf einer Vorschule in kirchlicher Trägerschaft zu lassen (die in Deutschland verbreitet sind), lautete die typische Antwort nach meinen Erfahrungen, es wäre vertretbar, wenn dort nicht die Dreifaltigkeit gelehrt werde, da dies aber geschehe, sei es nicht zu empfehlen.

Solche Regeln der Distanzierung von Menschen, die aus salafistischer Perspektive nicht auf dem richtigen Weg sind, beziehen sich nicht nur auf Nichtmuslime, sondern auch auf Muslime, die unter dem Einfluss nationaler Traditionen stehen. Unabhängig von ihrem ethnischen Hintergrund brechen Neusalafisten daher im Austausch für die fest zusammengeschweißte Gemeinschaft Gleichgesinnter, der sie nun angehören, häufig ihre Beziehungen zu Familie und Freunden ab. Diese neue Gemeinschaft ist zwar in der Gestaltung des Alltagslebens sehr streng, im Ergebnis aber auch höchst vielfältig und offen für Menschen jedweder Herkunft. Gebürtige wie konvertierte Muslime, die in salafistischen Kreisen verkehren, genießen ein Gefühl der Überlegenheit nicht nur gegenüber Nichtmuslimen, sondern auch gegenüber traditionellen Muslimen. Salafisten zitieren häufig einen Hadith, in dem der Prophet Mohammed sagt: „Meine Umma wird sich in 73 Gruppen spalten, die alle im Höllenfeuer enden werden, bis auf eine." Betrachtet man die Welt aus dieser Perspektive, dann unterscheidet sich die Mehrheit der Muslime, die sich nicht reinigt, kaum von Nichtmuslimen – gerettet werden am Ende beide nicht.

Gebürtige Muslime in salafistischen Moscheen

Wie andere europäische Moscheen der Glaubensrichtung wird auch die Al-Nur-Moschee von sehr vielen gebürtigen Muslimen arabischer, türkischer und afrikanischer Herkunft besucht. Ich begegnete dort vielen von ihnen, auch wenn sich meine Forschung auf Konvertiten konzentrierte. Wie ich feststellte, teilen sie mit diesen bestimmte Erfahrungen: Sie kamen aus nichtpraktizierenden Familien und hatten eigenständig zum Islam gefunden, sie waren jung und fühlten sich in ethnischen Moscheen fremd, weil sie ihre Verkehrssprache nicht fließend sprechen oder sich nicht als Teil der jeweiligen Gruppe empfanden. Es gefalle ihnen, dass in der Al-Nur-Moschee Deutsch gesprochen wird, und sie fühlten sich dort willkommen, berichteten sie mir. Anhand der Erfahrungen dreier gebürtiger Muslime, die die Moschee mit recht unterschiedlichen Erwartungen regelmäßig besuchten, lässt sich die Perspektive dieser Gruppe illustrieren.

Canan ist eine 17jährige deutsch-türkische Gymnasiastin, die trotz zierlicher Gestalt ein starkes Auftreten hat. Als ich sie kennenlernte, war offensichtlich, dass zumindest einer der Imame sie für optimal geeignet hielt, in naher Zukunft die Betreuung neuer junger Frauen zu übernehmen. Er achtete darauf, dass sie am Unterricht teilnimmt und alle Argumente versteht, und scherzte immer mit ihr. Als ich Canan fragte, was sie an der Moschee anspreche, führte sie die entspannten Beziehungen an. In türkischen Moscheen hatte sie sich von älteren Frauen eingeengt gefühlt, die ihr zu ernst schienen. An der Al-Nur-Moschee hob sie positiv hervor, dass alle jung und immer zu Witzen aufgelegt seien. Was sie dort über die Einzelheiten der Religionsausübung gelernt hatte, brachte Canan zudem in Konflikt mit den Frauen in türkischen Moscheen. Die hatte sie eine Zeit lang weiter besucht und Ausdrucke von deutschen salafistischen Texten aus dem Internet mitgebracht, um den Türken dort zu beweisen, dass ihre Praktiken Erfindungen, *bid'a*, und folglich für den Islam nicht gültig seien. Mit der Zeit frustrierte es sie, wenn die türkischen Frauen sie nicht ernstnahmen: „Ich habe denen Informationen mitgebracht, die durch Stellen im Koran und dem Hadith belegt waren, und die meinten immer: ‚Das sind Informationen aus deiner Moschee. Wir machen das hier nicht so!'"

Canan stammt aus einer nichtpraktizierenden Familie. Sie erzählte mir, bis vor einem Jahr habe sie sich nur für Jungs interessiert. Alles änderte sich jedoch, als sie sich in einen jungen Araber aus ihrer Klasse verliebte, der die Al-Nur-Moschee besuchte. Obwohl der Charakter ihres Verhältnisses mehrdeutig blieb und er nie versprach, sie zu heiraten, wollte er sie immer unter Kontrolle haben. Er achtete darauf, dass sie spät abends nie alleine nach Hause ging und nicht mit anderen Männern sprach. Es war offensichtlich, dass ein Grund für ihr unklares Verhältnis darin bestand, dass er arabisch und Canan türkisch war. Deutsch-arabische Ehen sind nicht ungewöhnlich, türkisch-arabische durchaus. Kommen sie zustande, dann nicht ohne Konflikte.

Canans Freund meinte, sie solle ihren Nasenring ablegen und in die Al-Nur-Moschee mitkommen. Dort fand sie schließlich ein spirituelles und soziales Zuhause. Canan ging fast täglich in die Moschee; sie begann regelmäßig zu beten, ein Kopftuch zu tragen und sich konservativ zu kleiden; ihren Nasenring nahm sie ab.

Einer der Imame in der Moschee, den Canan sehr respektierte und bewunderte, teilte ihr mit, eine solche Beziehung zu einem Mann sei nicht akzeptabel, auch wenn sie vor allem aus SMS-Nachrichten bestehe. „Ihr solltet entweder heiraten oder eure Beziehung beenden", riet er ihr. Wie Canans Freund war der Imam libanesischer Herkunft; er bot an, als Vermittler tätig zu werden und mit dem Vater ihres Freundes zu sprechen. Nach dieser Intervention kam die Beziehung an ein Ende.

Ich hatte Canan im ersten Jahr meiner Feldstudien kennengelernt. Als ich ein Jahr später nach Berlin zurückkehrte, um weiter zu forschen, sah ich sie nicht mehr. Bekannte erzählten mir, dass sie die Moschee nicht mehr besuchte. Den Grund dafür konnte ich nicht herausfinden; vielleicht hatte sie einen anderen Mann geheiratet und war weggezogen, oder sie ging einfach nicht mehr in die Moschee, weil die Beziehung zu dem jungen Araber nicht funktioniert hatte. Vielleicht hatte sie sich von der Moschee entfremdet, weil sie aufgrund der Einmischung des Imams ihre Beziehung verloren hatte.

Esin ist eine 30jährige Türkin, die vor einigen Jahren nach Deutschland gezogen ist, um ihr Kunststudium fortzusetzen. Sie malte abstrakte Figuren, die Schmerz ausdrücken. In ihrem Istanbuler Leben und in den ersten paar Jahren in Berlin hatte Religion fast gar keine Rolle für sie gespielt. Sie erzählte mir, sie habe das typische Leben einer Istanbuler oder Berliner Kunststudentin geführt – Alkohol, Drogen, unklare Beziehungen mit Männern. Damals begann Esin starke Alpträume zu haben, die sie als Ruf zum Islam deutete. Häufig träumte sie, sie sei bei stürmischer See nachts in einem kleinen Boot. Sie musste sich am Mast festhalten, Feuer regnete auf sie herab. Wenn sie im Traum die Schahada rezitierte, beruhigte sich die Lage. Sie begann die Schahada auch zu sprechen, wenn sie wach war, und zog sich aus ihren Künstlerkreisen zurück.

Zu dieser Zeit hatte Esin eine Liebesbeziehung mit einem Deutschen aus ihrem Studiengang. Manfred war in der DDR areligiös aufgewachsen. Er interessierte sich aber sehr für Religion und sie verbrachten viel Zeit damit, über verschiedene Glaubensarten zu reden und gemeinsam die Bibel und den Koran zu lesen. Nach den Anrufungen im Traum begann Esin den Islam zu praktizieren. Schließlich trat auch Manfred zum Islam über und sie heirateten. Nach der Konversion hörte Manfred mit dem Malen auf und machte arabische Literatur zu seinem Hauptfach, weil er den Koran im Original lesen und verstehen wollte.

Esin erzählte mir, im Islam fühle sie sich zuhause, in türkischen Moscheen dagegen nicht. Dort hatte sie das Gefühl, von allen beobachtet und beurteilt zu werden. Als sie das erste Mal in eine türkische Moschee ging, fand eine Frau ihr Kopftuch nicht konservativ genug und versuchte, ihr ein zweites darüber aufzusetzen. Esin empfand das als Übergriff. Auch für ihren Mann, der kein Türkisch spricht, kamen türkische Moscheen nicht infrage. Dann erfuhren sie von der Al-Nur-Moschee und begannen, sie zu besuchen. Esin hatte keine besonderen Ansichten über die Moschee, fühlte sich dort aber zumindest nicht nach ihrem Äußeren beurteilt, was sie angesichts ihres afrikanischen Kopftuchs besonders erfreulich fand.

Hamza ist ein reizender 17jähriger, der immer zu lächeln scheint. Er wurde als Kind eines Palästinensers und einer Libanesin in Berlin geboren. Als wir uns das erste Mal begegneten, meinte er, ich sähe genau wie seine Mutter aus. Später erklärte er mir, ich erinnerte ihn nicht durch körperliche Züge an sie, sondern weil ich kein Kopftuch trüge und mich weder zu freizügig noch zu konservativ kleidete. Laut Hamza hatte seine Mutter mit Religion nichts zu schaffen. Sie fastete zwar während des Ramadan, doch das reichte bei weitem nicht, um ihn zu beeindrucken. Sein Vater ging manchmal in arabische Moscheen, aber Hamza begleitete ihn nie, da er kein Arabisch verstand. Hamzas Geschwister teilten seine Begeisterung für Religion. Sein Bruder ging in die Moschee und nahm seinen Glauben ernst; seine Schwester war Christin geworden und in einer evangelikalen Kirchengruppe aktiv. Hamza erzählte mir, dass es seine Freunde ärgert, wenn sie sie mit ihrem großen Kreuz sehen. „Wenn das vorkommt", sagte er, „zitiere ich den Vers aus dem Koran: ‚Es gibt keinen Zwang im Glauben. Wir alle tun, was wir wollen!'"

Hamza geht gerne in Moscheen, besonders weil man dort so leicht Freunde findet. „Man geht in eine Moschee", bemerkte er, „und sofort sagen die Leute: ‚Willkommen, Bruder', und fangen an, mit einem zu reden. Wie soll ich sonst Leute kennenlernen? Nach den Vorträgen gehen wir Teetrinken und unterhalten uns." Er erklärte, dass er die Al-Nur-Moschee mag, weil man dort am meisten Spaß habe. „Sie ist voll von jungen Leuten und Abdul Adhim ist so witzig", meinte er mit einem breiten Grinsen. Wir erzählten uns Witze aus Abdul Adhims Vorträgen und lachten. Besonders lustig fanden wir beide, wie Abdul Adhim einmal überschwänglich in die vor ihm postierte Kamera winkend mit einem „Hallo Schwestern!" die Frauen begrüßte, die ihm auf dem großen Flachbildfernseher in ihrem Bereich zusahen. Al-Nur war aber nur eine der Moscheen, die Hamza frequentierte. Er ging auch in mehrere türkische und arabische, die deutschsprachige Aktivitäten anbieten. Hamza listete fast alle Moscheen auf, in denen ich forschte: die Bilal-Moschee des DMK und die türkische Mevlana-Moschee, die mit ihren deutschsprachigen Angeboten auch anderen Ethnien offensteht. Hamza erzählte mir, neuerdings besuche er auch eine Moschee der Gülen-Bewegung, die ihm sehr gut gefalle.[105] Die

---

105 Die nach Fethullah Gülen (geb. 1941) benannte islamische Bewegung ist in der Türkei beheimatet, aber transnational aktiv. Vgl. Turam 2006; Ebaugh 2009.

Schriften von Said Nursi, die sie dort lasen, fand er ausgesprochen tiefsinnig.[106] Er hatte dort etwas gelernt, was ihn sehr beeindruckte: „Wenn man ein schönes Bild sieht, weiß man, dass jemand es gemalt hat, auch wenn man ihn nicht sieht. Und der Maler der Welt ist Allah. Man kann ihn in der Schönheit erkennen, die man in ihr sieht. In der Al-Nur-Moschee sagen sie uns, dass wir nichts außer dem Koran und dem Hadith lesen sollen. Aber warum sollte ich solche bedeutenden Sachen nicht lesen?" Hamza empfand das als eine Einschränkung.

Er vertraute mir an, es gebe ein paar Dinge an der Al-Nur-Moschee, die ihm nicht gefielen, etwa die Aufforderung, keine anderen Moscheen zu besuchen. Außerdem „hatten die meisten Brüder dort wirklich ein schwieriges Leben", meinte er. „Die waren früher Drogenabhängige, Alkoholiker; die waren im Gefängnis. Aber in der Gülen-Moschee sind alle Studenten. Auch das gefällt mir wirklich gut."

Was diese drei gebürtigen Muslime gemeinsam haben, ist, dass der Islam oder seine Praktizierung in der einen oder anderen Weise etwas Neues für sie waren. Alle besuchten die Al-Nur-Moschee, um in einem Rahmen jenseits ihrer Familien und nationalen Traditionen etwas über den Islam zu lernen – auf Deutsch und in einem von Vielfalt geprägten Kontext, in dem noch wenig islamkundige Menschen wie sie willkommen sind. Auch ihr bisheriges Leben und ihre Herkunft empfanden sie dort nicht als Nachteil. Die Al-Nur-Moschee machte auf sie den Eindruck, dass man dort gern gesehen ist und – zumindest als Neuling – nicht bewertet wird. Anders als national gebundene Moscheen, die auf sie häufig so wirkten, als seien sie ausschließlich für Türken, Bosnier, Indonesier oder Pakistanis gedacht, schien sie ihnen nicht einer bestimmten Gruppe zu gehören – und somit jedem, der Deutsch versteht und spricht. Solche gebürtigen Muslime stellen eine neue Generation neuer Deutscher dar, die sich weniger an ihren ethnischen Hintergrund gebunden fühlen und stärker daran interessiert sind, in dem Kontext, in dem sie leben, einen spirituellen und gesellschaftlichen Sinn zu finden.

106　Said Nursi (1878–1960) war ein islamischer Gelehrter, dessen umfangreiches Werk in einer Zeit der rapiden Säkularisierung der Türkei entstand. Die von ihm begründete Glaubensbewegung spielte eine wichtige Rolle bei der Wiederbelebung des Islam in der Türkei. Näher zu ihm: Mardin 1989.

Schluss

Trotz einer negativen Medienberichterstattung ziehen salafistische Moscheen wie Al-Nur weiterhin Neumuslime an. Die salafistische *Da'wa* mag nicht der Grund für die Konversion von Deutschen zum Islam sein und ist es in der Regel auch nicht.[107] Aber sie ist der Grund, warum sie Muslime bleiben, oder zumindest dafür, dass sie sich bei der Ausübung ihrer Religion als vollkommen akzeptierte Mitglieder der Umma empfinden können. Der salafistische Puritanismus – eine auf Konversion zielende, literalistische, gegen Kulturalismus und Geschichte gerichtete Spielart des Islam – ist sowohl für Konvertiten wie für gebürtige, aber nicht unbedingt praktizierend aufgewachsene Muslime attraktiv, weil er sie allen anderen Muslimen gleichstellt oder sogar zu dem Gefühl einlädt, ihnen überlegen zu sein. In einem Kontext, in dem Muslimen mit Migrationshintergrund ständig vorgeworfen wird, frauenfeindlich, gewalttätig, ungebildet und schlichtweg dumm zu sein, ist dies besonders wirkungsmächtig. Der Salafismus erlaubt es neuen Konvertiten, ihre Religion uneingeschränkt anzunehmen, ohne sich um die in ihrer gesellschaftlichen Umgebung vorherrschenden antimuslimischen Einstellungen kümmern zu müssen. Er ermöglicht es ihnen sogar, sich Muslimen mit Migrationshintergrund überlegen zu fühlen und sie zum wahren, weder türkischen, arabischen noch pakistanischen Islam einzuladen. Salafistische Moscheen sind die einzigen muslimischen Orte in Deutschland, an denen Frömmigkeit mehr zählt als Herkunft oder Abstammung.

Insofern ist der Salafismus heute in Deutschland für Konvertiten wie für migrantische Muslime die einzige Form der sunnitischen Glaubensausübung, die die Frage nationaler Traditionen und das damit verbundene Problem eines doppelten Bewusstseins vollständig umgeht. Mit ihrem einzigartigen Vermögen, Individuen jeglicher Herkunft zusammenzubringen, demonstrieren Salafisten, dass sie den Islam vollkommen unterschiedlichen Menschen als geeignete spirituelle Heimat anbieten können. Sie betreiben tatsächlich ein *queering* von Ethnizität und schaffen eine gänzlich neue, bunte Gemeinschaft, die durch die neue muslimische Identität ihrer Mitglieder zusammengehalten wird. Damit bietet der salafistische Islam ein Modell für eine postethnische Gesellschaftlichkeit, die zu den postindustriellen, postsozialistischen und ethnisch diversen Realitäten des wiedervereinigten Deutschland passt; das einheitliche Bewusstsein, das deutsche Konvertiten aus der

---

107 Sadek Hamid (2009) bemerkt, dass die Salafisten, die er in Großbritannien kennenlernte, ebenfalls nicht infolge von Missionierungsarbeit in salafistische Moscheen kamen, sondern eher aufgrund von Unzufriedenheit mit anderen Moscheen, darunter denen der Bewegung Tablighi Jemaat.

Mittelschicht ebenso anstreben wie seinerzeit Du Bois – der als Student im Berlin des ausgehenden 19. Jahrhunderts von der Tradition des deutschen Idealismus geprägt war –, verliert hier für Menschen an Bedeutung. Aufgrund ihrer Nostalgie für den frühen Islam, dessen erste Umma von Menschen aus unterschiedlichen Stämmen Mekkas und Medinas gebildet wurde, macht die Praxis der Salafisten einen Raum möglich, in dem jeglicher ethnischer Hintergrund unerheblich ist.

Kapitel 6
Schlussfolgerungen

Tagtäglich vollzieht eine kleine, aber beständige Zahl von Deutschen einen scheinbar schlichten Akt. In Anwesenheit zweier Zeugen sprechen sie einen Satz, zumeist erst auf Arabisch – „Lā ilāha illā 'llāh Muḥammadun rasūlu 'llāh" – und dann auf Deutsch: „Es gibt keinen Gott außer Gott und Mohammed ist sein Gesandter". Durch diesen simplen Akt der *Schahada* (Bezeugung) verwandeln sie zunächst sich selbst in Muslime, sodann die muslimischen Gemeinden des Landes in Orte, denen auch Deutsche angehören, und schließlich die deutsche Gesellschaft insgesamt in einen Ort, an dem Angehörige der ethnischen Mehrheit islamischen Glaubens sein können. Indem sie scheinbar ganz einfach Muslime werden, zeigen Konvertiten, wie brüchig die nach dem Kalten Krieg aufgekommenen Dichotomien von europäischen und muslimischen Identitäten sind. Die Schwierigkeiten und die Marginalisierung durch die Mehrheitsgesellschaft, die sie erleben, die mitunter xenophoben Argumente, die sie vertreten, und ihre Bemühungen, den Islam von türkischen und arabischen Traditionen abzulösen, zeugen zugleich von der Kraft eben dieser Dichotomien.

In seinem Essay „Muslims and European Identity: Can Europe Represent Islam?" formuliert Talal Asad sehr prägnant das Paradox der islamischen Frage in Europa: Muslime „werden in einer besonderen Weise in Europa ein- und zugleich aus ihm ausgeschlossen" (2002, S. 209). In der vorliegenden Studie habe ich zu zeigen versucht, wie deutsche Konvertiten zum Islam mit diesem Widerspruch umgehen und zugleich zu ihm beitragen. Ihre Bemühungen, dem Islam ein deutsches Gesicht zu geben, und ihr ambivalentes Verhältnis zu Muslimen mit Migrationshintergrund lassen sich nur vor dem Hintergrund dieser widersprüchlichen

Weise verstehen, wie „„Europa' von Europäern entworfen wird" (ebd.). Verbreitete säkularistische Ideen, die Religion als eine von allen anderen gesellschaftlichen Realitäten getrennte Sphäre definieren, und die zunehmende Rassifizierung von Muslimen führen zusammengenommen dazu, dass Konvertiten und auch manche in Europa geborene Muslime für einen Islam eintreten, der von den verachteten Aspekten nahöstlicher Werte und Praktiken ablösbar und mit europäischen oder deutschen Mentalitäten und Lebensweisen vereinbar sein soll. Wie kaum überrascht, ist der Gedanke eines europäischen Islam daher häufig ein integraler Bestandteil des von Europäern entworfenen Europa. In den Geschichten deutscher Konvertiten, denen ich in diesem Buch nachgegangen bin, wird deutlich, dass der Einschluss des Islam in Europa häufig um den Preis eines gleichzeitigen Ausschlusses rassifizierter Muslime stattfindet. Doch trotz, genauer: gerade wegen ihres Bemühens um Inklusion stoßen letztlich gerade Konvertiten auf islamophobe Einstellungen.

Um zu beweisen, dass der Islam bestens – sogar besser als andere Religionen – zur deutschen oder europäischen Gesellschaft passt, verfolgen deutsche Konvertiten unterschiedliche und mitunter widersprüchliche Strategien. Manche greifen auf liberale, den Vorrang der individuellen Entscheidungsfreiheit betonende Traditionen zurück, andere auf solche der Aufklärung, die für religiöse Vielfalt und Neugier standen. Sie ziehen eine Linie zu berühmten deutschen Figuren wie Lessing und Goethe, deren Offenheit für Vielfalt später von der antisemitischen Ideologie des Nationalsozialismus ausgelöscht wurde. In ihrem Verständnis ist der Übertritt zum Islam nicht nur vereinbar mit der deutschen Kultur, sondern entspricht sogar den besten Momenten der deutschen Geistestradition, die seit der Romantik zum Schweigen gebracht und verdrängt worden seien.

Die Kehrseite dieser Hervorhebung einer Vereinbarkeit von Islam und deutscher Kultur besteht mitunter darin, dass Migranten abgesprochen wird, gute Muslime zu sein. Um den Islam als etwas Deutsches darzustellen, erklären Konvertiten und manche gebürtige Muslime nachdrücklich, dass es ihn von Muslimen zu unterscheiden gelte. Wie nichtmuslimische deutsche Intellektuelle halten auch viele Konvertiten die Muslime der zweiten, dritten und vierten Einwanderergeneration für bildungs-, integrations- und veränderungsbedürftig. Ihnen zufolge sollte dies jedoch nicht durch eine Abkehr von islamischen Praktiken oder eine Reform des Islam geschehen, sondern im Gegenteil dadurch, dass migrantische Muslime ihre türkischen oder anderweitigen Kulturen und Traditionen aufgeben und zur Berücksichtigung grundlegender islamischer Lehren im Alltagsleben bekehrt werden. Anders formuliert: Nicht der Islam muss sich ändern, sondern die muslimischen Einwanderer.

Nicht nur Konvertiten suchen nach einem Islam, der den besten Aspekten deutscher Werte und Lebensweisen angemessen ist. Auch gebürtige Muslime, die in Europa leben – das beste Beispiel ist der in der Schweiz geborene Tariq Ramadan –, behaupten, eine konservative Islamauslegung könne im besten Sinne europäisch sein. Ein solcher Ansatz fördert den Gedanken eines wahren, von Traditionen unberührten Islam und liegt auf der Linie reformorientierter islamischer Traditionen auf der ganzen Welt. Im europäischen Kontext gerät er jedoch zu einer Überhöhung des Eigenen, da nur europäische Praktiken und Mentalitäten als frei von Traditionen definiert werden. Die Lebensweise „ethnischer" Muslime wird als nicht authentisch islamisch und somit für Deutschland und Europa unangemessen gebrandmarkt.

Während die Frage der europäischen Identität für viele Konvertiten große Bedeutung hat, scheint sie die neuesten und jüngsten Konvertiten ebenso wie salafistisch orientierte gebürtige Muslime weniger zu beschäftigen. Die salafistischen Gemeinden sind zwar klein, aber insofern signifikant, als sie heute den stärksten Anziehungspunkt für Konvertiten darstellen und Neumuslime osteuropäischer, russischer und afrikanischer Herkunft ebenso mühelos zu integrieren vermögen wie gebürtige Muslime nahöstlicher Abstammung, die unabhängig von ihren Familien zum Islam gefunden haben. Der Salafismus, der sich als gänzlich unberührt von menschlicher Interpretation und jeglicher Tradition präsentiert, weist die größte Fähigkeit auf, Neumuslime ohne traditionelle Orientierung aufzunehmen. Eben dadurch wecken Salafisten bei islamophoben Menschen tiefste Ängste.

Konvertiten als Bedrohung des neuen Deutschland

Abschließen möchte ich dieses Buch mit einigen Bemerkungen zu der von Konvertiten ausgelösten Panik, die Deutschland in den 2000er Jahren erfasste und deutsche Neumuslime plötzlich aus ihrer bisherigen Unsichtbarkeit ins Zentrum der medialen Öffentlichkeit rückte.[108] Die Details sind dabei besonders wichtig, da sie neuartige Aspekte von Islamophobie verdeutlichen. Grund für die genannte Panik war die Angst vor einem Terroranschlag; der damalige Bundesinnenminister

---

108 Teile dieses Schlusskapitels erschienen ursprünglich als „Convert Alert Turkish Christians and German Muslims as Threats to National Security in the New Europe", *Comparative Studies in Society and History* 51(1): 91–116, copyright © 2009 by the Society for the Comparative Study of Society and History; Verwendung mit freundlicher Genehmigung von Cambridge University Press. In diesem Aufsatz wird die hier erörterte Panik eingehender behandelt.

Schäuble warnte die Nation wiederholt vor der Gefahr, die deutsche Konvertiten in dieser Hinsicht angeblich darstellen.[109]

Parallel dazu kam die Angst vor einer kulturellen Islamisierung Deutschlands auf. Eine ältere alarmistische Strategie bestand darin, die hohe Geburtenrate unter Migranten hervorzuheben; der neue Alarmismus galt einer Ausbreitung islamischer Denk- und Lebensweisen unter „normalen" Europäern und Deutschen. Hinter dieser neuen Sorge stand die Vorstellung, islamische Werte seien bereits auf dem Weg, die öffentliche Kultur in Europa zu dominieren, da europäische Liberale zu permissiv seien, um für ihre Werte einzustehen und sie zu verteidigen. Am deutlichsten brachte der *Spiegel* dieses Verständnis mit seiner Titelgeschichte „Mekka Deutschland: Die stille Islamisierung" (13/2007) zu Ausdruck, auf dem Cover dramatisch illustriert mit einem Halbmond über dem Brandenburger Tor, dem Wahrzeichen Berlins.

Henryk M. Broder, ein harscher Kritiker des Islam, hat sich damit hervorgetan, eine ähnliche Angst vor der islamischen Eroberung Europas zu schüren, insbesondere mit seinem Bestseller *Hurra, wir kapitulieren!* (2006). Als Sohn zweier jüdisch-polnischer Holocaust-Überlebender und scharfzüngiger Kritiker der deutschen Gesellschaft nimmt Broder eine gewichtige Position im öffentlichen Diskurs ein. Seine Schriften befassen sich überwiegend mit Antisemitismus und der liberalen Toleranz gegenüber dem Islam in Deutschland. In seinem Buch schreibt er: „The prevailing feeling among Muslims is that they are being abused by the West. What should we do about it? We might as well surrender. After all, we're already on our way" (Broder 2007). In der Überzeugung, Europa sei sogar schon fast islamisiert worden, empfahl er freiheitsliebenden jungen Europäern sogar einmal die Auswanderung nach Australien oder Neuseeland; er selbst sei dafür als 60jähriger zu alt und werde in Berlin bleiben.[110] Broder und seine konservativen Anhänger in Europa wie der Belgier Paul Belien behaupten, Islam bedeute wörtlich übersetzt Unterwerfung und liberale säkulare Europäer, die sein Erstarken in Europa hinnähmen, hätten sich längst unterworfen: „Viele Europäer sind bereits Muslime geworden, auch wenn ihnen das nicht bewusst ist oder sie es nicht zugeben wollen."[111]

In einem von Ängsten vor der religiösen und kulturellen Islamisierung Europas beherrschten Kontext lösen auch Konvertiten Beunruhigung aus. Muslime europäischer und insbesondere deutscher Abstammung werden zum sichtbarsten Anzeichen dafür, dass der Islam dabei ist, Europas Geist, Lebensweise und Kultur zu beherrschen, über deren positive Definition überhaupt keine Einigkeit besteht.

---

109 Vgl. Schäuble: „Vielleicht hatten wir bisher einfach Glück", *Die Welt*, 4. Februar 2007.
110 Paul Belien, The Rape of Europe, *Brussels Journal*, 25. Oktober 2006.
111 Berlin, The Rape of Europe (wie Anm. 110).

Islamkritiker werfen Konvertiten häufig politisch unvertretbare Positionen vor, die sie mit der islamischen Kultur assoziieren. So veröffentlichte beispielsweise *Emma*, die wichtigste Zeitschrift des feministischen Mainstream in Deutschland, im Sommer 2002 einen Artikel mit dem Titel „Die KonvertitInnen ... und wer dahinter steckt".[112] Darin werden mehrere bekannte Deutschmuslime als Antisemiten, Holocaustleugner, Nazis, Unterstützer des islamischen Terrorismus und Gegner von Frauenrechten dargestellt. Diese Vorwürfe sind nicht wirklich fundiert und lassen sich gewiss nicht für die gesamte Gruppe der Konvertiten verallgemeinern. Was sie aber deutlich machen, ist ein Bedürfnis, Konvertiten mit Blick auf politische Werte auf der falschen Seite zu verorten. Die Ängste, die Konvertiten auslösen, beziehen sich allerdings nicht auf „vollkommen fremde" Werte und Lebensweisen, sondern auf deutsche Werte, die noch vor wenigen Dekaden vorherrschend waren und heute als beschämend gelten. Insofern stellen Konvertiten die seit der Wiedervereinigung entstehende neue deutsche Identität gerade deshalb vor eine Herausforderung, weil sie ethnisch und in ihren Überzeugungen von anderen Deutschen ununterscheidbar sind.

Mit der zunehmenden Integration des Islam und von Muslimen in die deutsche Gesellschaft richtet sich die Angst der Bevölkerung und des Staates vor diesem scheinbar uneuropäischen, aber etablierten Element auf die kleine Zahl von Deutschen, die den islamischen Glauben angenommen haben. Nicht weil sie Deutschland in ein mehrheitlich muslimisches Land verwandeln oder die gesamte Nation terrorisieren könnten, lösen Konvertiten eine solche Beunruhigung aus, sondern weil sie allein mit der zumeist gar nicht politisch motivierten, persönlichen Entscheidung für eine andere Religion die neugezogenen Grenzen zwischen politischen Bündnissen, Kulturen und Zivilisationen verletzen. Konvertiten zum Islam eröffnen gänzlich neuartige Möglichkeiten, muslimisch, deutsch, deutsch-muslimisch und muslimisch-deutsch zu sein oder zu werden. Gleichzeitig rufen sie eine neue Verunsicherung darüber hervor, was es angesichts sich verändernder Realitäten bedeutet, europäisch zu sein.

---

112 Cornelia Filter, Die KonvertitInnen ... und wer dahinter steckt, *Emma*, Juli/August 2002.

Literaturverzeichnis

Abdel-Alim, Hesham Samy. 2006. Reinventing Islam with Modern Unique Tonees: Muslim Hip-Hop Artists at Verbal Mujahidin. *Souls* 8 (4): 45–58.

Abdullah, Muhammad Salim. 1981. *Geschichte des Islams in Deutschland*. Köln: Styria.

Adelson, Leslie. 2005. *The Turkish Turn in Contemporary German Literature. Toward a New Critical Grammar of Migration*. New York: Palgrave.

Adraoui, Mohamed-Ali. 2009. Salafism in France: Ideology, Practices, and Contradictions. In *Global Salafism: Islam's New Religious Movement*, Hrsg. Roel Meijer, 364–83. New York: Columbia University Press.

Aidi, Hishaam. 2002. Jihadis in the Hood: Race, Urban Islam, and the War on Terror. *Middle East Report* 224, 36–43.

____2003. Let Us Be Moors: Islam, Race, and »Connected Histories«. *Middle East Report* 229, 42–53.

____2011. The Grand (Hip-Hop) Chessboard: Race, Rap, and Raison d'Etat. *Middle East Report* 260, 25–40.

Allen, Christopher. 2010. *Islamophobia*. Burlington, VT: Ashgate.

Allievi, Stefano. 1996. *Les convertis à l'islam: Les nouveaux musulmans d'Europe*. Paris: L'Harmattan.

Amir-Moazami, Schirin. 2009. Islam und Geschlecht unter liberal-säkularer Regierungsführung – Die Deutsche Islam Konferenz. In *Juden und Muslime in Deutschland. Recht, Religion und Identität (Tel Aviver Jahrbuch für deutsche Geschichte 2009)*, Hrsg. José Brunner und Shai Lavi, 185–205. Göttingen: Wallstein.

Asad, Muhammad. 1954. *The Road to Mecca*. London: M. Reinhardt.

Asad, Talal. 1993. *Genealogies of Religion: Discipline and Reasons of Power in Christianity and Islam*. Baltimore: Johns Hopkins University Press.

____2002. Muslims and European Identity: Can Europe Represent Islam? In *The Idea of Europe: From Antiquity to the European Union*, Hrsg. Anthony Pagden, 209–227. Cambridge: Cambridge University Press.

___2017. *Ordnungen des Säkularen. Christentum, Islam, Moderne*. Paderborn: Konstanz University Press.

Backhausen, Manfred. 2008. *Die Lahore-Ahmadiyya-Bewegung in Europa: Geschichte, Gegenwart und Zukunft der als »Lahore-Ahmadiyya-Bewegung zur Verbreitung islamischen Wissens« bekannten internationalen islamischen Gemeinschaft*. Wembley, UK: Ahmadiyya Anjuman Lahore Publications.

Badran, Margot. 2006. Feminism and Conversion: Comparing British, Dutch, and South African Life Stories. In *Women Embracing Islam: Gender and Conversion in the West*, Hrsg. Karin van Nieuwkerk. Austin: University of Texas Press.

Balibar, Etienne. 1990. Gibt es einen Neorassismus? In ders./Immanuel Wallerstein, *Rasse, Klasse, Nation. Ambivalente Identitäten*, 23–39. Hamburg: Argument.

___/ Immanuel Wallerstein. 1990. *Rasse, Klasse, Nation. Ambivalente Identitäten*, Hamburg: Argument.

Barker, Martin. 1981. *New Racism: Conservatives and the Ideology of the Tribe*. London: Junction Books.

Bauknecht, Bernd. 2001. *Muslime in Deutschland von 1920 bis 1945*. Köln: Teiresias Verlag.

Bayet, Atef. 2007. Islamism and the Politics of Fun. *Public Culture* 19 (3): 433–459.

Bendixsen, Synnøve K. N. 2013. *The Religious Identity of Young Muslim Women in Berlin: An Ethnographic Study*. Leiden: Brill.

Berdahl, Daphne. 1999. *Where the World Ended: Re-unification and Identity in the German Borderland*. Berkeley: University of California Press.

Beyer, Peter. 2006. *Religions in a Global Society*. New York: Routledge.

Bilici, Mücahit. 2010. *Muslim Ethnic Comedy: Inversions of Islamophobia. In Islamophobia/Islamophilia: Beyond the Politics of Enemy and Friend*, Hrsg. Andrew Shryock, 195–208. Bloomington: Indiana University Press.

___2012. *Finding Mecca in America: How Islam Is Becoming an American Religion*. Chicago: University of Chicago Press.

Blaschke, Jochen. 2004. Tolerated but Marginalized: Muslims in Germany. In *State Policies towards Muslim Minorities. Sweden, Great Britain, and Germany*. Hrsg. M. Anwar, J. Blaschke und A. Sander, 41–197. Berlin: Parabolis.

Bloul, Rachel A. D. 2008. Anti-Discrimination Laws, Islamophobia, and Ethnicization of Muslim Identity in Europe and Australia. *Journal of Muslim Minority Affairs* 28 (1): 7–25.

Borneman, John. 1991. *After the Wall: East Meets West in the New Berlin*. New York: Basic Books.

Bowen, John R. 2007. *Why the French Don't Like Headscarves: Islam, the State, and Public Space*. Princeton, NJ: Princeton University Press.

___2010. *Can Islam Be French? Pluralism and Pragmatism in a Secularist State*. Princeton, NJ: Princeton University Press.

Broder, Henryk. 2006. *Hurra, Wir Kapitulieren*. Berlin: Wolf Jobst Siedler Verlag.

Buckser, Andrew, und Stephen D. Glazier. 2003. Preface. In: *The Anthropology of Religious Conversion*, Hrsg. A. Buckser und S. Glazier, xi–xviii. Lanham, MD: Rowman and Littlefield.

Bundesministerium des Innern. 2013. Verfassungsschutzbericht 2012. Berlin: Bundesministerium des Innern.

Bunzl, Matti. 2005. Zwischen Antisemitismus und Islamophobie. Gedanken zum neuen Europa. In *Zwischen Antisemitismus und Islamophobie. Vorurteile und Projektionen in Europa*, Hrsg. Matti Bunzl und Alexandra Senfft, 53–74. Hamburg: VSA.

Calhoun, Craig. 2011. Secularism, Citizenship, and the Public Sphere. In *Rethinking Secularism*, Hrsg. C. Calhoun, M. Juergensmeyer und J. VanAntwerpen. New York: Oxford University Press.

Cesari, Jocelyne. 2002. Islam in France. The Shaping of a Religious Minority. In *Muslims in the West: From Sojourners to Citizens*, Hrsg. Yvonned Haddad, 36–51. New York: Oxford University Press.

___2007. Muslim Identities in Europe. The Snare of Exceptionalism. In *Islam in Europe. Diversity, Identity, and Influence*, Hrsg. Aziz Al-Azmeh, 49–67. Cambridge: Cambridge University Press.

Chin, Rita. 2009. *The Guestworker Question in Postwar Germany.* Cambridge: Cambridge University Press.

___, H. Fehrenbach, G. Eley und A. Grossman. 2009. Introduction. In *After the Nazi Racial State: Difference and Democracy in German and Europe*. Ann Arbor: University of Michigan Press.

Chow, Rey. 2002. *The Ethnic Protestant and the Spirit of Capitalism.* New York: Columbia University Press.

Clayer, Nathalie, und Eric Germain, Hrsg. 2008. *Islam in Inter-War Europe*. New York: Columbia University Press.

Collins, Patricia Hill. 2000. Gender, Black Feminism, and Black Political Economy. *Annals of the American Academy of Political Science* 568: 41–53.

Coolsaet, Rik. 2011. *Jihadi Terrorism and the Radicalisation Challenge in Europe*. Aldershot, UK: Ashgate.

Comaroff, Jean, und John Comaroff. 1991. *Of Revelation and Revolution. Christianity, Colonialism, and Consciousness in South Africa*. Bd. 1. Chicago: University of Chicago Press.

Crenshaw, Kimberle. 1989. Mapping the Margins: Intersectionality, Identity, Politics, and Violence against the Women of Color. *Stanford Law Review* 43 (6): 1241–1299.

Cwiklinski, Sebastian. 2008. Between National and Religious Solidarities. The Tatars in Germany and Poland in the Inter-War Period. In *Islam in Inter-War Europe*, Hrsg. Nathalie Clayer und Eric Germain, 64–88. New York: Columbia University Press.

Decker, O., M. Weißmann, J. Kies und E. Brähler. 2010. *Die Mitte in der Krise. Rechtsextreme Einstellungen in Deutschland 2010*. Berlin: Friedrich-Ebert-Stiftung.

Deeb, Lara. 2006. *An Enchanted Modern. Gender and Public Piety in Shi'i Lebanon*. Princeton, NJ: Princeton University Press.

___, und Mona Harb. 2013. *Leisurely Islam. Negotiating Geography and Morality in Shi'ite South Beirut*. Princeton, NJ: Princeton University Press.

Du Bois, W.E.B. (1903) 2008. Die Seelen der Schwarzen. Freiburg: Orange Press.

Ebaugh, Helen Rose Fuchs. 2009. *The Gülen Movement. Sociological Analysis of a Civic Movement Rooted in Moderate Islam*. Dordrecht: Springer.

Egerton, Frazer. 2010. Alienation and Its Discontents. *European Journal of International Relations* 17 (3): 453–74.

Eickelman, Dale, und James Piscatori. 1996. *Muslim Politics*. Princeton, NJ: Princeton University Press.

El-Tayeb, Fatima. 2011. *European Others. Queering Ethnicity in Postnational Europe.* Minneapolis: University of Minnesota Press.

European Monitoring Center on Racism and Xenophobia. 2006. Muslims in the European Union: Discrimination and Islamophobia. Wien: European Monitoring Center on Racism and Xenophobia.

Ewing, Katherine. 2008. *Stolen Honor. Stigmatizing Muslim Men in Berlin.* Stanford, CA: Stanford University Press.

Eze, Chukwudi. 1997. *Race and the Enlightenment. A Reader.* Oxford: Blackwell Publishers.

Fekete, Liz. 2009. *A Suitable Enemy. Racism, Migration, and Islamophobia in Europe.* London: Pluto Press.

Fetzer, Joel S., und J. Christopher Soper. 2005. *Muslims and the State in Britain, France, and Germany.* Cambridge: Cambridge University Press.

Frank, Anja. 2007. Young Eastern Germans and the Religious and Ideological Heritage of Their Parents and Grandparents. In *Religion and the Secular in Eastern Germany, 1945 to the Present*, Hrsg. Esther Peperkamp und Małgorzata Rajtar, 147–66. Leiden: Brill.

Gay, Peter. 1968. *Deism. An Anthology.* Princeton, NJ: D. Van Nostrand.

___1970. *Die Republik der Außenseiter. Geist und Kultur in der Weimarer Zeit, 1918–1933.* Frankfurt a.M.: Fischer.

Gerlach, Julia. 2006. *Zwischen Pop und Dschihad. Muslimische Jugendliche in Deutschland.* Berlin: Ch. Links Verlag.

Germain, Eric. 2008. The First Muslim Missions on a European Scale. Ahmadi-Lahori Networks in the Inter-War Period. In *Islam in Inter-War Europe*, Hrsg. Nathalie Clayer und Eric Germain, 89–118. New York: Columbia University Press.

Goethe, Johann Wolfgang. 2013. Maximen und Reflexionen. Berlin: Holzinger.

___1993. West-östlicher Diwan. In *Gedichte, Versepen. Werke, Bd. 1*, 23 –354. Frankfurt a.M.: Insel.

Gökarıksel, Banu, und Anna Secor. 2009. New Transnational Geographies of Islamism, Capitalism, and Subjectivity. The Veiling Fashion Industry in Turkey. In *Muslim Societies in the Age of Mass Consumption.*

Politics, Culture, and Identity between the Local and the Global, Hrsg. Johanna Pink, 23–52. Cambridge, UK: Cambridge Scholars Publishing.

Göle, Nilüfer. 1997. *Forbidden Modern. Civilization and Veiling.* Ann Arbor: University of Michigan Press.

Guist, Erich. 2004. Islam und Aufklärung. https://www.yumpu.com/de/document/view/13087170/islam-und-aufklarung-von-erich-guist-beitrag-zum-kantjahr-an-der-. Zugegriffen: 26. Mai 2017.

Habermas, Jürgen. 2008. Ein Bewußtsein von dem, was fehlt. In *Ein Bewußtsein von dem, was fehlt.* Hrsg. M. Reder und J. Schmidt, 26–36. Frankfurt a.M.: Suhrkamp.

Haenni, Patrick. 2009. The Economic Politics of Muslim Consumption. In *Muslim Societies in the Age of Mass Consumption. Politics, Culture, and Identity between the Local and the Global*, Hrsg. Johanna Pink, 327–342. Cambridge, UK: Cambridge Scholars Publishing.

Hall, Stanley G. 1904. *Adolescence: Its Psychology and Its Relation to Physiology, Anthropology, Sociology, Sex, Crime, Religion, and Education.* New York: Appleton.

Halliday, Fred. 1999. Islamophobia Reconsidered. *Ethnic and Racial Studies* 22 (5): 892–902.

Hamid, Sadek. 2009. The Attraction of »Authentic Islam«. Salafism and British Muslim Youth. In *Global Salafism. Islam's New Religious Movement*, Hrsg. Roel Meijer, 384–403. New York: Columbia University Press.

Harding, Susan. 2001. *The Book of Jerry Falwell: Fundamentalist Language and Politics*. Princeton, NJ: Princeton University Press.

Haug, Sonja, S. Müssig und A. Stichs. 2009. *Muslimisches Leben in Deutschland. Im Auftrag der Deutschen Islam Konferenz*. Nürnberg: Bundesamt für Migration und Flüchtlinge.

Haykel, Bernard. 2009. On the Nature of Salafi Thought and Action. In *Global Salafism. Islam's New Religious Movement*, Hrsg. Roel Meijer, 33–50. London: Hurst.

Hefner, Robert W., Hrsg. 1993. *Conversion to Christianity. Historical and Anthropological Perspectives on a Great Transformation*. Berkeley: University of California Press.

Hemmingsen, Ann-Sophie. 2011. Salafi Jihadism. Relying on Fieldwork to Study Unorganized and Clandestine Phenomena. *Ethnic and Racial Studies* 34 (7): 1201–1215.

Henson, James Scott, und J. A. Wasserman. 2011. Six in One Hand, Half a Dozen in the Other. An Ontological Content Analysis of Radical Islam and the Christian Right. *Culture and Religion* 12 (1): 39–58.

Hirschkind, Charles. 2009. *The Ethical Soundscape: Cassette Sermons and Islamic Counterpublics*. New York: Columbia University Press.

Hoffmann, Christian H. 1995. *Zwischen allen Stühlen. Ein Deutscher wird Muslim*. Bonn: Bouvier.

___2004. Islam und Kant. Vortrag im Rahmen der Berliner Islamwoche. http://docplayer.org/24703583-Islam-und-kant-einfuehrung.html. Zugegriffen: 10. April 2017.

Hofmann, Gabriele. 1997. Muslimin werden. Frauen in Deutschland konvertieren zum Islam. Frankfurt a.M.: Institut für Kulturanthropologie und Europäische Ethnologie, Johann Wolfgang Goethe-Universität.

Hofmann, Murad Wilfried. 1996. *Reise nach Mekka. Ein Deutscher lebt den Islam*. München: Eugen Diederichs.

Höpp, Gerhard. 2001. Islam in Berlin und Brandenburg. Steinerne Erinnerungen. In *Berlin für Orientalisten: Ein Stadtführer*, Hrsg. Gerhard Höpp und Norbert Mattes, 1–25. Berlin: Das arabische Buch.

Horsch, Silvia. 2004a. Lessing, Der Islam und Toleranz (Vortrag). http://www.al-sakina.de/inhalt/artikel/lessing_islam/lessing_islam.html. Zugegriffen: 15. Mai 2017.

___2004b. *Rationalität und Toleranz: Lessings Auseinandersetzung mit dem Islam*. Würzburg: Ergon.

___2008. Der Islam – eine europäische Tradition (Vortrag). http://www.al-sakina.de/inhalt/artikel/Islam_Europa/islam_europa.html. Zugegriffen: 15. Mai 2017.

Houston, Christopher. 2001. The Brewing of Islamist Modernity. Tea Gardens and Public Space in Istanbul. *Theory, Culture, and Society* 18 (6): 77–97.

James, William. 1902. *The Varieties of Religious Experience. A Study in Human Nature*. New York: Longman, Green.

Jensen, Tina Gudrun. 2006. Religious Authority and Autonomy Intertwined. The Case of Converts to Islam in Denmark. *Muslim World* 96: 643–660.

Jonker, Gerdien. 2000. What is Other About Other Religions? The Islamic Communities in Berlin Between Integration and Segregation. *Cultural Dynamics* 12 (3): 311–329.

____2002. Eine Wellenlänge zu Gott. Der »Verband der Islamischen Kulturzentren« in Europa. Bielefeld: Transcript.

____2005. The Mevlana Mosque in Berlin-Kreuzberg. An Unsolved Conflict. *Journal of Ethnic and Migration Studies* 31 (6): 1067–1081.

Jurgens, Jeffrey. 2005. Plotting Immigration. Diasporic Identity Formation among Immigrants from Turkey in Berlin. Dissertation an der University of Michigan.

Keddie, Nikki. 1998. The New Religious Politics. Where, When, and Why Do Fundamentalisms Appear? *Comparative Studies in Society and History* 40 (4): 696–723.

Kepel, Gilles. 1997. *Allah im Westen. Die Demokratie und die islamische Herausforderung*. München und Zürich: Piper.

Koning, Martijn de. 2008. Searching for a »Pure« Islam. Religious Beliefs and Identity Construction among Moroccan-Dutch Youth. Amsterdam: Bert Bakkar.

____2009. Changing Worldviews and Friendship. An Exploration of the Life Stories of Two Female Salafies in the Netherlands. In *Global Salafism. Islam's New Religious Movement*, Hrsg. Roel Meijer, 404–423. New York: Columbia University Press.

Köse, Ali. 1996. *Conversion to Islam. A Study of Native British Converts*. London: Kegan Paul International.

Kravel-Tovi, Michal. 2012. Rite of Passing. Bureaucratic Encounters, Dramaturgy, and Jewish Conversion in Israel. *American Ethnologist* 39 (2): 371–88.

Kupinger, Petra. 2009. Barbie, Razanne, Fulla. A Tale of Culture, Globalization, Consumerism, and Islam. In *Muslim Societies in the Age of Mass Consumption. Politics, Culture, and Identity between the Local and the Global*, Hrsg. Johanna Pink, 187–224. Cambridge, UK: Cambridge Scholars Publishing.

Laurence, Jonathan. 2012. *The Emancipation of Europe's Muslims*. Princeton, NJ: Princeton University Press.

Lawrence, Bruce. 1989. *Defenders of God. The Fundamentalist Revolt against the Modern Age*. Columbia: University of South Carolina Press.

Lehmann, David. 1998. Fundamentalism and Globalism. *Third World Quarterly* 19 (4): 607–634.

Leiken, Robert. 2011. Europe's Angry Muslims. The Revolt of the Second Generation. Oxford: Oxford University Press.

Lessing, Gotthold Ephraim. 2003. Werke und Briefe, Bd. 3, 1754–1757. Berlin: Deutscher Klassiker Verlag.

Luciak, Mikael. 2004. Documenting Discrimination and Integration in 15 Member States of the European Union. Luxemburg: Office for Official Publications of the European Communities.

Mahmood, Saba. 2004. *Politics of Piety. Islamic Revival and the Feminist Subject*. New Jersey: Princeton University Press.

Mamdani, Mahmood. 2006. *Guter Moslem, böser Moslem. Amerika und die Wurzeln des Terrors*. Hamburg: Edition Nautilus.

Mandel, Ruth. 2008. *Cosmopolitan Anxieties. Turkish Challenges to Citizenship and Belonging in Contemporary Germany*. Durham, NC: Duke University Press.

Mandeville, Peter. 2001. *Transnational Muslim Politics. Reimagining the Umma*. London: Routledge.

Mansson, Anna. 2002. *Becoming Muslim. Meanings of Conversion to Islam*. Lund: Akademisk Avhandling.

Mardin, Şerif. 1989. *Religion and Social Change in Modern Turkey. The Case of Bediüzzaman Said Nursi*. Albany: State University of New York Press.

Meer, Nasar. 2011. Overcoming the Injuries of »Double Consciousness«. In *The Politics of Misrecognition*, Hrsg. Simon Thompson und Majid Yar, 46–65. Surrey: Ashgate.

____2013. Semantics, Scales, and Solidarities in the Study of Antisemitism and Islamophobia. *Ethnic and Racial Studies* 36 (3): 500–515.

Meer, Nasar, und Tariq Modood. 2010. The Racialisation of Muslims. In *Thinking through Islamophobia. Global Perspectives*, Hrsg. S. Sayyid und AbdoolKarim Vakil, 69–83. New York: Columbia University Press.

Meijer, Roel, Hrsg. 2009. Global Salafism. Islam's New Religious Movement. New York: Columbia University Press.

Meiu, George Paul. 2011. On Difference, Desire, and the Unexpected. The White Masai in the Kenyan Tourism. In *Great Expectations. Imagination and Anticipation in Tourism*, Hrsg. Jonathan Skinner und Dimitrios Theodossopoulos, 96–115. New York: Berghahn Books.

Meyer, Birgit. 1998. Make a Complete Break with the Past. Memory and Post-Colonial Modernity in Ghanian Pentecostalist Discourse. *Journal of Religion in Africa* 28 (3): 316–349.

Miles, Robert, und Malcolm Brown. 2003. *Racism* (Neuausgabe). London: Routledge.

Mommsen, Katharina. 2001. *Goethe und der Islam*. Frankfurt a.M.: Insel.

____2014. Zu Goethe und der Islam – Antwort auf die oft aufgeworfene Frage: War Goethe ein Muslim? *Yearbook of the North American Goethe Society* 21: 247–254.

Moosavi, Leon. 2012. British Muslim Converts Performing »Authentic Muslimness«? *Performing Islam* 1 (1): 103–128.

Motadel, David. 2009. Islamische Bürgerlichkeit. Das soziokulturelle Milieu der muslimischen Minderheit in Berlin, 1918–1939. In *Juden und Muslime in Deutschland. Recht, Religion, Identität (Tel Aviver Jahrbuch für deutsche Geschichte 2009)*, Hrsg. José Brunner und Shai Lavi, 103–121. Göttingen: Wallstein.

Mufti, Aamir R. 1995. Secularism and Minority. Elements of a Critique. *Social Text* 14 (4): 75–96.

Mühe, Nina. 2010. *Muslims in Berlin. At Home in Europe Project*. Budapest: Open Society Institute.

Nagata, Judith. 2001. Beyond Theology. Towards an Anthropology of Fundamentalism. *American Anthropologist* 103 (2): 481–498.

Ong, Aihwa. 1999. *Flexible Citizenship. The Cultural Logics of Transnationality*. Durham, NC: Duke University Press.

Ostergaard-Nielsen, Eva. 2003. *Transnational Politics. Turks and Kurds in Germany*. London: Routledge.

Özyürek, Esra. 2009. Convert Alert. Turkish Christians and German Muslims as Threats to National Security in the New Europe. *Comparative Studies in Society and History* 51 (1): 91–116.

____2010. Converted German Muslims and Their Ambivalent Relations with Born Immigrant Muslims. In *Islamophobia/Islamophilia: Beyond the Politics of Enemy and Friend*, Hrsg. Andrew Shryock. Bloomington: Indiana Univ. Press.

___2013. Creating Parallel Communities of Perpetrators. Muslim-Only Holocaust Education and Anti-Semitism Prevention Programs in Germany. Vortrag am Center for Jewish Studies, University of Illinois.

Partridge, Damani. 2012. *Hypersexuality and Headscarves. Race, Sex, and Citizenship in the New Germany*. Bloomington: Indiana University Press.

Pautz, Hartwig. 2005. *Die deutsche Leitkultur: Eine Identitätsdebatte. Neue Rechte, Neorassismus und Normalisierungsbemühungen*. Stuttgart: Ibidem.

Paley, Julia. 2001. *Marketing Democracy. Power and Social Movements in Post-Dictatorship Chile*. Berkeley: University of California Press.

Pelkmans, Mathijs. 2009. Introduction: Post-Soviet Space and the Unexpected Turns of Religious Life. In *Conversion after Socialism. Disruptions, Modernisms, and Technologies of Faith in the Former Soviet Union*, Hrsg. Mathijs Pelkmans, 1–16. New York: Berghahn Books.

Pence, Katherine, und Paul Betts. 2011. *Socialist Modern. East German Everyday Culture and Politics*. Ann Arbor: University of Michigan Press.

Peperkamp, Esther, und Małgorzata Rajtar. 2007. Introduction. In *Religion and the Secular in Eastern Germany, 1945 to the Present*, Hrsg. Esther Peperkamp, 1–18. Leiden: Brill.

Ramadan, Tariq. 1999. *To Be a European Muslim. A Study of Islamic Sources in the European Context*. Leicester, UK: Islamic Foundation.

___2004. *Western Muslims and the Future of Islam*. Oxford: Oxford University Press.

Rambo, Lewis. 1995. *Understanding Religious Conversion*. New Haven, CT: Yale University Press.

Reiss, Tom. 1999. A Reporter at Large: The Man from the East. *New Yorker*, 4. Oktober, 68.

___2005. *The Orientalist. Solving the Mystery of a Strange and Dangerous Life*. New York: Random House.

Rex, John. 1973. *Race, Colonialism, and the City*. London: Routledge und Kegan Paul.

Riesebrodt, Martin. 1998. Pious *Passion. The Emergence of Modern Fundamentalism in the US and in Iran*. Berkeley: University of California Press.

Roald, Anne Sofie. 2004. *New Muslims in the European Context. The Experience of Scandinavian Converts*. Leiden: Brill.

___2006. The Shaping of Scandinavian »Islam«. Converts and Gender Equal Opportunity. *In Women Embracing Islam. Gender and Conversion in the West*, Hrsg. Karin van Nieuwkerk, 48–70. Austin: University of Texas Press.

Robbins, Joel. 2007. Continuity Thinking and the Problem of Christian Culture. Belief, Time, and the Anthropology of Christianity. *Current Anthropology* 48 (1): 5–38.

Roberts, Nathaniel. 2012. Is Conversion a Colonization of Consciousness? *Anthropological Theory* 12 (3): 272–294.

Rogozen-Soltar, Mikaela. 2012. Managing Muslim Visibility. Conversion, Immigration, and Spanish Imaginaries of Islam. *American Anthropologist* 114 (4): 611–623.

Roy, Olivier. 2004. *The Failure of Political Islam*. Cambridge, MA: Harvard University Press.

__2010. *Heilige Einfalt. Über die politischen Gefahren entwurzelter Religionen*. München: Siedler.

Runnymede Trust Commission. 1997. *Islamophobia. A Challenge for us All*. London: Runnymede Trust.

Sageman, Marc. 2011. The Turn to Political Violence in the West. In *Jihadi Terrorism and the Radicalization Challenge*, Hrsg. Rik Coolsaet, 117–130. Burlington, VT: Ashgate.

Sayyid, Bobby. 2003. *A Fundamental Fear. Eurocentrism and the Emergence of Islamism*. London: Zed Books.

Schiffauer, Werner. 2000. *Die Gottesmänner. Türkische Islamisten in Deutschland*. Frankfurt a. M.: Suhrkamp.

___2010. *Nach dem Islamismus. Eine Ethnographie der Islamischen Gemeinschaft Milli Görüs*. Frankfurt a. M.: Suhrkamp.

Schleßmann, Ludwig. 2003. *Sufismus in Deutschland. Deutsche auf dem Weg des mystischen Islam*. Köln: Böhlau.

Scott, Joan Wallach. 2007. *The Politics of the Veil*. Princeton, NJ: Princeton University Press.

Shooman, Yasemin. 2011. Islamophobie, antimuslimischer Rassismus oder Muslimfeindlichkeit? Kommentar zu der Begriffsdebatte der Deutschen Islam Konferenz, http://www.migration-boell.de/web/integration/47_2956.asp. Zugegriffen: 7. Mai 2017.

Shryock, Andrew, Hrsg. 2010a. *Islamophobia/Islamophilia. Beyond the Politics of Enemy and Friend*. Bloomington: Indiana University Press.

___2010b. Introduction: Islam as an Object of Fear and Affection. In *Islamophobia/Islamophilia. Beyond the Politics of Enemy and Friend*, Hrsg. A. Shyrock, 1–28. Bloomington: Indiana University Press.

Silverstein, Paul. 2005. Immigrant Racialization and the Savage Slot. Race, Migration, and Immigration in the New Europe. *Annual Review of Anthropology* 34: 363–384.

Sökefeld, Martin. 2008. *Struggling for Recognition. The Alevi Movement in Germany and in Transnational Space*. New York: Berghahn Books.

Spielhaus, Riem, und Alexia Farber. 2010. Zur Topographie Berliner Moscheevereine. Stadträumliche Voraussetzungen und urbane Kompetenzen der Sichtbarmachung. In *Stoffwechsel Berlin. Urbane Präsenzen und Repräsentationen*, Hrsg. Alexia Farber, 96–111. Berlin: Panama Verlag.

Steinberg, Guido. 2014. *Al-Qaidas deutsche Kämpfer. Die Globalisierung des islamistischen Terrorismus*. Hamburg: Edition Körber-Stiftung.

Stolcke, Verena. 1995. Talking Culture. New Boundaries, New Rhetorics of Exclusion in Europe. *Current Anthropology* 36 (1): 1–24.

Sultan, Madeline. 1999. Choosing Islam. A Study of Swedish Converts. *Social Compass* 46 (3): 325–335.

Swedenburg, Ted. 2001. Islamic Hip-Hop vs. Islamophobia. Aki Nawaz, Natacha Atlas, Akhenaton. In *Global Noise. Rap and Hip-Hop Outside the USA*, Hrsg. Tony Mitchell, 57–85. London: Taylor and Francis Ltd.

Taguieff, Pierre-André. 2000. *Die Macht des Vorurteils. Kritik der antirassistischen Vernunft*. Hamburg: Hamburger Edition.

Taylor, Charles. 2012. Für eine grundlegende Neubestimmung des Säkularismus. In *Religion und Öffentlichkeit*. Hrsg. E. Mendieta und J. VanAntwerpen, 52–88. Berlin: Suhrkamp.

Tibi, Bassam. 1998. *Europa ohne Identität. Die Krise der multikulturellen Gesellschaft*. München: Bertelsmann.

Turam, Berna. 2006. *Between Islam and the State. The Politics of Engagement*. Stanford, CA: Stanford University Press.

Tyrier, David. 2010. Flooding the Embankments. Race, Bio-Politics, and Sovereignty. In *Thinking Through Islamophobia. Global Perspectives*, Hrsg. S. Sayyid und AbdoolKarim Vakil, 93–110. New York: Columbia University Press.

van Nieuwkerk, Karin. 2004. Veils and Wooden Clogs Don't Go Together. *Ethnos* 69 (2): 229–246.

____, Hrsg. 2006. *Women Embracing Islam. Gender and Conversion in the West*. Austin: University of Texas Press.

Veiel, Axel. 2010. Diam's – France's Female Rapper. The Rebel Submits to Islam. *Qantara.de*, 1. Januar 2010, http://en.qantara.de/wcsite.php?wc_c=9138. Zugegriffen: 30. Mai 2017.

Viswanathan, Gauri. 1998. *Outside the Fold. Conversion, Modernity, and Belief*. Princeton, NJ: Princeton University Press.

Warner, Michael. 2002. *Publics and Counterpublics*. Brooklyn: Zone Books.

Weitz, Eric D. 2013. *Weimar Germany. Promise and Tragedy*. Princeton, NJ: Princeton University Press.

Wieviorka, Michael. 2002. Race, Culture, and Society. The French Experience with Muslims. In *Muslim Europe or Euro-Islam. Politics, Culture, and Citizenship in the Age of Globalization*, Hrsg. Nezar AlSayyad und Manuel Castells, 131–146. Lanham, MD: Lexington Books.

Wiktorowicz, Quintan. 2006. Anatomy of the Salafi Movement. *Studies in Conflict and Terrorism* 29: 207–239.

Wohlrab-Sahr, Monika. 1999. Conversion to Islam. Between Syncretism and Symbolic Battle. *Social Compass* 46 (3): 351–362.

____2002. Säkularisierungprozesse und kulturelle Generationen. Ähnlichkeiten und Unterschiede zwischen Westdeutschland, Ostdeutschland und den Niederlanden. In *Lebenszeiten. Erkundungen zur Soziologie der Generationen*, Hrsg. Günter Burkart und Jürgen Wolf, 219–28. Opladen: Leske und Budrich.

Woodlock, Rachel. 2010. Praying Where They Don't Belong. Female Muslim Converts and Mosques in Melbourne, Australia. *Journal of Muslim Minority Affairs* 30 (2): 268–278.

Yükleyen, Ahmet. 2012. *Localizing Islam in Europe. Turkish Islamic Communities in Germany and the Netherlands*. Syracuse, NY: Syracuse University Press.

Yurdakul, Gökçe. 2009. *From Guest Workers into Muslims. The Transformation of Turkish Immigrant Associations in Germany*. Newcastle upon Tyne, UK: Cambridge Scholars.

Zebiri, Kate. 2008. *British Muslim Converts. Choosing Alternative Lives*. Oxford: One World Publications.

Zeidan, David. 2003. A Comparative Study of Selected Themes in Christian and Islamic Fundamentalist Discourses. *British Journal of Middle Eastern Studies* 30 (1): 43–80.

Zick, Andreas, Beate Küpper, and Andreas Hövermann. 2011. *Die Abwertung der Anderen. Eine europäische Zustandsbeschreibung zu Intoleranz, Vorurteilen und Diskriminierung*. Berlin: Friedrich-Ebert-Stiftung, Forum Berlin.

GPSR Compliance
The European Union's (EU) General Product Safety Regulation (GPSR) is a set
of rules that requires consumer products to be safe and our obligations to
ensure this.

If you have any concerns about our products, you can contact us on

ProductSafety@springernature.com

In case Publisher is established outside the EU, the EU authorized
representative is:

Springer Nature Customer Service Center GmbH
Europaplatz 3
69115 Heidelberg, Germany